我願無窮。

美好的晚年開示集

聖嚴法師 著

編者序

美好的晚年，美好的禮物

法鼓文化編輯總監　釋果賢

猶記得剛出家時，聖嚴師父要我們每個月必誦持一部《佛遺教經》，相對於佛陀教法中的諸多經典，這部經是佛陀將入涅槃時對弟子最後的叮囑與教化，既是生活的策勵，也是初發心到長遠心的提點，可說是送給世人解脫生死的禮物。

因此在法鼓山創辦人聖嚴師父捨報之後，我也常思惟著，師父最後的遺教，可以從他的哪一本著作中體解他對大眾懇切地叮嚀與教導？

於是我腦海中浮現的，便是師父捨報前曾向大眾提到，他將出版一本口述歷史，時間與內容就從他二〇〇五年生病之後談起，並直接為此書定名為《美好的晚年》。這奇特的書名，讓大眾分外想知道，生了重病的師父，何以還能將這樣的歷程以「美好的晚年」看待之。因此，當師父捨報之後，法鼓文化便在信眾與讀者的催促下，著手展開這份口述歷史的編纂。

然而此書在二〇一〇年年初出版時，卻無法完全依師父的交代，即在一則一則的紀事後面，保留相關的文稿，這些包括演講、開示，或是受訪的文稿，是師父真正要傳達的精神，也是他對當代的關懷、對弟子的叮嚀，以及對眾生的勉勵。

當時礙於時間與篇幅，編輯們不得不暫做分割，先將師父的行跡、紀實，以及於二〇〇九年初住院後的談話，收錄於《美好的晚年》一書；至於相關的文稿，則計畫另外收錄，以開示集完整呈現、出版。

收錄的形式與內容的抉擇

從彼時迄今，我們即不斷思考著，應該以什麼樣的形式將最完整的開示呈現出來。是延續《美好的晚年》以紀事羅列於後？抑或僅保留精粹的法義？最難以抉擇的，則是師父特別指示要收錄的兩篇對談，一是二〇〇八年二月二十三日與樞機主教單國璽的對談，一是二〇〇七年，龍應台女士向師父請益有關生死，以及知識分子如何看待信仰的內容，然而這兩場精彩絕倫的智慧交流與對談，已先分別出版為結緣小冊《真正的自由》與《生命與信仰的探究》，如果重複收錄於開示集，是否適切？

此外，原書最初的開端，如以師父的口述為準，當從二〇〇五年十二月十五日開始，但如從師父二〇〇六年三月以毛筆親自寫下的〈我的病〉一文來看，自二〇〇五年八月二十九日獲知罹患腫瘤，並於翌日檢查確定後，隨即在準備開刀就醫前，選定於該年九月二日舉辦法鼓山「傳法大典」，這段時期不但是重要的歷程，且傳法大典中的開示，更是對大眾的惕勵與對法的叮囑，因此便決定收錄的時間點，以二〇〇五年九月二日的傳法大典為開端。

之後，當編輯展開文稿總表的整理，赫然發現自二〇〇五年至二〇〇九年師父捨報前，於各場合的開示、談話，包括刊登的文稿，以及尚未整理的資料，竟高達七八七篇，平均一年便有一九六篇文稿。而這尚未涵蓋師父於內部會議的講話，以及對僧眾的早齋開示等。

以師父一週洗腎三天，每次都要半天的時間估算，師父用於工作的時間竟如此驚人，就如他曾在僧團早齋開示中所強調的，出家人絕不能「吃白飯」，當以「盡形壽，獻生命」的態度面對生命。

這也讓我回想起，有次為出版法鼓山攝影集《一缽千家飯》向師父求序，因為師父甚為重視此書，因此答應我們以採訪方式再整理為文。當時因出刊在即，只好安排在師父洗腎當天的下午三點，當時師父以齊整長衫下衰弱的身軀，由侍者攙扶著到會客處，本來約定半小時完成，但師父說起法鼓山的開創，以及對師公、僧俗四眾的感恩，及對未來的期許，竟說了一小時方罷，並為《太虛——人生佛教的追尋與實現》一書做了扼要的說明，以為該書的序。

這一幕幕難忘的記憶，在在充滿著師父對弟子的教示與典範。事實上，所留下的七八七篇文稿，篇篇都是師父老病之身留下的法寶。然而考量聖嚴師父的遺言，出版的文稿必須是他曾過目、且刊登過的內容，因此便參照《法鼓山年鑑》，再精挑出其中的五十五篇，故而儘管尚有多篇精彩的文稿，也只能秉持這一原則而不得不割捨。

以《我願無窮》為書名

至於書名，由於已以《美好的晚年》為名彙編紀事，開示集的書名似乎應該從內在的精神來定義，因此最後擇定以《我願無窮》為題，此四字來自師父生前常講的一段話：「虛空有盡，我願無窮。我今生做不完的事，願在未來無量生中繼續推動，我個人無法完成的事，勸請大家來共同推動。」

再以編輯為此書規畫出的三部分來看，亦皆映現著師父的這份願心。

一、和平在人間：收錄師父在國際宗教或各種會議上的專題演講與致辭，包括〈和平，從我們的內心開始〉、〈佛教是推動世界永久和平的希望〉等十七篇。

二、修行在人間：收錄對佛法法義的開示，包括〈佛法的三個層次：信仰、理解、實踐——從信仰入手、明因果到超越〉、〈念觀音・求觀音・學觀音・做觀音〉等二十四篇。

三、好願在人間：則是師父對社會關懷的開示，諸如〈珍惜生命，就不會自殺〉、〈心六倫中的生命價值〉等，共計十四篇。

書中，沒有過多的編輯與設計，僅只是純粹地將師父的文稿原汁原味完整呈現，翻閱著書中的字字句句，就宛如師父在眼前慈悲的叮嚀與開示，讓我們的心也跟隨著師父的心，觀照苦難，關懷眾生。

師父送給世人的禮物是佛法

「色身不在，法身常存」，在聖嚴師父捨報後，我常以此自我提醒也勉勵周遭所有思念師父的菩薩們。

在此邀請諸位與我們一起，透過聖嚴師父的「無窮悲願」，體會何以能從老病苦中感受「美好的晚年」，因為如同師父曾說過的，他給人的禮物，就是佛法，而本書正是師父以最後的教法，送給我們最珍貴、最美好的禮物。

這份美好的禮物當不僅只是文字，更隱含著師父開示時對大眾的關懷與勉勵，不但句句懇切，更是師父在生命最後一段時日殫精竭慮的諄諄教誨。這些悲智的法語，也期望能送達所有有緣眾生的眼前，讓我們共同承接師父的願，讓佛法接上苦難的手，在苦難世間創造安頓身心的人間淨土。

師父的願是朗闊的，卻需綿長久遠的點滴積累，因此師父會說：此生未竟，來世繼續推動；個人無法完成，便得勸請大家共同推動。本書的「我願無窮」，那個「我」指的既是師父，也是願意承接這個大願的所有「我們」。也期望將本書當成禮物送到諸位手上的同時，也邀請大家共同來承接這個大願。

目次

編者序　美好的晚年，美好的禮物　〇〇三

一、和平在人間

在多元文化的地球村共存共榮・〇一四
四環即佛法・〇一七
大悲心起的意義——學習觀音菩薩的大慈大悲・〇二〇
法鼓山要做對世界有用的事・〇二三
法鼓山要發揮的教育功能・〇二五
大悲心起・〇二八
觀音菩薩與現代社會・〇三二
從「心」溝通的世界大趨勢・〇三八

心懷大悲，世界大慈・〇四五
和平，從我們的內心開始・〇四九
用慈悲心拯救世界・〇五二
一條共同的道路・〇五六
友誼是和平的基礎・〇五八
佛教是推動世界永久和平的希望・〇六二
以慈悲化解鬥爭、暴力與衝突・〇六五
以研究「聖嚴」來推動淨化世界・〇六七
群我關係與全球倫理・〇七七

二、修行在人間

付囑傳持佛法的任務・〇八二
共同承擔法鼓山未來的使命・〇九二

信仰的價值・〇九九
法鼓山是一個弘揚漢傳佛教的道場・一〇五
身心自在・一一七
念觀音・求觀音・學觀音・做觀音・一二三
在家居士的修行・一三三
大小乘佛法的不同・一三九
提倡環保的民俗節慶・一四六
佛教、佛法與佛學・一五二
回歸佛法本質的水陸法會・一六三
四種環保的法鼓校風・一六七
佛法的三個層次：信仰、理解、實踐——從信仰入手、明因果到超越・一七五
皈依正信的佛、法、僧・一八七
以因、緣、果的佛法觀念來工作・一九三
提起共患難的心・二〇三

悲慟　哀悼　緊急救援川緬災難・二〇六
傳承、創新，做安心的工作・二一三
傳法的條件與意義・二二四
禪宗的頓漸法門・二二九
老得智慧又健康・二三七
不隨魔鬼起舞的工夫・二四三
因緣是否就是業力？・二五〇
在水陸法會中體驗人間淨土・二五九

三、好願在人間

鐘聲幸福・二六二
超越自己，便是智慧・二六八
認清價值觀與大方向，感恩順境與逆境・二七〇

「心六倫」運動的目的與期許 • 二七五
珍惜生命，就不會自殺 • 二八五
青年學佛的三條件——信、願、行 • 二九二
好願在人間——聖嚴法師對二〇〇八年的祝福 • 二九六
許好願、存好心、做好事、說好話 • 二九九
在艱苦中見其光輝——勉《人生》雜誌三〇〇期 • 三〇一
做自己的主人翁 • 三一〇
生命，不只屬於我們自己 • 三一四
如何追求安全的保障 • 三一八
心六倫中的生命價值 • 三二六
無盡的時空，永恆的生命 • 三三四

和平在人間

一

在多元文化的地球村共存共榮

諸位世界各宗教領袖、諸位世界佛教領袖，以及諸位法鼓山護法：

我在這裡首先表示萬分地歡迎，感謝諸位到來。

此次由於法鼓山第一期建設工程落成，邀請諸位貴賓蒞臨指教，我們希望法鼓山的硬體建設，是屬於臺灣的，亦是屬於國際的；是屬於現在的，亦是屬於未來的。值此落成機緣，除了邀請諸位貴賓指教之外，也期望大家攜手，共同為世界人類的永久幸福與和平做一些事情。

法鼓山落成開山大典的主題為「大悲心起」。慈悲，有大慈悲心，有小慈悲心。「大悲心起」是指廣大的慈悲心，但願全人類都能有廣大的慈悲心。一般的慈悲，是指同情、有條件的互換，或者是占有的愛。廣大的慈悲，則是把所有的人當成自己，不僅僅是當成家人，更是待人如己。因此，不管在世間任何一地、有任何一人遭受苦難，我們都要想辦法予以濟助。如果自己沒有能力，則要呼籲有能力的人；如果自己沒有錢，則要呼籲有錢的人；如果自己沒有智慧，則要呼籲、祈禱有智慧的人參與奉獻，這就是「大悲心起」。

今晚出席的貴賓，都是世界各宗教的精神領袖，然而，至今仍有許多人誤解，認為不同宗教之間必然互相排斥，或者堅持唯有自己的宗教是最好的，只有自己的宗教主導全世界，方能免除戰爭的威脅，獲得永久的和平。事實上，這種觀念已經落伍了。任何宗教的產生，自有其文化背景，如地區背景和民族背景等，因此而有不同的宗教理論和觀念。但是，所有宗教的目的和功能，都是為了保護人類永久的平安、快樂與幸福，這是所有宗教共同的價值。

不過，到目前為止，人類世界尚未有真正的和平，各宗教之間仍缺少良好的互動，甚至同一宗教之中也出現不同的派系，各自分歧、互相批評，藉由貶低其他的教派，來強調自己的教派才是最好的。因此，法鼓山落成開山大典期間，將有三場次的宗教座談會，座談會的焦點，都是敦請諸位把各宗教最好的精華貢獻出來，分享給全世界的未來。

二十一世紀是一個多元文化的社會，多元文化是未來必然的趨勢。凡是不能接受多元文化的人，必定會很痛苦，會被孤立。唯有接受多元文化，包容多元文化，自己同時也成長，並與多元文化結合，才會有希望。因此，未來的世界仍會有不同的宗教與派系，但是共同的方向，必定是為了人類整體的平安與世界永久的和平而努力，否則，本來該是講求愛人的宗教，只因立場不同而互相批評甚至發生衝突，這是很悲哀的事。但願在二十一世紀，經由大家的努力，能使所有的宗教，在多元文化的地球村共存共榮，把地球村建設成人間的淨土、人間的天堂。

過去，我曾經在美國紐約聯合國總部聽到一位穆斯林學者告訴我，穆斯林講的「聖戰」，是指「戰勝自己邪惡的心」。這在佛教亦有相同的說法。

佛教裡有一尊佛的名字叫作「鬪戰勝佛」，他不是以暴力求勝，而是以慈悲和智慧，來降伏自己，降伏他人。實際上，對人付出的關懷愈多，就能有愈多的人接受降伏。如果對人採取武力的攻擊，得到的反而是報復，甚至掀起戰事，怨怨相報，無有盡期。

這許多年來，我接觸到許多偉大的世界宗教領袖，他們都是那麼慈悲，那麼心胸廣大，都是為了全體的世界人類著想，而不會只關愛自己宗教的信徒。這些偉大的宗教領袖，包括我在泰國見到的伊朗宗教領袖，我們的觀點完全相同，這讓我相當驚訝。和天主教、猶太教的宗教領袖們相處時，我也發現他們非常地慈悲。這不禁讓人慨嘆，人與人之間所以隔閡，都是因為缺少互動，如果彼此能多了解對方，都把自己的優點奉獻給他人，便處處都有路，處處都是淨土。

（二〇〇五年十月十九日講於臺北圓山飯店迎賓晚宴）

四環即佛法

諸位老朋友、善知識，大家早！

諸位是來自世界各地的佛教領袖，許多人雖然是首次見面，可是我們都共同關心世界人類的幸福和未來的問題，所以大家都應該是神交，是至交。

法鼓山提倡的四種環保，就是緣於佛法的觀點，配合著現今世界的需要，因此名詞似乎是新創的，事實上即是佛法。

現在世界人類的問題，大致有三類。第一是觀念的問題。許多的人很痛苦，彼此之間有衝突，便是因為價值觀的偏差和觀念的不正確。

第二是人與人之間的關係問題，包括族群與族群之間、宗教與宗教之間，或國家與國家之間的不和諧。

第三是人類與自然之間產生的衝突和矛盾。人類想要征服自然，反而製造更多自然的災害。

如果我們只關注自然環保，這是不切實際的，而必須從根本做起，要從「心」的轉變開始。今天在座有一位貴賓是「地球憲章（The Earth Charter Initiative）」的委員，「地球憲章」目前正致力於實踐聯合國的五年計畫以及十年計畫。法鼓山推動的四種環保，既呼應且配合著聯合國和「地球憲章」的主張，希望促使人類社會能夠更和諧、更繁榮。

我所提倡的「四種環保」，其實就是根據佛法中所說的「五蘊」、「有情界」和「器世間」等觀念而來的。

第一、五蘊。五蘊實際上就是身心。如果心理平衡，內心的問題解決了，身體的問題便容易處理。即使身體有病，但心是平安的，也就不以為苦了。因此，身心的協調，便是五蘊的調和。

第二、有情界。即是人與人之間的關係，從家庭生活到社會生活，以及種族與種族、國家與國家之間各種不同的人際關係，實際上指的就是有情世界。

第三、器世間。自然環保，實際上就是佛法所說的器世間。從佛教的角度來說，身體五蘊身心是正報，器世間是指我們生命的依報，也就是所處的大環境，正、依二報都是我們的果報體。我們愛護社會環境及自然環境，應該像愛護照顧我們自己的身心一樣。如果能夠如此，世界人類便能夠真正的和諧、幸福了。

這幾場討論會，雖然與會者來自不同的領域、不同的教派，目標宗旨卻完全相同，即是希望每個人從自己的觀念改變做起，讓自己減少痛苦，減少憤怒，減少煩惱。只要觀念能夠調整，無論世界發生任何的狀況，我們還是平安的。佛法指出：「一切唯心造」，只要我們的心平靜、安定，看得開、放得下，少煩惱，則眼前的世界便是天國、淨土；所見的人，無非菩薩、天使。

（二〇〇五年十月二十日講於臺北圓山飯店「世界佛教領袖座談會」）

大悲心起的意義——學習觀音菩薩的大慈大悲

「大悲心起」是什麼意思？是不是法鼓山在十月二十一日舉行的典禮，叫作「大悲心起」？其實，法鼓山從開山開始，就是觀世音菩薩道場，就是要學習觀世音菩薩的大慈大悲、千手千眼。

我從小就修行觀音法門，觀音法門可深可淺，像《心經》是觀音法門，《楞嚴經》也是觀音法門，而禪宗的開悟、見性，悟前要發大慈悲心、大菩提心，以及悟後度眾生，這些都是觀音法門。

禪宗有個名詞叫作「手眼」，而〈大悲咒〉全名叫作〈千手千眼大悲心陀羅尼〉，所以禪宗的「手眼」，即是學習觀音菩薩的圓通法門；禪修中的開悟，就是開「手眼」的悟，就是知道手眼的著力點是什麼。修行如果沒有大菩提心、大悲心，手眼便生不起來，所以發心「自己未度先度人」，便是菩薩初發的大菩提心、大悲心。

法鼓山鼓勵人發菩提心，也鼓勵人修行，我們的理念「提昇人的品質」，就是運用一切的事物、時間、場所，做為修行的著力點。因此自己還沒開悟，首先要學習千手千眼的觀世音菩薩，放下自私心、自我中心，這便是法鼓山禪修道場的根本精神，也就是「大悲心起」。所以說，「大悲心起」是整體法鼓山的精神，並不是十月二十一日那天的活動才叫「大悲心起」。

而「大悲心起」的意義則是指廣大的慈悲心，但願全人類都能有大慈心，把所有人當成自己，待人如己，因此，不管世間任何一地、任何一人遭受苦難，我們都要想辦法予以濟助。如果自己能力有限，則呼籲有能力、有錢、有智慧的人一同參與奉獻，這就是大悲心起。

如果沒有心願、沒有智慧、心裡不安定，那麼這個慈悲心對眾生則成了一種偽裝。慈悲心必須是從內心生起，且法鼓山的大悲心是圍繞著「心靈環保」這個主軸，把「心靈環保」推廣出去，即是「大悲心起」。

「大悲心起」是法鼓山的核心精神，我們的三大教育、四種環保，都是在「大悲心起」的原則下運作，將我們這個觀音菩薩道場、禪修道場，以及法鼓山的理念，完完全全結合在一起。

（刊登於二〇〇五年十月二十一日《法鼓山落成開山專刊》）

法鼓山要做對世界有用的事

法鼓山創立至今已有十六年之久了，其間經過了許多困難、阻撓與失敗，但因為我們堅持要做對社會與世界有用、符合需要的事，並經由許多人的持續支持，於是有了目前的初步規模。

回想十六年前，這裡原本沒有法鼓山，如今出現了許多建築物，建築物要有意義、發揮作用，就要用它們來做對社會與世界有益的事。有些事情還沒有太多人想到要做，卻是社會與世界迫切需要的，我們就應盡力而為。這也是法鼓山最初的信念，我們就是在這樣的信念之下慢慢前進。

但是，我們的建設還不能算是成功，只能說是步入成功的開始，我個人則只是如同點了一把火，往後還有許多事情要做，需要有人承續下去。

這個世界充斥著許多問題，我們不可能讓世界完全免於問題的發生；但是，我們可以讓自己免於恐懼、免於痛苦，可以弭平人與人之間的衝突，以及人跟社會、人跟自然之間的衝突。如果我們的觀念與想法只是想要征服對方、征服其他族群或是自然環境，一定會徒然造成衝突，帶來痛苦與不幸。凡是有衝突，就會有痛苦，進一步又將會製造更多的麻煩與破壞，因此我們要先從人心的轉變開始做起，亦即從觀念與想法開始改變。

「法鼓山落成開山大典」是以「大悲心起」為主題，這個主題有二層意義：一是希望我們每個人從內心生起大悲心。有了大悲心，就能平等地看待和愛護家人、朋友、社會以及所有的族群，如果多數人能夠做到這樣的境界，世界就能和平。

第二，我們要呼籲全世界的人都能發起大悲心，如此我們的社會與世界才能有永遠的和平。雖然我們無法以人為的力量來掌握自然天災，但是透過觀念的轉變，仍能有效減少自然災害的發生。

今天是法鼓山創建以來第一次舉辦如此盛大的活動，我們邀請到世界各大宗教的領袖，以及許多著名的佛教學者，還有遠從世界各地特地趕回來的法鼓山護法信眾，和臺灣各界的朋友們，上山來參加典禮。法鼓山的信眾分為兩類，一類是經常參加我們的活動；另一類則是認同法鼓山理念、支持法鼓山，但較少出席參加法鼓山的活動；無論如何，他們所有的人都是法鼓山的大護法，我在這裡要向他們表示萬分的謝意。

曾有一位藝術家讚歎說，法鼓山的建設就是呈現我聖嚴本身風格的一項藝術品。其實，我有的只是理念與想法，其間經過許許多多人的參與和支持，法鼓山才有如今的風貌。法鼓山的開山不是由我一個人完成的，而是每一位參與法鼓山開山的人共同完成的結果。

事實上，凡是關心法鼓山的人，都是我們的支持者，我在這裡要特別表達我的感謝之意。同時，也請繼續支持我們，如果看到我們有缺點，或是做錯了，或做得不夠，都請告訴我們；至於我們的優點，也請告訴大家。謝謝！

（二〇〇五年十月二十一日講於法鼓山落成開山大典）

法鼓山要發揮的教育功能

各位長老、長老尼法師、比丘、比丘尼，以及諸位大德：

今天我們舉辦齋僧大會，邀請諸山長老、比丘、比丘尼、諸大善知識到法鼓山來應供，這是繼落成開山大典之後，另一項重要活動；同時亦請諸位長老法師來看看我們的建設，多多給我們指導和教誨。

今天，諸山長老和法師能夠出席我們的齋僧大會，是我們無上的光榮。因為我聖嚴向來不懂人情世故，也很少參與其他道場的活動。由於各位的慈悲，今天才會大駕光臨，實在令我們無限感恩。

法鼓山雖然是一個道場，但建築物看起來不像寺廟，因為法鼓山不只限於發揮宗教的功能，更要發揮教育的功能，所以法鼓山是一個世界佛教教育園區。例如我們的大殿，其實是第一演講廳，祈願觀音殿則是第二演講廳，齋堂則是第三演講廳。

法鼓山世界佛教教育園區希望培育兩類人才，一類是發心實踐佛法、推廣佛法的居士，他們或是專業的，或是兼職的，這類的教育，主要由中華佛學研究所、法鼓人文社會學院（編按：即法鼓大學）擔任；另一類則是準備要出家成為比丘、比丘尼者，主要由法鼓山僧伽大學擔任。培育這兩類人才，都是為了修學佛法、護持佛法、弘揚佛法。

因此，請諸位不要認為法鼓山是一個「山頭」，法鼓山是屬於所有佛教界的，這裡並不只有法鼓山的人才能來受教育，凡是佛教界優秀的出家弟子或在家弟子，都歡迎到法鼓山來接受教育。

今天所有的齋僧供養，都是由十方大德、信眾、善知識出錢出力，他們成就了法鼓山，也成就了今天的齋僧大會。十月二十一日落成開山典禮那天，共有一千六百多位義工菩薩出動，而今天，則有高達一千八百位義工，可見得法鼓山把供佛齋僧看得比落成大典還重要。因為佛法需要出家的比丘、比丘尼來住持，我們法鼓山則是在向諸位學習。

對於所有的護法居士們，我也要說明：供僧的功德非常大，《圓覺經》中即提到，供僧供的是過去的佛、現世的佛、未來的佛；《梵網經》中也說，供僧就等於是供養三寶，功德極大。

但是很多人只想供養高僧、有修行的人，如果是這樣，那麼剛出家的人就沒有人供養了。《梵網經》中說，供養五百羅漢、比丘，不如供養僧團裡的一位比丘，這是平等心，不挑選某一位高僧，因為所有的高僧大德都是從年輕初學而來，今天「不高」，明天會「高」。所以各位護法居士菩薩們，您們應該供養任何的僧人，所有法師不論年紀大小，都要把他們當成高僧看。

最後，再次謝謝諸位，感恩諸位。

（二〇〇五年十月二十九日講於法鼓山世界佛教教育園區「供佛齋僧大會」）

大悲心起

我首先要為我們全世界及全人類祈禱祝福，因為世界各地每年總會有一些天然的、人為的災難，一些浮動和不安。這次法鼓山落成開山大典的主題「大悲心起」，便是希望我們每一個人，對於這塊土地，要有慈悲心；希望我們每一個人，對於不同的族群，要有慈悲心；希望我們每一個人，對於任何人，不管是誰，都要有慈悲心。

慈悲心是什麼意思？如果站在地球的立場來講，便是愛護這塊土地，並不是口說空話，而是實際保護土地不受破壞，能做到這點，自然災害就可少一些，這便是環保。還有，人與人之間，多些慈悲心，也是環保。人的社會環境也需要保護，但是如果我們的心不安定，而說要發慈悲心，去愛土地、愛人，乃至於愛所有族群，是很難的，所以要自己的心先安定。

人的心怎麼安定？面對逆境，要用正面解讀；處於順境，要逆向思考，這樣我們的心就會安定。如果實在沒辦法定下心來，可以借助自己信仰宗教的祈禱方式，例如佛教徒持念「觀世音菩薩」或〈大悲咒〉，以學習觀世音菩薩的慈悲精神，為我們全人類祝福。

這次法鼓山落成大典，邀請世界各國的宗教領袖來臺灣，我們一方面希望為臺灣祝福，另一方面也希望為全人類祝福。過去各宗教之間，經常會說：「你的宗教不好，而我的宗教才是最好。」我們提倡的則是：「我的宗教最好，你的宗教也是最好。」不僅宗教如此，包括種族、文化問題，也是如此。如果每個地方、場合都能說：「我的信仰最好，讓我把信仰裡最好的部分奉獻出來；我也相信，你也會把信仰之中最珍貴的內容，同樣地奉獻給大家。」以這樣的方式，一起為世界人類的和平祝福祈禱。

現在人類問題不出三類，第一是人的身心問題；第二是人與人互動產生的問題，小至家庭、社會，大至世界各種族、宗教的關係；第三是人與自然的問題。大家都覺得自然是外在環境，其實自然就是我們的身體，為此，每位宗教領袖莫不呼籲全世界，要把環境大地當成自己的身體，好好照顧、珍惜，才能減少自然災難。現在很多自然災難，都是緣於人為破壞。

為此，我們提倡四種環保，首先是「心靈環保」，讓我們的心安定。第二「禮儀環保」，人跟人之間要和諧相處。第二「生活環保」，我們的生活日用品都是用自然資源，因此要愛惜自然資源，少用、重複使用自然資源。第四「自然環保」，少破壞自然資源。一般人破壞自然資源，大都是丟垃圾、製造垃圾，而工商業、大企業，或是政府錯誤的政策，則可能造成整體大自然環境的破壞。如果每個環節都能夠照顧到，就能把自然環保做好了。法鼓山以這四種環保，為我們這個世界祝福。

（二〇〇五年十一月八日講於荷蘭阿姆斯特丹「地球憲章」成立五週年會議〔常濟法師代表宣讀〕）

觀音菩薩與現代社會

諸位貴賓、諸位來自世界各地的佛教學者：

這是中華佛學研究所召開的第五屆中華國際佛學會議，我們的永久主題是「從傳統到現代」，也就是說，研究傳統佛教的學術問題，是為了使得傳統的佛教智慧及佛教的文化遺產，能對現代世界的人類，做出正面和積極的貢獻，以俾促進現代人心的安寧、現代社會的和樂及現代世界的和平，並為我們全球的未來，普遍實現人間淨土的願景。

現在我想要說明一下，為什麼這一次國際佛學會議的主題選為「觀音菩薩與現代社會」，這有幾個原因：

第一，我個人從小就實踐與修行觀音法門，也用觀音法門來指導人修行，而且我已經兩度編寫了有關於觀音法門的書，第一次是一本小冊子，書名是《觀世音菩薩》，第二次是《聖嚴法師教觀音法門》，由梁寒衣小姐把它編輯成書，現在已收錄在我的《法鼓全集》之中。

第二，法鼓山從一開始就得到觀音菩薩的感應，讓我們找到了法鼓山這塊山坡地，而原來在這塊山坡地上，有一座觀音廟，是廟中的觀音菩薩把我們找來的，也就是我們找地，觀音菩薩找人，結果現在成了法鼓山這個世界佛教教育園區，因此法鼓山的開山是觀音菩薩，是觀音道場。

現在我們山上已經有了三尊觀音菩薩，一尊是開山觀音，在法鼓山大殿正後方的山頭上，另外一尊在接待大廳，名為「祈願觀音」，還有一尊現在正在鑄造之中，名為「來迎觀音」，這三尊都是銅鑄像。

但是，法鼓山這三尊觀音菩薩的名字，在經典中並沒有記載，而在經典中有記載的，如《摩訶止觀》中有十五種觀音菩薩名字，在《千光眼觀自在菩薩祕密法經》則有二十五種觀音菩薩的名字，而普通經典中僅列出三十三種觀音的名字，在圖像、繪畫之中，大概也有三十三尊觀音菩薩的名字。

可是到了中國、韓國以及日本之後，觀音菩薩的形象和名字，又出現得更多了，其中有不少是自創的，例如：法鼓山的開山觀音、祈願觀音以及來迎觀音，在經典中是看不到的。其實觀音菩薩應眾生希望他是什麼，他就是什麼。而在這一次的論文中，也有學者提到了這樣的問題。

所以，雖然山上大雄寶殿中供奉的是三尊佛像——釋迦、彌陀、藥師三方佛，而本山的主尊是觀音菩薩。

第三，去年（二〇〇五年）在法鼓山落成開山大典時，依據觀音菩薩的特色而推動了一項世界性運動——「大悲心起」，希望把觀音菩薩的精神和慈悲的影響力推廣到全世界去，不論是否信仰佛教，「大悲心」卻是人人都能接受的。因此，我們在去年十月二十一日舉行落成開山大典的時候，來自全世界各宗教的高層領袖們，包括西方的三大一神教，以及東方的印度教，都非常認同「大悲心起」這個主題，因為慈悲正是人人所需要的，也是現在人類所缺少的，所以我們要努力把這個運動推廣出去，亦即法鼓山採取這樣主題的原因。

流布最廣、最久的大乘菩薩

二千多年以來，觀音菩薩在大乘佛教流行的各地域、各民族之中，受到普遍的信仰，從印度到中國的西北、內地及沿海，處處都有觀音菩薩的信仰和遺跡傳聞，然後由中國傳到韓國、日本、越南，以及臺灣和東南亞的華人社會，甚至在斯里蘭卡也有觀音菩薩信仰的遺跡。所以觀音菩薩是佛經記載的諸佛菩薩之中，流傳最普遍也最持久的一尊大菩薩。

再從諸部大乘佛典之中看觀音菩薩，例如：華嚴部、法華部、般若部，以及經集部，不管是屬於中觀系的、瑜伽唯識系的，或者是如來藏系的各大乘經典裡，觀音菩薩出現的場面最多，而討論觀音菩薩事蹟、觀音菩薩請法及說法的記載，應該也是所有菩薩之中分量最多的一位。

因此，無論是從學術思想或信仰實踐的立場，或是從藝術、雕塑、繪畫，乃至於民間習俗的角度來看觀音菩薩，他也是流傳最廣，而且時間最久的一位大乘菩薩。

最有趣的是，觀音菩薩在〈觀世音菩薩普門品〉以及《楞嚴經》中說到，他有三十三或三十二種化身，或者是無量化身，因此在顯教和密教中，觀音菩薩的地位都極重要。在密教的聖典之中，觀音菩薩的法門與自在威力，可以說超過了釋迦牟尼佛的地位。而在傳說中，觀音菩薩的感應事蹟相當多，我想這些都要請教今天的主題演說人于君方教授，她撰寫了一本論文，書名是《觀音》。

因為觀音菩薩是見到什麼型態的眾生，就顯現什麼型態的菩薩身，而來適應、救濟與接引，所以在民間信仰裡，是沒有人反對觀音菩薩的，也許他們根本不知道佛、法、僧三寶是什麼，但是卻不會不知道觀音菩薩，甚至於臺灣有些民間的神廟，認定觀音菩薩是吃葷的，在祭典時會「賽豬公」。「賽豬公」的意思，就是把豬養得很肥很肥，在觀音菩薩誕辰或是紀念日的時候，把屠體放在廟裡比賽。我們雖然覺得這樣的觀念與行為，太過誤解而且扭曲觀音菩薩的信仰，但是對於民間信仰來講，他們是把觀音菩薩視為保護神來看待。

因此，也有人認為閩南以及臺灣地區，原來是漁民信仰中心的「媽祖」，是觀音菩薩的化身，這究竟好不好，我們不去討論，但是觀音菩薩信仰是深入漢民族人心之中的。因此在漢民族中，有這樣二句成語：「家家彌陀、戶戶觀音」，也就是每一家都供奉阿彌陀佛，每一家也都供奉觀音菩薩。

觀音從何而來？

觀音菩薩究竟是從哪裡來的？在民間的小說裡有一部《觀音得道》，也不斷地被編成電影故事來傳播，內容描寫觀音菩薩是妙莊王的三公主出家得道，而妙莊王究竟是在哪個地區、哪個國家、什麼時代？並沒有人知道。但是在古老的印度，觀音菩薩有一個古道場，即是位於印度南方海邊一個名為「普陀洛伽」的地方，這是《華嚴經》中所提到，善財童子參訪的一位大善知識——觀音菩薩。

在中國浙江省定海縣的海上也有一座「普陀山」，由來是在西元第九世紀有一位日本僧慧鍔（八六〇—八七三年來華），將一尊請自五台山的觀音像留在該島，那座小島即名為「普陀山」，並成為觀音菩薩在中國的道場。

至於在其他的經典裡，我們看到彌陀淨土的經典裡提到觀音菩薩在西方極樂世界，是阿彌陀佛的兩大脇侍之一；還有一部《觀音授記經》，說觀音菩薩是阿彌陀佛極樂世界的一生補處菩薩，於阿彌陀佛涅槃之後成佛，那時的國土名為「一切珍寶所成就」，佛號是「遍出一切光明山功德如來」。

另外，我們也看到經典《一切功德莊嚴經》裡說，觀音菩薩是釋迦牟尼佛的兩大脇侍之一，也就是說，他並不只是阿彌陀佛的脇侍；《清淨觀世音普賢陀羅尼經》中也說，普賢菩薩是釋迦佛左脇侍，觀音菩薩是右脇侍。

目前我在著作裡面介紹的觀音菩薩法門共有七種，內容有淺有深，即是《延命十句觀音經》、〈白衣大士神咒〉、〈六字大明咒〉、〈大悲咒〉、〈觀世音菩薩普門品〉、《心經》和《楞嚴經》的耳根圓通法門。

這其中除了《延命十句觀音經》之外，其他的大家都很熟悉，而我現在勸勉大家念誦《延命十句觀音經》，這是我在日本看到的，日本白隱禪師（一六八五—一七六八年）曾寫過一本《延命十句觀音經》的靈驗記，近代的原田祖岳也有這種講法。現在我為大家念一下：「觀世音，南無佛，與佛有因，與佛有緣，佛法相緣，常樂我淨，朝念觀世音，暮念觀世音，念念從心起，念念不離心。」（收錄於《大正藏》卷四九頁三四五）

感謝學者參與發表研究論文

最後，我要感謝諸位學者所發表的二十五篇論文，其中只有四篇主題不是討論觀音菩薩。這次發表論文的諸位學者們來自七個國家地區，其中美國最多，共提出八篇，日本有五篇，海峽兩岸各有四篇，此外，澳洲有兩篇，韓國和德國也各有一篇；而以語文發表的場次來分，以英文發表的一共有十四篇，以中文發表的有十一篇，這是大會值得讚歎的事。

我相信在召開第五屆中華國際佛學會議之後，一定能夠對我們這個世界的人類社會帶來很大的幫助。在此祝福大家平安健康，也祝福世界上所有的人都能夠發起像觀音菩薩那樣的大悲心。祝福會議圓滿成功，祝福大家健康愉快。

（二〇〇六年三月四日講於法鼓山世界佛教教育園區「第五屆中華國際佛學會議」開幕致辭）

從「心」溝通的世界大趨勢

諸位大德法師及大德居士，非常失禮，由於本人的健康狀況，不允許親自前來，聆聽大會的諸家高見，謹以書面向諸方家請教，並由法鼓山的僧團代表，代我宣讀。

近數年來，我個人以及我們的團體，出席過多次世界性的會議，例如世界經濟論壇（WEF）、世界銀行（World Bank）、世界宗教領袖（WCRL）、世界婦女領袖（GPIW）、地球憲章（The Earth Charter）、世界青年領袖（WYPS）等會議，焦點都是在討論如何從族群的衝突轉成為和諧，以謀求世界的永久和平？如何協助落後地區的國家，從貧窮之中轉成為共享世界資源的合作夥伴，以謀求世界資源的永續發展？如何面對多元文化的互相仇視，轉成為各種文化之間的互相學習兼容並包，以俾培育出世界人類共同的價值觀及道德觀來？

宗教交流，增進友誼

這對佛教而言，特別是對於大乘佛教而言，在理論上並不困難。但在西方宗教的三大一神教而言，他們都希望彼此和平相處，也相信最高的神，便是愛和正義；各族群之間，應該都是兄弟姊妹的關係，是可以和平相處的。可是談到「愛」，不會有異議，一涉及「正義」一詞，就會各有各的立場了！不過，堅持不同立場的人士，若能常常有機會聚在一起討論共同的切身問題，至少可以增進彼此間的友誼。

所以二十世紀後期，羅馬天主教會定期召開宗教對談會，我也曾經應邀參加過一次，在會議中允許各宗教各抒己見，而羅馬教廷的立場是不會因此改變的，以致許多其他教派，也不會出席這種會議。不過，應邀出席西方的跨宗教對談會議中，仍以西方三大一神教人士為主流，東方宗教的人士為數甚少，漢傳佛教人士那就更少了，未能有足夠的機會將佛教的智慧，奉獻給今日全世界的人類，實在是一樁大遺憾事。

我每次出席類似的會議，不會強調漢傳佛教的立場，甚至也避免碰觸彼此核心價值判斷的問題，我只就當前的人心嚮往和大家關注的共同點來切入。

所以自從我提倡以「心靈環保」，建設「人間淨土」的運動以來，不論在什麼樣的場合，也不論遇到什麼樣立場的人士，都能談得很愉快。例如猶太教、天主教、東正教、乃至伊斯蘭教的人士，都把我引為他們的知己。其實，我並沒有多大的學問，只是由於佛法便是心法，以無我的心法來因應一切的問題，便會無往而不通了。

記得於二〇〇五年四月二十三日，我出席了中國國家宗教局及中國佛教協會在海南島三亞市召開的「海峽兩岸暨港澳佛教圓桌會議」，會中決議召開「世界佛教論壇」

（World Buddhist Forum），我覺得非常歡喜。佛教徒在全世界的宗教人口之中只是極少數，主要集中在東亞及南亞地區，因此一進入世界環境之中，佛教徒的能見度不高，有機會代表佛教向全世界發言的機率也很低。就是在佛教內部，雖有各系之間互動的事實，但是像「世界佛教論壇」這樣的一個全面性和永設性體制，應該有它的重要性和急迫性，首先讓各系的佛教之間，找到共同價值觀點及共同任務，然後再與世界各宗教的共同價值觀點和共同任務相接合，共同來為明日的地球世界，創造共存共榮、和平幸福的大未來。

和諧世界，從心開始

現在再就本次大會的主題：「和諧世界，從心開始」，略抒淺見如下：

大家都知道，如果從哲學的觀點來看佛教，佛教既非唯物論，也不是唯心論、唯神論，乃是因緣論。這次會議的主題「從心開始」，看起來好像是把佛教歸為唯心論，甚至於我們法鼓山提倡的「心靈環保」，也似乎是唯心論的主張了。其實不然。佛教的基本立場，便是原始佛教所說的四聖諦、十二因緣，尤其是《阿含經》中「此有故彼有，此滅故彼滅」的緣起論，乃是以心為主體。而在四聖諦「苦集滅道」中，「苦」是煩惱心的現象，「集」是煩惱心所造成的種種後果的因，「滅」是滅的煩惱心，即是從煩惱心得到解脫。「道」則是用種種修行的方法使得煩惱心變成解脫心。

因此，四聖諦也是圍繞著「心」的主體而講。

十二因緣，是從無明開始。因為無明，所以才有三世十二因緣的生命過程。無明是煩惱心的主體，若從世間現象的分析來說，稱為五蘊。五蘊之中的色蘊，屬於物質；其他的受想行識四蘊，則屬於心的部分。從生命的觀點來講，離開了心的部分，則物質是不存在的。因此十二因緣的內容，也是重視「心」為主體。從原始佛教進入大乘佛教以後，初期的中觀派，便是根據四諦十二因緣的緣起法而立論。雖然中觀講空，意思是空去所有的執著心，不論人空與法空，乃至畢竟空，都是指的執著心。因此從五蘊世間展開的眾生世間、國土世間，仍舊無法脫離五蘊。由此可見，中觀學派也與「心」的這個主體相關。所以《心經》講「照見五蘊皆空」、講「無無明，亦無無明盡」、「無老死，亦無老死盡」。

無我精神，尊重他人

大乘的唯識學，把心區分為「心王」和「心所」二者，而講唯識所現、唯識所變；種子生現行，現行熏種子。其實能熏、所熏，都是第八阿賴耶識的相分與見分，雖然名為唯識，卻依舊不離虛妄心。成佛即是轉虛妄心識為真如心。

另一個如來藏系統的大乘佛教，則特別重視心為法界的源頭，心也是法界的全體大用。如《華嚴經》云：「心如工畫師，畫種種五蘊，一切世界中，無法而不造。」

《法華經》則說：「一稱南無佛，皆已成佛道。」那是誰在稱念佛名？誰能成佛道？都是眾生心。此外，《華嚴經》也講：「心佛及眾生，是三無差別。」是指煩惱的凡夫心和清淨而福智圓滿的諸佛心，其本體是相同的。《大乘起信論》便說：「所言法者，謂眾生心，是心則攝一切世間出世間法。」又云：「心生種種法生，心滅種種法滅。」這都是說，心可以通凡聖，可以通世間出世間，可以通有為無為，而無所不通。

如果從佛法所說心的角度來看待世間的一切，討論人間的每一個族群、文化與觀念的時候，也就不會堅持有一個絕對不變的立場，因為每一個立場所持的見解，對當事人而言並沒有錯，但是從他人的立場來看，尤其是從整體人類的角度來衡量，則可能有再討論與修正的空間，所以不應該動輒否定對方的立場，也不必堅持自己的立場。

我在出席各種國際會議的時候，經常是用一個無我的角度，沒有主觀的預設立場來與人互動討論，我會先肯定對方，同樣的也會受到對方的尊重。這便是《大乘莊嚴經論》所說：「心外無有物，物無心亦無，以解二無故，善住真法界。」一個真正學佛修行的人，不論學的是大乘、小乘，或者中觀、唯識、如來藏，只要能夠善於體會心外無物，物外無心，也就能夠明瞭一切的問題全都是心中事。如果還有什麼特定的人事物想要克服、對立，那就很糟糕了，因為你所對付的並不是心外之人、心外之物，而是自己內心的煩惱。如果每個人都能夠有這層認識，馬上把觀念調整過來，則外在的一切，沒有一樣是不能包容，也沒有一樣是不能消融的。

文化交流，宗教接軌

以上我所表達的淺見，若能獲得諸位方家的認同，那便意味著世界佛教論壇乃是提供一個講壇，讓全世界的佛教徒，包括漢傳、南傳和藏傳佛教的系統在此抒發己見，儘管南傳、漢傳與藏傳佛教之中，尚有不同的教派，也各有不同的思想特色、實踐特色和生活型態，這是由於不同的地域與文化背景，因而產生了不同派系的佛法；有的也因為依據經論的不同，所以表達的方式也各有差別，而各自所重視的教理行果，也各有詮釋的出入。

這也沒有關係，相信大家所樂見的，便是各家都能在論壇上暢所欲言，同時開放心胸，接納自己所知領域以外的種種高見。中國有句俗諺說：「戲法人人會變，各有巧妙不同。」藉由論壇的機會，我們大家彼此互相的觀摩，諸家可能都有收穫，那就成了文化、思想的腦力激盪，而激發出新鮮、活潑而有力的智慧火花。然後，再從世界佛教論壇得到的收穫、學習和成長，與世界其他的文化、宗教相接軌，而朝共同的價值與相同的任務一起努力。因此，我們雖然認為自己的派別很好，也當尊重其他系統的優點，不過每個派別還是應該要有自己的立場。

最可貴的是，能夠學習他人所長，用以增進自己的不足；發揚自己的優點，進而奉獻給全世界的人類，這才是世界佛教論壇的精神。否則觀念、想法向某一個單方面傾倒，恐怕世界人類的文化也就無法進步了。

世界佛教論壇在中國大陸發起，也在中國大陸首先召開，我認為其中的意義非常重大，因為中國境內便具備了漢傳、藏傳和南傳三大系統的佛教傳承，雖然這三個系統的文字不同，民族也不同。我們大家也都知道，中國大陸歷經文化大革命的十年動盪，使得佛教出現了二、三十年的斷層，現在正是急起直追的時刻，也漸漸會集了世界佛教的菁英在此開會，使得大陸佛教產生一個復興的大運動，起而帶動了世界佛教的大趨勢。

祝福大會圓滿成功，謝謝諸位善知識，以上我的一點淺見，敬請批評指教。

（二〇〇六年四月十三日於中國大陸浙江杭州首屆「世界佛教論壇」

〔果品法師代表宣讀〕）

心懷大悲，世界大慈

在中國文化之中，代表慈悲的是女性，所以母親被稱為「慈母」；在佛教裡面，代表慈悲精神的是觀音菩薩；在我們一般大眾的印象中，觀音菩薩總是顯現女性形象。女性象徵著慈悲，那麼慈悲的內容、範圍是什麼呢？

從我們的認知來講，「慈悲」的範圍可大可小，層次可低可高。第一個層次，範圍小的慈悲，指的是普通的愛，就是愛自己的親人、朋友，以及自己所屬的團體。儘管愛的對象是有限的，但這樣的愛一樣算是「慈悲」，因為是無條件的奉獻、無條件的照顧、不希望求得回饋，所以是「慈悲」。如果說愛是有條件的，例如男女之間的愛，目的是希望得到對方的愛，這種互相的、彼此交換的愛，其實是一種「投資」，雖然可以稱作是愛，但不能叫作慈悲。

第二個層次高一點、範圍大一點的愛，是去愛世界所有的人。這種愛雖然也有對象，但沒有一定的範圍，偉大的宗教家、政治家都有這樣的心懷。他們不要求得到回饋、名利、地位，也沒有民族、宗教的界限，只是將愛奉獻給所有人。但是如果宗教家只愛自己宗教之中的人，不愛其他的人，那層次就不夠高，範圍也不夠大。

不知道諸位是否在祈願觀音殿裡看到一幅畫？那幅畫是我的理想，也就是第二個層次的慈悲。在那幅畫中，全世界各宗教、各民族都有代表在裡面，雖然是不同的民族、人種、國家、文化和宗教的人，可是就我們講的大慈悲心來看，都是完全平等、相同的。當然，這並不是說要將不同民族、宗教的人，全都變成佛教徒，如果這樣的話，就不是大慈悲心，而是大自私心了。

最高層次的慈悲，也就是第三個層次的慈悲，是沒有對象、沒有目的。這個層次的慈悲，沒有「我有慈悲心，要愛人、奉獻給人」的想法，但卻只要有人需要幫忙，就能永遠的、無限的幫忙；只要有地方需要奉獻，就奉獻。

奉獻之後，就像「船過水無痕」那樣，心中什麼也沒有，沒有任何痕跡，沒有自己做了奉獻的事，也沒有被奉獻的人。這種層次是佛、是菩薩的慈悲，就像觀音菩薩那樣，叫作「大慈大悲」，一般人是做不到的。

第一個層次的慈悲，是不求回饋的奉獻，一般人都可以做到；第二個層次的慈悲，是可以經由練習、學習而達成，所以我們將目標定在第二個層次。如果我們不努力達到第二個層次的慈悲，這個世界將永遠有戰爭，永遠有衝突，永遠會因為信仰、文化、種族、性別的不同，而彼此敵對、彼此歧視。不過剛開始做的時候，我們仍應從第一個層次做起，如果放棄了第一個層次，不愛父母、家人、朋友，卻去愛所有其他的人，這是本末倒置的。

我常常聽到、看到夫妻兩人吵架的時候，彼此都覺得不公平，例如：太太問她的先生：「你究竟愛不愛我？」先生也會問：「那要問妳自己，究竟有沒有愛我？」兩個人總是在比較究竟誰愛得多、誰愛得少。事實上，夫妻倆生活在一起，要完全公平是不可能的，例如只有太太會生孩子，先生並不會，如果一定要去比公平，夫妻倆就很難會有交集點。

如果從慈悲來看夫妻相處之道，夫妻相處也應該是無條件的。對方既然是你的太太或先生，你就要愛他，無限地、無條件地奉獻給他，這就是家庭相處時的慈悲。一個家庭裡，不論是太太或先生，只要一個人有慈悲心，而不是自私心，這個家庭一定會非常和諧。團體、社會也是如此，所以自己要懷抱慈悲心，也希望大家都有慈悲心。

就像這次會議在法鼓山舉行，我們從沒想到諸位要回饋什麼給法鼓山，但是我們很樂意舉辦這樣的活動，因為這樣做對大家有用、對世界有用，這就是我們的目的。法鼓山做任何事，都是朝這個方向思考，不去想對我們有什麼用、有什麼好處。雖然從不思考這些，但很奇怪的，我們愈是奉獻得多，護持我們、共同來推動我們理念的人，就愈來愈多，這樣的結果，使我們對這個世界抱持著很大的希望。

什麼希望呢？就是只要有慈悲心，我們就有希望；一個團體有慈悲心，這個團體就有希望；一個國家有慈悲心，這個國家就有希望；如果全世界的人都有慈悲心，那我們這個世界，實際上也就是天堂。

（二〇〇六年六月二十日講於法鼓山世界佛教教育園區「全球女性慈悲論壇」）

和平，從我們的內心開始

很高興見到許多老朋友以及新朋友，我僅代表法鼓山象岡禪修中心歡迎諸位，希望這兩天諸位都能在這裡過得愉快、真正和平的生活。

現在，我想問諸位青年朋友一個問題：「世界和平如何可求？世界和平該如何促成呢？」諸位對此已有想法嗎？過去我曾讀過許多知名人士的著作，也聽到一些演講，有的人強調世界和平並不難，只要把對方的想法改變就行了；或者是某一國家、某一族群、某一宗教願意改變立場，則天下太平。

但是，這種觀點諸位能認同嗎？而這樣的觀點對世界和平來講，究竟是促進者還是毀滅者呢？也有許多的人倡導和平運動，但卻用著一種極端的想法、激烈的手段來推動和平，不管是對人或者對待環境，他們希望和平速成，於是訴諸暴力，結果導致和平遙遙無期。

我們的世界，已經從二十世紀進入二十一世紀，人們的觀念應該要改變，必須以非暴力的方式來處理衝突，才能達成永久的和平。暴力只會引來暴力，以暴制暴、以牙還牙的方式，只會讓衝突永遠無法化解。

我們的心也是一樣。我們每一個人，如果以憤怒心待人，很可能會引起對方的憤怒心回報；但是，當我們以友善、慈悲和仁愛的心來待人，即使對方仍在盛怒之中，或是原來有暴力傾向的人，也會因為我們的柔軟、慈悲受影響而起轉變，不致以憤怒的心對待我們。

和平，要從我們的內心開始。當我們自己的內心是祥和的，則眼中所看到的世界也將是祥和的，即使外在的環境不平安，至少我們自己不會受到影響，或是至少我們自己不會去製造紛爭、動盪、不平和。只有當自己的內心安定、和平，我們周遭的人，也會跟著一起安定、和平。

這次會議，是諸位青年朋友出席聯合國大會的會前會，就我所知，此次「聯合國全球青年領袖高峰會」的大會主題，是消弭世界貧窮。但我要老實地說，人類貧窮的問題，恐怕不是諸位青年朋友可以解決的；要青年來解決人類恆久存在的貧窮問題，真是談何容易！

但是，我也要說，世界貧窮問題的解決並非不可能，而諸位青年仍有努力的空間。首先就是讓自己不貧窮。自己不貧窮，才能幫助他人脫離貧窮。不貧窮的意思是不自私、不貪心、不貪求無厭，而隨時隨地準備著把自己的所有奉獻給人。這就是心靈的不貧窮。反之，心中只有自我，卻吝惜於為他人付出的人，即使財富不虞匱乏，仍然只是一個貧窮的人。

未來諸位在出席聯合國青年領袖高峰會議時，或許可提出這樣一種觀念：造成人類貧窮的主因，不在於天災，而是人類挑起的戰爭。因此根本的解決之道，乃在於消弭戰爭。

消弭戰爭，需要有一顆富足、不貧窮的心。也許物資的救濟、糧食的供給，能一時處理貧窮的現象，但是真正徹底解決世界貧窮的問題，則要從我們的內心開始，從每一個人內心的不貧窮與內在和平開始。祝福大家，為世界和平祈禱。

（二〇〇六年十月二十六日於象岡道場「青年領袖促進和平論壇」開幕致辭）

用慈悲心拯救世界

這幾天諸位在象岡禪修中心，因為環境很幽靜，大家不容易分心，所以都非常專注於會議的進行；尤其，又有迪娜・梅瑞恩（Dena Merriam）等好幾位貴賓給予諸位引導和幫助，使得你們每個人都願意敞開心懷，把自己的生命故事慷慨地奉獻出來。的確，在這個世界上，有些人的一生從未受苦，不曾經歷苦難。雖然對一個偉大的人來說，苦難不一定是人生的必須，但是如果自己沒有苦難的體驗，不知苦難為何物，也就很難了解、同情和幫助深陷苦難世界裡的人。

我相信你們之中多數都是一路平順成長，對於苦難的體驗並不多，然而我要告訴大家，如果要救助這個世界的苦難，首先我們自己要有苦難的體驗，否則我們不會懂得什麼是苦難；不懂得他人的苦難，就不容易生起慈悲心，因為你覺得世界很美好、人生如此舒適，大概其他人也都是這樣吧，大概這個世界沒有人需要救助吧！

現在全世界有六十五億人口，其中有半數以上的人，都深陷貧窮的苦難；其餘一半，雖然物質條件不至貧乏，精神的生活卻很苦悶。從我的角度來看，全球六十五億人口，全皆處於苦難之中。然而，一般人的認知是，沒有飯吃、沒有衣服穿、沒有房子住，這才是人生的苦難。可是我也看到很多有錢人，他們什麼都不缺，就是缺少快樂、缺少安全感。

然而我眼前見到的諸位，你們是那麼年輕，身體健康而活力充沛，你們看起來都很快樂，但是為什麼在這兩天，你們會有這麼多的苦難經驗可以分享？你們分享痛苦、失落，也分享彼此生命的衝擊與成長，讓現場所有的人動容，你們不覺得很奇怪嗎？你們每個人都有飯吃、都有衣服穿，都有家可回，為什麼你們還有這麼多的痛苦呢？這就是人生的真實。我們每一個人，不論身在何處，都會面臨許多的不愉快和痛苦。

就如我在開幕典禮所講的，人類世界的貧窮問題，最主要的關鍵點不在於物質的貧窮，雖然對物質貧窮的救濟也很重要，也很不容易做得圓滿，但仍是屬於可以紓解的層面；精神與心靈的貧窮，才是更深刻的課題，只要人類心理的貧窮問題一天無法解決，這個世界永遠都是貧窮的。

這三天你們在禪修中心的生活，可能最不習慣的就是吃素。多數的人都不是素食者，甚至這三天很可能是你們生平首次的素食經驗；不能吃魚吃肉，原來應該很難受，但還是熬過來了！吃素對你們來說，也許是一種苦，但是當你們覺得苦的時候，請想想這個世界上還有許多人無法吃到食物，況且我們的主廚義工相當用心，提供的素食非常健康、營養而且豐富，所以，我們應該非常感恩還有素食可吃。

在任何艱苦的狀況下，當你們的內心生起苦的感受時，不妨提醒自己：「在這個世界上，還有許多的人、許多的事，比我的遭遇更痛苦，這點苦不算什麼。」這麼想時，你就不會抱怨，而會隨時想到還有許多的苦難者需要我們的幫助。

在這裡，你們互相述說自己的生命故事，或者援引他人的事例來分享；也在這兩、三天，你們獲得的人生體驗可能比兩年來得更豐富，我為你們感到歡喜。永遠不要對這個世界感到失望，這個世界有六十五億人口，只是多數人都是顛倒的想法，而能夠改變這個世界，讓世界看見光明、希望與未來的，其實只是少數的領導者。

任何一個時代，只要有幾位優秀的領導者，就能把當代的人類社會救濟起來。人類的歷史從來都是如此。所以，今天在象岡的七十多位青年領袖，你們來自全球不同的國家，請你們每一個人都發願，發願拯救這個世界。

用什麼來拯救呢？用你們的慈悲心來拯救世界、用和平非暴力的方式來拯救世界、用內心的和平來促進世界和平，以及，讓我們的內心不貧窮，從而使得這個世界不貧窮。這些都是諸位可以做得到的。

請你們大家都發願，二十一世紀的希望就在你們身上。不要小看自己，以為這世界有六十多億人口，而你們七十幾人的力量太小、太卑微！實際上，只要我們的心靈不貧窮，我們的內心平和安定，我們就可以影響周遭的人，而漸漸接近世界和平的目標。

最後，我要非常感謝迪娜・梅瑞恩、塔難達・薩拉斯瓦第長老（Pujya Swamiji Tananda Saraswati）、納林德・卡克爾（Narinder Kakar）和瑪依琪・珊莎妮法師（Ven. Mae-Chee Sansanee）等貴賓把諸位帶到這裡，使得象岡身為國際禪修中心之餘，也能夠不負使命，權充國際會議中心。這是我們首次在象岡禪修中心舉辦國際性的會議，是我們的一大光榮，非常感謝諸位，希望未來仍有機會與諸位見面，也歡迎諸位經常回來。祝福在座的每一個人。

（二〇〇六年十月二十八日於象岡道場「青年領袖促進和平論壇」閉幕致辭）

一條共同的道路

我的宗教背景是佛教，屬於佛教中漢傳佛教的禪宗。站在佛教的立場，當我們面對不同宗教而與之互動的時候，我們不會強調佛教的信仰，也不會凸顯佛教的教義，而是融合、接受、包容與了解多元宗教並存的事實，並且關注今日整體人類的共同需求。

因此，我對大會的第一個建議是：設法找出不同宗教之間的溝通交集點。如果僅僅是討論自己的宗教背景或是信仰的宗教教義，則會不容易達成交集；最有可能構築各宗教交集和溝通的橋梁，乃是大家共同思索如何為整體人類謀求福祉，以及如何為世界和平付出奉獻。

每個宗教各有其文化背景，也互有不同的信仰立場，這是歷史形成的事實。要把所有宗教整合為一，那是不可能的，也是不切實際的，尤其在今日二十一世紀，人類社會愈來愈趨向包容性與多元性的宗教文化，而在多元性、包容性當中，需要一種共同性的普遍價值，即「為當代人類社會共同努力與奉獻」。

所以，我的第二個建議便是：我們這個世界，從現在直到未來，全人類一定要走出一條共同的道路來，依我所見，這條大同之道就是超越宗教、種族與文化的全球性倫理。

全球倫理的產生，並不是由某一個單一宗教來主導，而是由不同的宗教領袖相互討論，由此產生一種適用於全人類的倫理價值，這樣我們就能在各宗教的倫理觀念之外，建立一個全球性的共同倫理價值，使得不同的國家、不同的宗教信仰，乃至不同的族群，彼此在互動時有共同的軌道可依循，從而減少甚至避免許多衝突產生。

建立全球性倫理的目的，並不是要新創一個宗教，也不是要否定所有宗教，而是在尊重、保持所有宗教的現況之餘，另外找出一條共同道路。

我相信這個過程是艱難的，因為每個宗教都有自己的立場，有自己對倫理的解釋、觀念和想法，但是一條適用全人類共同前行的路仍是必須的，否則，各宗教與宗教之間不能和平交往，甚至單一宗教裡的不同派系也不能和平相處，那是非常可惜的事。

以上我的兩點建議，敬請諸位指教。

（二〇〇六年十一月十二日於黎巴嫩貝魯特「中東暨亞洲宗教領袖高峰會」開幕錄影演說）

友誼是和平的基礎

我很榮幸被邀請來為蘇丹青年和平論壇做一場簡短的演說，因我不能親自出席，故由弟子常聞法師代我宣讀。我祝福大家身體健康，也祝福大會順利圓滿。

我個人對於蘇丹這個國家知道的不多，但是我曉得蘇丹在非洲是面積最大的國家，人口大約三千五百三十九萬多人，同時全國有十九個種族，五百九十七個部落，語言主要是阿拉伯語，但是英語也能通用。百分之七十以上的居民信奉伊斯蘭教，南方居民多信奉原始部落宗教，僅有百分之五信奉基督教，由於國家的種族較多，國家的宗教也不統一，因此有一些衝突。

特別是在西部的達佛地區，從二〇〇五年以來，連續發生種族滅絕的殘暴行為，就是兩個伊斯蘭教的教派，因為種族不同，所開始的不人道的屠殺行為。其中一邊成了受害者。其實這兩個種族都是同一個伊斯蘭教下的教派，既然信仰同一個宗教，照道理說不應該發生衝突，可是由於種族不同，一邊是阿拉伯人，一邊是黑人，因而發生阿拉伯的民兵團（Janjaweed）進行屠殺行為。

包容多元文化種族和信仰

所以這幾年以來，蘇丹這個國家是在痛苦之中。其實蘇丹的自然資源非常豐富，但是由於內戰，使得國家變得貧窮混亂，因此我們舉辦蘇丹青年和平論壇，希望促使蘇丹青年能夠站起來向世界呼籲，讓世界各國重視蘇丹的問題。青年是國家未來的主人，也是世界未來的主人，青年在扮演國家各領域的領導角色的時候，就能改變國家的命運。

我們發現種族宗教多元化，是二十一世紀世界人類的必然趨勢，而且我們必須走上這條路。蘇丹這個國家，本身就是宗教多元化、種族多元化、語言多元化，這真是二十一世紀時代的一種形式。多元化是非常好的，能夠彼此學習、互相包容合作，能夠使得社會更繁榮、使得國家更富強，但如果說多元之中不能和諧相處、不能和平相待、不能彼此合作互助，那就會使得這個國家社會更殘暴、更混亂。對立的結果就是暴力，暴力不能解決問題，這是大家都知道的事。所以，目前蘇丹國內就是這樣的狀況。但願雙方都能心平氣和，來討論共同的問題。所謂共同的問題就是，共同求生存的問題、共同達成和平相處的問題，若能共同來促成社會和諧、經濟發展、政治清廉，這樣國家才能富強、社會才能安定。如果蘇丹在非洲東北部能夠很穩定、很繁榮，它會影響整個非洲，甚至整個全球人類都能獲得利益。

法鼓山這個團體是主張用和平解決問題。和平並不是嘴巴上的口號，或者僅僅要求其他種族對我和平、要求其他種族對我平等、要求其他種族根據我們自己的標準來講正義。因為正義這個名詞，各有各的立場，各有各的標準，因此當坐下來談的時候，要讓彼此知道自己對正義的意見、自己對公平的想法，要彼此雙方都能接受，並不是僅僅單方面要求另外一方面照著自己的想法來接受。實際上，正義和公平，每一個種族都有自己的標準，如果說要有共同的標準，那就需要協商，這是我的建議。

以心靈環保面對問題

我們這個團體是在推廣「心靈環保」的運動。心靈環保就是我們的內心不受環境的影響，環境的影響就是種種的刺激、誘惑、折磨。我們要心平氣和來面對所有的問題，在這樣的狀況下，來求得和解的方式。如果我們的內心充滿不滿、怨恨與仇恨，那我們與任何種族或教派相處，就容易發生衝突；如果我們自己的內心是和平的、是不受影響的，才能夠保持真正的客觀。當我們與對方接觸時，即使對方不友善或不理性，還是仇恨我們，我們仍然要伸出溫暖友誼的手，與對方協商，至少不會一碰到就衝突；兩方面只要有一方能表現出和平友誼的態度，就能坐下來慢慢地談。

這次大會，為了實踐聯合國千禧年的願景，要討論的問題相當多，例如：環境、心理、婦女、貧窮、愛滋病等問題，若能夠討論出具體的結果，進而分享給全世界的與會代表，帶回自己的國家或地區，這樣一來，從青年開始來影響我們整個的社會，社會就能達成千禧年發展的目標。我們希望蘇丹能夠推動這樣的目標，以年輕人為核心來推動，成為整個蘇丹國家的財富。

我們這個團體為什麼要支持這個論壇，實際上就是支持我們這個世界以及聯合國千禧年發展的運動，同時希望蘇丹這個國家能很快安定下來，很快達成和平的願望、經濟的發展、教育的普及，也鼓勵呼籲全世界的人都能注意到這一點，共同來協助蘇丹完成願望。

祝福大家。

（二〇〇七年三月六日於肯亞戈曼「蘇丹青年和平論壇」會議致辭

〔常聞法師代表宣讀〕）

佛教是推動世界永久和平的希望

首先在此感謝泰國國立朱拉隆功佛教大學（Mahachulalongkornrajavidyalaya University）的邀請，讓我有機會在此宣讀一篇論文〈佛教是推動世界永久和平的希望〉，同時，今年（二〇〇七年）的衛塞節（浴佛節）正好也是泰國國王陛下八十大壽，願以衛塞節的功德為國王的大壽祝福恭賀，願他能長命住世。

關於世界是否能有永久和平的希望，個人建議可以從兩個方向來思考。一是現實的國際情勢。如果以目前的情況來看，因為有國際政治的問題，有宗教信仰的問題，有種族的問題，有各種利益衝突的問題，致使世界的永久和平，似乎不容易立即出現。雖然世界上大部分的人都期待著永久和平的來到，但是由於每一種族群有各自的利益取向、有各自的價值標準與倫理觀點，以及不同宗教對於什麼是真理、什麼是正義，各有一套自己的詮釋方式，因此要論及世界的永久和平，似乎仍有許多值得努力之處。

在現今世界各大傳統宗教裡，佛教的信仰人數不是最多，也不是最普遍的。可是，對佛教而言，不論是南傳或北傳、顯教或密教，大致上都有一個共同的思想：那就是慈悲與智慧。基於慈悲的原則，眾生都是平等的，都需要被愛護及救濟；從智慧的立場來看，世界上的任何事物，都是隨著因緣、環境和時代的各種因素變化而無常變遷。由於對於無常的認知，我們不會堅持絕對的對與錯，譬如在某一個狀況下，於某一地區、某一時代的某一事可能是對的，但是過了一段時間之後，很可能就會改變。正由於佛教對於一切眾生的平等慈悲以及對於無常的深刻體認，因此具足廣大的包容與適應性，在人類歷史上，始終是奠立安定、和平的一股重要力量。

其次，我想向各位善知識報告，這十多年來，我們法鼓山這個團體對於世界和平所做的工作。我們提倡一個名詞，叫作「心靈環保」，至於如何以「心靈環保」促成世界的和平，可有兩種作法。一種是比較主觀性的，只要我們的內心能夠平靜、安定、和諧，經常保持慈悲心與智慧心，那麼對自己而言，就是身處一個和平的環境或者時代之中。另一種方式，是在日常生活中運用持戒、修定來自處待人，如此一來，我們自己不會受外在環境的影響而起煩惱，也能夠與他人和平友善地相處；這樣，我們便能擁有一個和諧、快樂的人生。

另外，我們也提倡建立一種全球性的共同倫理，即「全球倫理」。所謂的「全球倫理」，就是不同的宗教、族群與文化，我們大家敞開心胸，共同來討論建立一種具有超越性、普遍性和共通性的倫理價值。每個族群有其固有的倫理，每一宗教對於真理及正義的詮釋也不相同，這些都是正常的，卻也都是需要重新思考的地方。也就是說，在不同族群與宗教之間產生的衝突，很可能就是雙方對於真理、正義等名詞詮釋的差異。因此我們呼籲，在這個價值多元化的人類社會裡，我們亟需建立一種超越宗教、種族與文化藩籬的「全球倫理」，來做為整體人類邁向世界永久和平的努力方向。

這些年來，我在世界各地參加各種國際會議的場合，總是一再提倡「全球倫理」，其實這也是佛教的精神。因為不論在任何時候、到任何環境，佛教都能適應當時、當地的文化背景，予以消融、轉化、提昇，進而注入佛教的慈悲與智慧的泉源，共同為我們的社會和世界奉獻一份和平的努力。因此我相信，佛教的慈悲與智慧，永遠是推動世界永久和平的光明與希望。

因為我目前的身體狀況不適合出國，所以由我的弟子，法鼓山的方丈和尚果東法師代表我宣讀這篇講稿，謝謝諸位的指教。

（二〇〇七年五月二十八日於泰國曼谷聯合國亞太總部「衛塞節」慶典致辭

〔法鼓山方丈和尚果東法師代表宣讀〕）

以慈悲化解鬥爭、暴力與衝突

歡迎諸位來自非洲、亞洲以及臺灣本地的貴賓。歷經長時間的構思與籌備，「亞非高峰會」終於在今日順利舉行，此次與會的貴賓，絕大多數是宗教領袖，有的則是亞洲、非洲的青年領袖，是未來世界深具影響力的人士；以此刻來說，也有不少人在自己的國家裡，從事各種社會福利與和平的運動。因此，縱然與會的人數不多，但是它的影響力卻不容小覷，同時也可預見未來諸位對世界的貢獻是相當大的。

過去我參加許多的國際會議，涌常只能見到西方三大宗教的代表，即基督教、猶太教和伊斯蘭教，至於東方的宗教，或者漢傳佛教的參與、出席是不多的。而今天在臺灣，法鼓山能以佛教團體的身分來主辦「亞非高峰會」，我覺得非常歡喜，也可說是佛教的一種進步。

大會能邀請到諸位貴賓的蒞臨，最主要是由「全球女性和平促進會」（The Global Peace Initiative of Women，簡稱GPIW）的發起人迪娜・梅瑞恩女士，從中穿針引線、聯繫奔走，我非常感謝。

二〇〇〇年，由於聯合國前祕書長安南（Kofi Annan）的期許，呼籲在聯合國官方組織與行政體系之外，來自民間的非政府組織，也能夠對世界的宗教、戰爭、貧窮、兒童、婦女以及疾病等議題，奉獻一份力量，以促進世界和平的及早到來。然而，到今天為止，這個世界仍有不少問題衝擊著全球人類，當中最嚴重的，莫過於戰爭、暴力與衝突，例如民族跟民族之間的衝突與戰爭、宗教跟宗教之間的衝突與戰爭。這些戰爭，至少造成兩個民族或兩個種族、兩個國家受到傷害、停止生產，其後便有貧窮、疾病、婦女、兒童等問題接踵而來。

在臺灣，好像不容易感受到這些問題的嚴重性，但是在非洲、在中東的伊拉克，甚至是亞洲的巴基斯坦、阿富汗和柬埔寨，這些地方都不平安，原因就是陷入鬥爭、衝突和暴力之中，致使當地人民生活貧窮、困頓，痛苦不堪。

因此，本次大會希望達成的目的，就是在慈悲的原則下，探討如何避免衝突、避免戰爭，另一方面則鼓勵經濟的生產、社會的安全，這才是世界人類共同的福祉。否則，世界的人民或者民族、種族，經常處於衝突與戰爭的禍亂中，則何來幸福、安定的生活可言。

祝福大會圓滿成功，阿彌陀佛。

（二〇〇七年十月二十七日講於法鼓山世界佛教教育園區「亞非高峰會」開幕致辭）

以研究「聖嚴」來推動淨化世界

本來「聖嚴」這個人是默默無聞的，但是由於諸位學者的注意、研究，以及發表論文，我好像變成有了一點分量。我覺得這次的學術會議辦得非常成功，因為通常在學術會議上，學者們發表完自己的論文以後就離開了，很少會留下來直到最後。而今天，我看到很多發表論文的學者、教授都還留在現場，這是非常難得的。

這次的學術論文，一共有十二篇，其中有九篇是討論我的思想，這也很難得，我非常感謝。雖然還有三篇並非以我為研究主題，但是沒有關係。其實，「聖嚴」是一個很難的題目，因為「聖嚴」不是一個很有名的人，而諸位可能平常也沒有讀過「聖嚴」的著作，所以一時之間要研究「聖嚴」，大概不容易。諸位這次來參加了研討會，聽到一些關於「聖嚴」的議題，也可以了解「聖嚴思想」是怎麼一回事。

此外，剛才在會場外，我聽到有人問起幾個問題，譬如「聖嚴對現代社會有什麼貢獻」、「聖嚴與印順法師的思想有什麼關係」等，大家不容易回答，所以等一下就由我自己來說明。

研究傳統佛教以為今用

有人把我當成學究型的人，所謂「學究」，就是專門為研究而研究的學者。能專門為研究某一項學問而花上幾十年的時間，這沒什麼不好，像印順長老可以說是這種型態的人，對於思想和學說很有貢獻。我的學術基礎不夠，卻走上了學術的路，在完成了博士學位之後，反而又變成了「不學無術」、「學非所用」！當然，我的老師是國際知名的，沒有問題；我研究的主題也沒有問題；我的學術論文更沒有問題。然而，問題是出在哪裡？就是在完成學位之後，我沒有專門在學院裡教書，也沒有專門做研究。

我的專長可能只有兩項：一是戒律學，但是這次好像沒有人討論，只有提到我倡導的菩薩戒。其實我這輩子很重視戒律學，並且專攻戒律學；我的另外一項專長，則是明末的佛教。

在明末這段期間，中國佛教出現了很多思想家，特別是四位大師：包括于君方教授研究的蓮池大師、我研究的蕅益大師，現在也有人研究憨山大師和紫柏大師。可是，明末這段時期並不僅僅只有這四個人，還有許多居士也非常傑出，在稍微晚一點的清初時期，中國佛教也出了不少人才。所以，明末的唯識、淨土和禪，我都研究了，而且我也準備研究明末的天台、華嚴，因為當時有許多這類的人才和著作留傳下來。

以上的說明，我想可以讓大家了解我的研究範圍和廣度。除了戒律學和明末佛教外，中觀、唯識、天台和華嚴，我都曾經講過，也出版了相關的著作：在天台方面，我寫了一本《天台心鑰——教觀綱宗貫註》，內容是研究蕅益智旭撰述的《教觀綱宗》，從中可以看出我的天台思想；此外，在華嚴方面，則出版了一本《華嚴心詮——原人論考釋》，研究的是圭峯宗密的《原人論》，從這裡也可看出我的華嚴思想。

大體來說，我的思想屬於漢傳佛教，因此，不管是哪一種學說，只要經過我，就變成了漢傳佛教的學說，譬如唯識、中觀，它是屬於印度佛教的學說，但是經過我的詮釋以後，就融入了漢傳佛教的內涵；當然也有根本就是屬於漢傳佛教的禪，可是我又把它與印度的中觀、唯識思想結合起來。所以，我並非僅僅只是研究某種思想或學說而已。尤其我並非學究型的人，不是為了研究而研究，我主要是為了讓傳統佛教與現代社會結合而研究。如果佛學只是擺在圖書館，對學者來說雖然有用，可是對整個社會而言，用處不多、影響不大。為了讓現代社會的人能夠理解、能夠運用印度或中國古代大德祖師及大居士所留下來的著作，我才研究它們，然後把它們帶回到現代社會上。因此，我們中華佛學研究所也辦了許多場國際學術會議，皆以「傳統佛教與現代社會」為主題，目的就是希望將傳統佛教的思想、理論與方法，運用在現代的社會。

我有一個學生，也是一位學者，對我說：「師父，您演講的時候，經常有成千上萬的人聽，很有魅力。」我說：「其實不是，我只是把小眾的佛法，解釋得讓大眾都能聽懂、都可以運用到生活裡去，這樣佛法淨化社會的功能就產生了。」當然我也會對小眾演講，像今天的學術會議，主要就是為了小眾而舉辦。我想請問，學術論文發表的時候，諸位能夠聽懂多少？每一篇都聽得懂？或者是只能抓住重點？每一篇論文都很長，在十五到二十分鐘之間要念完，很不容易。要是有人說他全部聽懂了，我不太相信。因為我聽學術論文發表的時候，也都很用心聽，但是有的學者念得很快，當我想要知道他究竟講什麼時，就已經念過去了。可是，如果在幾百、幾千，甚至上萬人的場合，也用念論文的方式來說法，我想大家一定會「頻頻點頭」，為什麼？都睡著了！因為我對大眾演講的機會比較多，所以慢慢練習，讓佛教從小眾的發展成為大眾的。

我也重視實用，我們中華佛研所的所訓裡，就有「專精佛學，實用為先」兩句話。對於佛學要專精，這是第一步，然後要能夠實用。可是研究所辦的每一屆學術會議，大致上都達不成這個目標，雖然我們希望能結合傳統佛教和現代社會，但是大家發表的、提供的論文都還是傳統佛學。但是沒有關係，我們還是把主題定位在「傳統佛教和現代社會」，若是有人注意到這個主題，而且能夠配合，那很好；即使不能配合，也可以把傳統佛學複習一遍，讓我們了解傳統佛教，然後再慢慢將它與現代社會結合。

兼容小眾佛教與大眾佛教

所以，我個人重視實用，重視佛法與現代社會的結合、接軌。因此，我雖然也是一個擁有博士頭銜的學者、法師，然而我在美國不是到大學裡教書，而是教禪修。這是一個很有趣的身分，身為一個學者，卻以一位禪師的身分出現，而且做得還不錯，也寫了十幾本禪修的書。

我在美國雖然不是做研究、做學者，但在歐美還是有一些影響力。在臺灣呢？我的身分也是多重的：我在研究所、大學裡教書，指導博士、碩士論文，但是我也住持寺院。後來由於跟我學習的人愈來愈多，寺院也愈來愈大，所以漸漸地推廣成為大眾佛教。

但是我並沒有放棄小眾，因為佛教還是應該要有研究學問的人，一代一代地發掘其中的好處，否則佛教會變成落伍的、低級的宗教，而沒有高層知識分子願意再去接觸。因此，法鼓山的信眾中，有許多高層知識分子，所以應該要提供他們研究的環境。我回到臺灣以後，首先創辦了中華佛研所，到現在為止，已經培養了二十六屆的研究生。雖然往後不再招生，但是仍然持續提供老師們，也就是研究員們研究的環境。為了鼓勵國際上各地學者研究漢傳佛教，中華佛研所也投入了許多經費，推出研究漢傳佛教的計畫；同時，我們也與美國哥倫比亞大學合作，共同籌辦了「聖嚴漢傳佛教講座教授」。此外，我在法鼓山還創辦了一所單一宗教的法鼓佛教研修學院，其中包含碩士班和博士班。所以，在國內，我看起來好像是在經營大眾佛教，其實，我不但重視大眾佛教在社會上的淨化功能，也很重視小眾佛教在高層次人才上的培養。但是，如果我只專門做研究，那麼這些事業可能全都不存在，研究所、研修學院也都辦不起來了。

現在，我正在籌辦法鼓大學，可是有人覺得臺灣的大學已經有一百五十多所了，而隨著臺灣的出生率愈來愈低，學生的人口數也愈來愈少，為什麼還要辦大學？其實我們要辦的大學，跟其他大學不一樣，除了學院設定、課程內容不一樣，培養出來的人才也不一樣，全是根據心靈環保、根據漢傳佛教裡最重要的核心價值而規畫的。

因此，要研究我的話，僅僅根據我的幾本著作是不會清楚的，還要根據我的其他文章、談話，包括我在各種國際會議、宗教領袖會議上所發表的言論，否則是無法了解我這個人的。

而我對社會的貢獻與影響是什麼？俞永峰在他的論文裡提到，我是臺灣《天下》雜誌評選出來，四百年來對臺灣最有影響力的五十人之一，這是不容易的，為什麼能得到這項殊榮？不是因為我有一個博士學位，而是因為我對臺灣社會的貢獻。

今年（二〇〇八年）發生四川大地震時，中國大陸是不開放讓外國人去救援的，但是只准許臺灣的兩個宗教團體：慈濟功德會、法鼓山，以及日本的一個救援團進入災區，從這裡就可以看出法鼓山的影響力。直到今天，我們還是一梯、一梯地派員到四川為災區的民眾服務，以後仍然會繼續為災區的重建，提供經費與人力。因此，諸位學者可能也要仔細地看關於我們的新聞報導，才能知道法鼓山對於臺灣、大陸，以及國際上的影響。

我聖嚴這個人，雖然沒有變成一個非常專精於學問的人，但是也有一些好處；如果我變成專精於學問的人，有沒有用呢？還是有用哦！

「人間佛教」與「人間淨土」的差異

我想在這裡回答一個問題：我與印順長老不同的地方在哪裡？

印順長老主張的是「人間佛教」，而我主張的是「人間淨土」，兩者聽起來好像差不多，但是內涵並不相同。印順長老認為釋迦牟尼佛說法是為了人，佛教的中心是人，教化的對象是人，而不是死人，也不是對鬼、對天說，所以是「人間佛教」，因此他不講鬼、神，只講佛，而佛是指釋迦牟尼佛。他不太願意說有十方三世的佛、不念阿彌陀佛，更不想到西方極樂世界去，因為他認為阿彌陀佛大概不是釋迦牟尼佛講的，這在他的《淨土新論》中，可以看到他對於淨土的想法。所以，如果有信徒過世了，印順長老的關懷不是念阿彌陀佛，而是默默向釋迦牟尼佛祈禱。

有一次，我講「十方」，他就問我：「聖嚴法師，你講講看十方是哪裡？」我說：

「上下四維，也就是東、西、南、北、東南、東北、西南、西北、上、下，總稱『十方』。」他又問我：「你是站在什麼立場講有上、下？地球在轉，哪一個方向是上？哪一個方向是下？如果說十方有諸佛，那你的腳底下有佛嗎？你的頭頂上有佛嗎？」因此，他不相信有「十方」，只相信有「八方」，而「八方」則是根據地球來講的，所以他是一種很科學的態度。

我和他不一樣，我念阿彌陀佛，也承認有十方的佛，為什麼？大乘佛法、漢傳佛教就是這樣說的。印順長老是不是漢傳佛教的？不是，他所研究、傳播的，他的信仰、信心是中觀，他批判瑜伽、唯識，只肯定中觀思想，他的一生是這樣。因此，簡單來說，印順長老不是漢傳佛教的，而我是非常重視漢傳佛教。

雖然如此，我受印順長老的影響還是非常深刻，他把我從迷信的漢傳佛教拉出來，而我因此看到了有智慧、正信的漢傳佛教。所以我講的漢傳佛教、我講的禪宗和淨土，都與歷史上的漢傳佛教有所不同，這一點諸位學者如果用心研究的話，可以看得出來。

佛教同一味——「成熟眾生，莊嚴國土」

我認為佛教是一味的，之所以會分派，主要是因為各宗各派的宗師們，其各自的思想立場不同，而我希望能夠透過我，來重新認識、介紹佛教。其實不管是站在哪一部經、哪一部論，都有其共同的目標——解脫、度眾生，就像是《般若經》不斷強調的「成熟眾生，莊嚴國土」。我歸納佛教的任何一派，最後都是同樣的一個目標——莊嚴國土，也就是莊嚴淨土，亦即我們要將現在的國土莊嚴起來，因此，我的「人間淨土」理念，就有了立足點。

此外，我們要鍊自己的心，就要鍊眾生的心，因為不僅我的心要清淨，眾生的心也要清淨，國土才能夠清淨；如果眾生不清淨，國土是無法清淨的。因此，建設人間淨土必須先提倡心靈環保，而心靈環保就是「成熟眾生，莊嚴國土」，這是佛教的兩大目標，而且是分不開的。這就是我的思想，所以我看任何一宗一派，都是一樣的。

以研究「聖嚴」來推動淨化社會、淨化人心

中國讀書人有兩句話：「路逢劍客須呈劍，不是詩人莫獻詩。」當你見到偉大的劍客、武士，要把自己收藏的寶劍呈現出來；若非見到偉大的詩人，則不需將自己的詩獻出來。而我今天見到諸位行家，所以將這些沒有人知道的事介紹出來，也可以說，我是看到了諸位的論文，覺得很感動，因為竟然有這麼多人在研究我、願意了解我，關於我的資料蒐集得滿豐富的，而且有些人對我也了解得滿深刻的。

以上所講的，或許諸位已經知道了，也或許不知道，但是用講的畢竟很有限，所以下一屆研討會還請諸位再刻意研究一下，看看聖嚴跟印順之間有什麼不一樣？聖嚴對

現代社會有什麼貢獻？聖嚴的思想究竟是以什麼為中心？

諸位今天發表的論文，主要是針對一個主題來發表，下次也可以擬定不同的主題來研究。如果僅是根據我的著作、論文裡提到的某些觀念來寫也可以，任何一點都能夠把「聖嚴」這個人的一生串連起來。有的人不敢寫我，實際上寫我是最容易的，因為我沒有什麼高深的大道理，而且是一個現在正活著的人。也有人覺得寫活著的人比較難，因為顧慮到如果讚歎太多了，會被認為是阿諛；如果批評太多了，又會覺得不好意思。

其實諸位不需要全部都是批評或者都是讚歎，而是應該讚歎的地方讚歎，應該批評的地方還是要批評，這樣學問才可以成長，對我而言才有幫助。這一次的論文裡，讚歎我的很多，批評的不多，我覺得不好意思，謝謝大家對我的包容。事實上，舉辦這個研討會的目的，是要將我這個人所做的、所想的，向社會與學術界介紹，而這就是在幫我推廣淨化社會、淨化人心的目標。今天與會的有很多人是學者，或是未來的學者，因此諸位的功德很大，這並非對我個人有什麼好處，而是對我們這個世界、這個社會有很多的利益，非常感恩諸位在百忙之中來出席及參與研討會。

（二〇〇八年五月二十五日講於臺大集思國際會議廳
第二屆「聖嚴思想國際學術研討會」閉幕式）

群我關係與全球倫理

今天我能得到這個獎，感覺非常殊勝與榮耀。我們都知道，李國鼎先生對臺灣的經濟建設和社會的貢獻非常大，他曾經擔任經濟部長、財政部長，雖然尚未擔任行政院長，可是臺灣之所以經濟起飛，成為亞洲四小龍，這都跟李先生的貢獻有關。我相信在近代臺灣的歷史上，他是占有一席之地的。

如同王昭明先生所說，李國鼎先生是個跨領域的人才，除了專精經濟之外，他對社會方面的許多領域也頗有研究。所以，對於我這個年代的臺灣人而言，沒有人不知道李先生。儘管他過世了十多年，但是，我們至今仍然非常懷念當時有李先生這樣的人，尤其是在臺灣經濟環境日漸下滑，人心、道德淪落的今天。

民國七十年（一九八一年），李國鼎先生提出了一項新主張——「第六倫」。當時雖然經濟條件好、科技發達，但是社會的倫理價值觀卻沒落了，所以他開始提倡第六倫。其實中國儒家思想中的五倫維繫社會倫理長達一千多年、將近兩千年的時間，然而到今天為止，其涵蓋面已經是不足夠的，所以李先生才提出了關於「群我關係」的倫理問題。

李國鼎先生所提出的新倫理，是人類精神文明的一種價值理念，內容涵蓋了人與人、人與團體，以及人與自然之間的關係，這是過去五倫所沒有的。但是，這個觀念只在少數的知識分子之中流傳，並沒有形成整個社會共同的團體觀念，成為一項倫理運動，這是一件非常遺憾的事。

近幾年來，我也受到李國鼎先生的影響，覺得我們應該要有一種世界性、全球性的倫理觀，因為目前世界上各種民族、宗教、文化背景的人，都有自己的一套倫理觀來闡述所謂的「正義」。我曾經問一位伊斯蘭教的學者說：「伊斯蘭教的『正義』是指什麼？」他說：「是『戰爭』。因為沒有公義，所以要用戰爭來爭取公義。」意即正義就是為了爭取公平，所以要發動戰爭。這個觀念很可怕，我聽了有一點擔心。因此，我呼應李先生的看法：五倫是小的愛，而群己關係的倫理是大愛，而這個大愛應該包括全球、不分種族，也就是跨宗教、跨種族、跨文化背景，這才是人們真正需要的倫理。

那麼我們舊有的倫理還需要保留嗎？還是需要。可是舊倫理有一點問題，有一點腐敗，譬如「君臣」倫理，凡是有新思想的人都很難接受。事實上我們現在根本沒有皇帝，即使是總統，在現代也已經成為所謂的「公僕」，是公眾的僕人，而不是「君」了。所以，五倫中有很多內容是無法適用現代的，因此，我就把它變化一下，叫作

「心六倫」，從我們的心開始出發，來實踐這項全球性的倫理。我在此將這項全球性的倫理標明出來，向諸位介紹一下，請諸位指教：

第一是家庭倫理，包括父母、兄弟、子女，所有與這個家庭有關係的人，都屬於家庭倫理的範圍。

第二是校園倫理，因為現在從小學到大學，校園裡倫理觀念衰微，老師與學生之間，老師不像老師，學生不像學生，因此我們提倡校園倫理，其中不僅包含老師與學生、家長與老師之間的關係，所有辦教育的人都包括在內。

第三是生活倫理，這是舊五倫中所沒有的觀念。每個人的生活，無論是物質層面或精神層面，都與整個環境息息相關，如果我們在生活裡浪費了一樣東西，都會對全球產生影響，所以生活也要講倫理。如果生活不節儉、浪費、靡爛，這是對地球沒有責任感。因此，倫理實際上就是責任感和奉獻心。

第四是自然倫理，李國鼎先生曾經說過，人生活在自然的環境裡，所以要愛護自然。太空人艾德格・米契爾（Edgar Dean Mitchell）博士也指出，我們這個世界如果不搶救的話，再過一百年就會毀滅了。我想，如果不努力的話，可能不到一百年，地球很快就會毀滅，但是如果努力的話，還有幾億年可以過下去。

第五是職場倫理，也就是工作中的倫理，這裡面包含很廣，凡是個人參與他人一起工作，也就是兩人以上共同工作的環境，即是職場，這不一定專指企業。多半的人在職場上都希望爭取更好的待遇，但是我們主張的是奉獻。

第六是族群倫理，包括宗教、民族，以及國家之間的族群，其實專業與專業之間也是一種族群關係，譬如有所謂的「同行是冤家」。臺灣許多年來，也有族群分裂的現象，但這算是小現象，大現象則是世界上有許多族群嚴重分裂，因此我們也提出族群倫理。

我今天就講到這裡為止，謝謝。

（二〇〇八年五月三十一日講於臺北中正紀念堂「李國鼎傑出經濟社會制度設計獎」頒獎典禮致辭）

修行在人間

二

付囑傳持佛法的任務

諸位仁者菩薩們：

今天是我們法鼓山的大好日、大喜事，因為這是我們第一次舉辦傳法的儀式，在座的除了常住大眾、法師、行者、同學之外，歷來的護法菩薩們也受邀觀禮，共同分享這份喜悅。

傳法，任務的交代

我現在把傳法的意義、傳法的對象，以及接受法脈的任務介紹一下。

傳法的意義是什麼？禪宗六祖惠能大師在七十六歲時，召集十位弟子交代傳持佛法的任務，我也在七十六歲今天傳法，對象一共有十二位。為什麼是這十二位，而不是其他人呢？今天在場的十二位法師，都是在我們法鼓山體系內長期奉獻，對我們僧團的運作付出很多的時間和心力，有的在禪法修行上有深厚基礎，有的在佛學、教育、文化等方面貢獻很多，而且他們都有一個共同特性，就是性格穩定、持久性，這是非常重要的。

這次傳法以後，不是僅有這十二位才是我的法子。當初六祖惠能大師交代的十位弟子之中，我們知道真正對佛教史上有貢獻的，好像只有神會禪師，以及記錄《六祖壇經》的法海禪師，其他對後世佛教有影響的像是石頭希遷、青原行思、南嶽懷讓，都不在這十個人之中，但卻對後來的禪宗發展有很大的貢獻，即使神會一系在當時北方有貢獻，可惜他後來並沒有傳持的人。

把佛法傳持下去是最重要的，因此，為了讓佛法明燈永續不斷，為了讓漢傳佛教承先啟後，為了法鼓山理念的傳持和普及，所以我們有傳法的需要。今天這次是任務型的交代、任務型的傳法，這是我們的第一次，往後如有需要還會再舉行。

接受法脈，補強漢傳佛教之不足

這次傳法的對象是誰呢？我們立出三個條件：

一、已從心法獲得入處，並有弘揚心法的悲願及能力者。

二、接受付託主持正法、弘揚正法、傳承正法、續佛慧命，而具維護、開展法鼓山系禪法之能力者。

三、已有獨立弘化法鼓山所傳教法於一方之能力或道場者。

第一是已從心法獲得入處，也就是禪宗講的明心見性、以心印心，不過具有這樣經驗的人，並不一定適合傳法。例如有幾位被我印可過見性的人，臺灣也有、美國也有，但我並沒有傳法給他們，為什麼？因為他們還沒有弘揚佛法的悲願和能力，這個條件是非常重要的，所以明心見性不一定能傳持佛法，這一點請大家要了解。

第二是接受付囑主持正法、弘揚正法、傳持正法、續佛慧命，具有維護和開展法鼓山禪法能力的人。當六祖惠能傳法的時候，弟子們問他傳的是什麼法，有什麼另外的交代？惠能大師說自己有一部《壇經》，只要照著弘揚就夠了，沒有再另外付囑；當釋迦牟尼佛傳法給摩訶迦葉、阿難尊者，他要他們傳什麼呢？傳正法眼，也就是勝法眼。正法眼、勝法眼是什麼？從《增一阿含經》裡面，我們看到致力將釋迦牟尼佛正確的教法，普及、永續地傳持下去，都有這樣的悲願，所以接受傳持。

第三是已經有獨立一方、弘揚法鼓山禪法的能力，而且已經有了道場，這種人也是我們傳法的對象。這三種之中具有其中一個條件，我們就傳法。

接受法脈以後的任務是什麼？所謂「接受法脈」，就是接納各派各系所長，我們通常所講的南傳、藏傳，以及漢傳佛教八大宗，這每一派、每一宗的所長，我們都要將他們匯集起來，也就是將每一系、每一派的長處，匯歸到我們漢傳佛教來，改革漢傳佛教的弊端，補強漢傳佛教的不足，就可以跟整體未來的世界佛教接軌了。

十二位接法者

這次接法的人是哪些人？現在以他們的戒臘來介紹一下。第一位是果如法師，他是我最早的一位剃度弟子，現在他有一個道場在臺北縣中和，叫玉佛寺。雖然他很少回來，但他經常帶他的弟子護持法鼓山，他的弟子全都是法鼓山的勸募會員，而且他已經有幾位很優秀出家弟子。現在我們法鼓山給他一個任務，請他做禪堂的板首。

第二位是惠敏法師，在我們團體裡面，他的角色非常多，既是中華電子佛典協會的會長，亦是中華佛學研究所副所長，又是我們行政體系的總執行長，也是我們僧團的首座，還是法鼓山僧伽大學佛學院副院長。另外，我們已向教育部申請的佛教研修學院，他是校長，同時他還擔任國立臺北藝術大學教務長、西蓮淨苑方丈、光明寺住持，他是日本東京大學文學博士，本身是一位教授。他對我們團體奉獻很多，今天傳法以後他就是我的法子。

第三位是果暉法師，他曾擔任僧團的都監，後來我派他去日本我的母校立正大學留學，今年（二〇〇五年）春天獲得博士學位，現在他是亞洲大學專任助理教授，也是法鼓山僧伽大學佛學院的副教授，今天我同時宣布，他也擔任我們法鼓山的副住持。

第四位是果元法師，他是一位越南華僑，在美國跟我出家。我到美國各地，他都跟我形影不離，後來擔任美國象岡道場以及東初禪寺住持，現在我請他回到總本山擔任我們禪堂的板首。

第五位是果醒法師，他在我們團體擔任過監院，現在是副都監，同時也負責禪修推廣中心，也就是傳燈院，為僧團的禪修副都監。將來在禪堂運作和禪學推廣上，會與果元法師共同經營。

第六位是果品法師，是僧團現任的都監，實際上他擔任都監已經有五年了，他的工作是代表我出席會議和接見客人，以及代表我做關懷工作。

第七位是果東法師，在我們的基金會以及護法體系，他是輔導師，主要是做關懷的工作，他也是我們僧團關懷院的監院，同時也是我們男眾部的副都監。

第八位是果峻法師，他與我結緣於美國，在美國象岡道場參加過很多次禪修，他曾經在韓國的道場住了很久，也在南傳的修行團體住了很久，並到澳洲完成碩士學位，現在他是我們象岡道場的執行董事、負責人。

以上八位男眾，都是我們體系內擔任比較重要工作的比丘。下面介紹四位比丘尼。

第一位是果鏡法師，他原來是僧團的監院，後來派他到日本留學，去年（二〇〇八年）在京都的佛教大學完成博士學位，現在回到僧團擔任僧伽大學佛學院副院長，他同時也是國立中興大學的助理教授，在僧伽教育上，現在要他多花一點心血。

第二位是果廣法師，他先後擔任了二次女眾部的副都監，現在是第二次擔任，已經有五、六年了，而且他是四位副都監中的執行副都監，非常用心在制度的建立以及人事調配。

第三位是果肇法師，他曾經擔任法鼓山基金會的副執行長兼祕書長。他在基金會服務了十年之久，現在擔任中華佛學研究所副所長，也是僧伽大學學務長。

最後一位是果毅法師，他是法鼓文化的負責人，不過他現在的任務比他過去加重了四倍。過去他僅僅負責法鼓文化，但目前擔任文化中心副都監，共包括五個單位，都由他來負責。

以上介紹了十二位法子。法子跟一般弟子有什麼不一樣？其實沒什麼不一樣，法子只是交代任務，其他雖然還沒有傳法，但我希望每個人都能擔起重責大任，有沒有傳法都不是問題。

有道者得，無心者通

傳法是一項責任。釋迦牟尼佛說，我們這些人只要運用佛法、傳持佛法、弘揚佛法，擔當任務之後就是法子。法子是從佛口生得佛法分，也就是自己的心性跟佛說的正法相應，這就是法子。所以，在家居士也能成為我的法子，只要你接受這樣的任務，達成這樣的標準。

法子，一定要發菩提心，一定要有出離心；有出離心就不會有煩惱，有菩提心就會奉獻給眾生。如果受了佛法付託，卻還有煩惱習氣，那就隨時要修正、懺悔、慚愧，這樣子我們才能弘法和利生。在我們僧團裡面，只有職務的輕重，沒有地位的高低，如果接了法就貢高我慢，那就對不起這個法統的傳承。

我們對上要尊敬，對人要友善，對後輩要關心、要慈悲，對自己則要節儉。如果自己有權、有位，享受便比別人多一些，這對傳法就是一種敗壞。我在你們這個年齡的時候，出門是沒有車的，只能騎腳踏車、摩托車，有時候坐小發財車，自己也沒有什麼辦公室，哪個地方有位子，我就坐到那個地方去，吃的、穿的都隨眾。只是現在年紀老了，飲食要人家特別照顧，不過我也沒有吃的比大家好。

記得我的師公，也就是智光老和尚，他的衣服自己洗、自己補，從不借助別人來剃頭。我們要感動他人，就要忍苦耐勞，對人盡心盡力。有學問、有能力當然好，但如果有學問、有能力卻沒有德行，對佛法就是一種敗壞。《六祖壇經》裡有這樣子的對話：有位弟子問惠能大師，你的正法眼藏究竟要付給誰？大師說：「有道者得，無心者通」，這二句話是不是六祖所說，尚待考證，但這兩句話的意義是對的，就是說你有德行，就得到了正法眼藏。怎樣通達正法眼藏？要放下自我的執著心，就是自我的種種妒忌、猜疑、不滿、貪瞋，這些種種都放下的時候，你就是跟正法眼藏相通了！

法鼓山的法，是以社會大眾為基礎的禪法

法鼓山的法，實際上也沒有特別的法，就是漢傳禪法，漢傳禪法跟南傳、藏傳是不

一樣的。漢傳禪法的殊勝之處在於民間化、普及化、生活化，漢傳禪法不離佛法的根本，也不否定學問，卻不一定要談多少學問，如果老是談學問，弘法只談學術，佛法便不能普及，中國的禪宗之所以一枝獨秀，原因即在於此，而其他宗派沒辦法普及，正因為他們的理論很高深，只能適應上層社會的知識分子，跟一般民間不能相應、接合。

中國的禪宗就是中華禪，從百丈到馬祖，百丈所傳的禪法很簡單實用，不管是否具有學問、知識、錢財等做背景，都沒關係，一般人都可以在生活上運用，就因為所傳禪法如此的純樸、簡單、實用，所以可以普及，得以持久。

我之所以強調這點，是因為我們不能依靠奔走權門、豪門，如果老是巴結權門、奔走豪門，希望他們來護法，一時之間可能有用，可是長期的話便會失去一般民間大眾的基礎。

不過，這也不是說我們排斥權門、豪門，我們不排斥、不拒絕他們，並且也希望接引他們，來成為佛法的實踐者及護持者。但不能去巴結、奔走。奔走權門、豪門，佛法一定沒有辦法持久興盛、普及人間，這也就是為什麼佛要說「一缽千家飯」，便是要我們從一般社會大眾出發，平等接引每一個階層，為他們服務、給他們照顧，讓他們都能各取所需，得到佛法的利益，如此，佛法才會常住世間。佛法其實就是靠大眾，釋迦牟尼佛自己出身貴族，他雖化度王臣長者，但他接觸的人大多是平民，因此大家要掌握這個原則。

首座和尚，代行方丈職權

法鼓山在過去這二年來，不斷尋求制度的完善、組織的完備，制度要從僧團這裡著手，未來我們團體是以僧團為核心，今天傳法的十二位，是我們法鼓山組織架構裡面重要的執事，當中有的不是住在我們本山的，但都是彼此密切互動，而且方向一致，遇到任何爭議的問題，共同商量，商量時不違背法鼓山傳法的標準，以及我們傳法的意義和任務。

我們法鼓山究竟是什麼樣的道場？我曾經跟僧團講過，佛法以釋迦牟尼佛為最高，然後是印度的佛教、漢傳的佛教、漢傳佛教的禪佛教，禪佛教中，以心靈環保為主軸的是法鼓山的禪佛教，然後再往未來看，則是整體的世界佛教，我們在這樣的原則下往前運作。

至於如何運作？目前尚未明朗，由於方丈尚未交位，所以，如果師父出遠門，或者要休息一段時間去閉關，法鼓山這個團體由誰來代理？師父目前兼任方丈和住持，但住持與方丈是不同的，在一般的道場稱「住持」；大本山、大叢林的住持叫作「方丈」。因此，當師父要出遠門，或要靜養一段時間，或要閉關修行，方丈還沒有交位時，行使方丈職權的就是首座和尚。

現在請大家跟隨我宣讀法鼓山的傳法標準，共計五條：

一、對佛法具正知見；

二、生活言行嚴守淨戒律儀；

三、具備弘法的悲願與能力；

四、具備攝眾、化眾、安眾的能力；

五、認同法鼓山理念，願盡形壽以推廣法鼓山理念及宗風為當然責志。

（二〇〇五年九月二日講於北投農禪寺「傳法大典」）

共同承擔法鼓山未來的使命

落成開山大典的感恩與勉勵

法鼓山一〇二一落成開山大典圓滿完成了，其實原本規畫是於去年（二〇〇四年）落成，但因為硬體設備未盡完備，所以延至今年舉行；在這段期間，從策畫、演練到呈現的過程，足足歷經一年半的時間。值得欣慰的是，在落成開山系列活動之中，我們已經把法鼓山的特色、理念和精神，做了幾近於一百分的示範，使得國內外貴賓、教內外人士，以及臺灣所有的媒體等，都讚歎法鼓山帶給他們無比的意外和驚喜，而海內外信眾的向心力也因此倍增。特別是國際貴賓們回去以後，紛紛來信讚歎致謝！

在天主教百科全書一九〇八年的版本內容裡記載，佛教已死，佛教已不再產生作用。但是應邀出席法鼓山落成開山大典的瓊安・琪蒂斯特（Joan Chittister）修女回國之後，在她自己所屬的天主教網站上發表一篇文章，文章內容質疑天主教百科全書的記錄，並認為現在西方的一神教過於自大、狂妄和偏執，不像她所體驗的法鼓山，那樣包容、開朗和溫馨。這篇文章已獲得瓊安修女的同意，轉載於法鼓山全球資訊網英文網站上。這是一個代表性的例子，其他如泰國、日本、荷蘭以及東正教的宗教領袖等，也紛紛給了我們盛情的回饋。

因此，我除了要感恩我們團體各單位人員的盡心盡力，同時也要勉勵諸位：我希望大家，一定要把二〇一一落成開山大典中呈現出來的精神，在每一個人的生活中，持續地保持下去，並且發揚光大，這樣子才是法鼓山真正的落成、真正的開山。二〇一一落成開山大典絕不是句點，而是一個開始。

開山的意義

開山的意義，有兩個層面。第一，向教內外宣告，法鼓山已落成，歡迎廣大的社會大眾來此接受淨化心靈的教育。但是下一步要做的就是，當社會大眾來到法鼓山，如何讓他們接收心靈淨化的理念，如何體認心靈淨化的方法，這就要靠我們規畫出一系列課程有層次地引導。法鼓山，不是一個觀光旅遊的景點，而是世界佛教的教育園區，如何真正發揮此一功能，需要我們僧俗四眾共同思考策畫。

第二，向國內外宣告，法鼓山的理念和功能，是協助全人類開發自心慈悲與智慧的寶山。這層意義，已在落成開山系列活動之中做了部分的呈現，但這只是一個開端，開啟我們和國際的接觸，也讓國際人士了解我們。

四種環保的著力點

我們在落成大典中所展示的和諧、親切、禮貌、有規律、有威儀，即四種環保運動的落實，不僅要持續下去，更要普遍地推廣宣導，深入社會各階層。這才是一個好的開始。

四種環保的著力點在哪裡？即「大學院、大關懷、大普化」三大教育。此三大教育不是各自為政，乃是三個連體的嬰兒，彼此生息相通、共生共榮。

我們的大學院教育，目的不僅是造就學究式的讀書人、學者，乃為大普化、大關懷培養專業人才，厚植大普化、大關懷的實力基礎。我也期許在法鼓山體系中的每一位僧俗四眾，都是大學院教育的支持者與參與者，也都是從事大普化及大關懷教育的當然成員，否則建設人間淨土，便會淪為空洞的口號。

三大教育與四種環保，二者互為體用，乃是一體的兩面，唯有以三大教育為著力點，來推動四種環保，才是真正實踐和推廣法鼓山的理念。

法鼓山存在的意義

有人說：「聖嚴法師是法鼓山的創始人，是靈魂人物，但他已垂垂老了，不僅一生多病，近年來也連連發生大病，一旦他往生了，法鼓山這個團體還能繼續存在嗎？」

我想告訴大家，釋迦牟尼佛八十歲涅槃，孔子尚不到八十歲，耶穌僅三十三歲，因為他們有弟子門徒忠心服膺他們的身教言教，實踐宣揚代代不絕，所以他們的教團和道統也與世常存。佛教是以佛所說的依法住、依律住，等於依佛住。律，是僧俗四眾的生活規範；法，是修行的觀念和方法。釋迦牟尼佛涅槃以後，他的弟子五百羅漢結集他的法藏、律藏，而由僧團實踐他所訂下的生活規範及自利利人的正法，使得佛教一代一代地往下傳。如今，距離世尊住世的年代，已近二千六百年了，但是佛的觀念和方法，卻仍舊遍傳著當今的全世界。

法鼓山的存在，不是依靠硬體建築物的雄偉，也不是依仗堅強的組織和精明強勢的領導人，而是我提出的理念，大家是以理念的認同和實踐推廣而進入法鼓山，所以大家不必擔心人亡政息，只要尚有僧俗弟子堅持實踐法鼓山的理念，法鼓山便會永遠存在。即便已經無人推廣，只要有一位聖嚴法師曾經倡導的人間淨土、提昇人品和四種環保，有人根據文獻推行，法鼓山又會出現。

因此，我們共同的理念才是法鼓山的靈魂，只要你們自己對法鼓山的理念有信心，這個團體便會因你們而存在、光大。

普及化、國際化、年輕化

面對新的時代，希望有新的作法，作法可以推陳出新適應環境，但是理念、目標、方向不能改變，一改變就不是法鼓山了，因此未來我們有三項必須努力的方向。

第一，要普及化。佛教一定要走入人間，走入大眾，不能曲高和寡、孤芳自賞，或是自己關起門來做學問、了生死，或者專門去奔走權門，雖然自稱是大乘，但在宗教情操的表現上，還不如小乘。這種消極、逃避而與社會脫節的心態，正是中國佛教的悲哀。

佛教如果跟社會脫節，不去關懷社會大眾的疾苦，慈悲心和智慧如何增長？如何運用？智慧一定要運用在人與人的互動，處理複雜問題時而不起煩惱，就是智慧。關起門來念佛、了生死，這是自私，也談不上自利，既沒有智慧，也沒有慈悲，根本不能解脫，這與佛法，特別是大乘佛法的精神是相違背的。

佛教的危機相當多，舉例來說，佛教徒的父母通常不會接引自己的孩子學佛，多半是讓孩子長大了自己選擇信仰。但是，既然認為佛教是很好的，為什麼不影響孩子也信仰佛教呢？現在我們有好多居士的孩子是不信佛教的，那是因為你們沒有感動、沒有輔導你們的孩子信佛教，將來卻要法師來教導你們的孩子學佛，這樣，法師豈不是太辛苦了！我們佛教徒，若不能將學法、護法、弘法，視作每一個人的基本責任，佛教到了二十二世紀，很可能在地球世界會有消失的危機。

第二，要國際化。漢傳佛教的法師人才本來就少，尤其很少出席國際會議，即便出席國際會議，也不會使用國際語言；或者具有國際語言，卻不敢主動發言，無法言之成理，言之有物。每次到了國際場合，看到漢傳佛教如此沒落，我真是憂心忡忡！目前世界的宗教領域中，幾乎都是以三大一神教為主，他們有組織體系、有財力、有人力，有龐大的族群為後盾，甚至有政治力的支持；每次國際會議中，縱然有佛教代表參與其間，也不太有發聲和影響的力量，這是佛教的危機。

因此，未來必須從佛法民間化、普及化、大眾化以及國際化方向去努力，才能挽救佛教可能滅亡的命運。

第三，要年輕化。過去世界潮流是十年一更迭，現已縮短成五年。一個團體如果十年之內沒有吸收及培養出新的人才、傑出的人才，這個團體就是老化、退化了，就是團體的危機。

我們一定要從各層面去接引年輕人，培養、重用年輕人。如果沒有青年的活力，團體很快就會被時代社會淘汰。現在法鼓山有僧伽大學佛學院、中華佛學研究所，以及將來的法鼓大學和佛教研修學院，都是為了吸收及培養青年。年輕的人才進來以後，要給他們法鼓山的理念、方法和法鼓山的教育，成為下一代的接棒人。

身為宗教師的責任，就是要培養年輕人和接引還沒有成為佛教徒的人。只要能夠培養新人，不必擔心自己沒有路走。在法鼓山，本身就是保障，只要奉獻，每個人都是有用的人。在法鼓山，只有任務的分配，沒有職位的大小。

我們現在已經成立一個青年部，這是我們的希望，我們的未來。

（二〇〇五年十一月十五日於法鼓山世界佛教教育園區國際會議廳
「專職菩薩精神講話」）

信仰的價值

二〇〇五年十二月四日，聖嚴法師在法鼓山世界佛教教育園區接受《康健》雜誌專訪，暢談如何在生活中尋回心靈的安定，專訪內容刊登於該雜誌二〇〇六年一月號第八十六期，標題為：「心可以打太極拳」。

問：您怎麼看安太歲、點光明燈這類民俗？在這個科學年代還有價值嗎？

聖嚴法師（以下簡稱「師」）：凡是宗教信仰和民俗的現象，而從科學的觀點來進行評斷，也就是以邏輯、分析、理論的立場來推論其合理性，或者是以物理的現象來檢視其是否存在，不一定是恰當的。二十世紀美國有一位傑出的心理學家威廉・詹姆斯（William James），他認為構成宗教生活骨幹的，並不是宗教教義，而是個人的宗教經驗。既然不是教義，也就不一定具有邏輯的理則，也不是自然科學可以探究分析的，而是一種非常主觀的個人經驗。

以安太歲、點光明燈來說，雖是一種宗教信仰的行為，也是一種民間的習俗，已在漢民族的社會裡流傳數千年，如果其中缺乏個人的經驗，也就不可能延續至今。儘管人類學家、心理學家或者社會學家他們不願意相信，然而對於這類宗教民俗的功能，還是承認存在的。因此，當威廉‧詹姆斯親自體驗了種種的宗教生活之後，他並不否認宗教經驗的存在，而宗教信仰，確實有著民間的需要和信仰者的需求的。不過，我雖不持反對的態度，而我自己是不會去安太歲的。

至於點光明燈的起源，在佛教來講，那是釋迦牟尼佛住世的時候，佛在夜晚說法，需要有照明的設備，以讓聽眾或者弟子們能夠清楚看到佛在說法，也讓會場裡有一些照明的設施，於是鼓勵大家點燈。點燈的目的，是為了供佛、供法和便利大眾。到了後來，點光明燈的意義，則轉變為自己點一盞心燈，使得自己的心能夠清淨、明朗，有智慧。這是一種祈禱，而不是光明燈本身有什麼功能。

此外，通常在寺廟點光明燈，都需要費用，但是這個費用並不等於點一盞燈的錢，信眾也不需要執著每一盞燈的燈油一定要燃盡。因為點光明燈的另一個功能，是藉著點燈的心願，同時對寺院做了布施，讓寺院可依此經費來維持道場，來從事弘法利生的工作，因此也是一樁大功德。

問：臺灣人對未來疑惑時，常常尋求算命解答，您對算命風潮的看法？您又是如何看待命運？人可以改變命運嗎？

師：當一個人遇到挫折、困擾，而自己缺乏宗教信仰，或者以自己的智慧無法解決，也找不到人生的老師、有智慧的人來協助解決的時候，可能就會順應民間的風潮，跑去算命、問神、求籤、卜卦了，這些都是漢人社會特有的風俗，甚至於我在西方社會，也看過西方人去算命、看相，他們也相信的。

關於算命、命理的問題，我曾經寫了一篇文章，也幾次在不同的場合談起。其實，若要說算命是一種偶然的判斷，倒也不一定，比如說星相、八卦，都是人類幾千年來經驗的傳承，也確實為一些徬徨無奈的人們，帶來某種程度精神上的寄託。但是從佛教的角度來講，算命的推論，至多只能掌握過去已發生的事，對於未來不一定準確。因為因緣經常在變化之中，除了外在環境不斷的改變，個人的毅力和努力，也是一股改變的力量。因此就算是頂尖的算命先生，也許可以指出一個人未來的可能性，但不是絕對的。

我的建議，算命只能當作參考，不要迷信，如果樣樣事情都要算個命，反而會造成生活的困擾。自己的命運，要靠自己的毅力、努力來主宰，未來就掌握在自己的手中。

問：當大環境混沌不明的時候，個人如何安身立命，保持個人內心平靜？

師：所謂大環境，是指的我們的社會環境以及自然環境，個人的工作環境以及家庭環境，則是小環境。有許多人憂心臺灣當前的政治環境，以及臺灣在國際社會中所扮演的角色和處境，包括在國際之間我們的經濟環境、文化環境、社會環境、安全防衛環境，都是屬於大環境的範疇。

大環境不是我們自己能夠掌控的，有的是受到世界整體環境的影響，個人或者單一的地區，無法置身於世界潮流之外。而如何面對大環境裡的軍政環境、自然環境？既然身處這個時空，也只能接受了。但是可能改變嗎？臺灣是一個民主國家，可以透過選舉的方式來改變現況，選出多數人想要的生活方式。不過，投票的結果確實可解決一部分的問題，但是要一時之間讓整個大環境完全改變，是不大容易的，因為大趨勢使得臺灣環境如此，就是多數的人希望大環境轉變，還是要漸漸地改變。要在一夕之間更換整體的大環境，雖有可能，但可能性不大。

相對於混沌不明的大環境，個人內心的安穩、平靜，則顯得非常重要。我經常說：「心安才有平安。」如果內心不平安，無論外在的環境多麼舒適，仍會覺得痛苦。如果內心是平靜的，心不隨外境的影響波動，雖則身處惡劣的環境之中，還是非常的平安。我常抱持「逆向思考」及「正面解讀」的心態來面對各種現況，凡事往求生存、求生路的光明面努力，便可順勢而為，趁勢而起。

問：如何從人生的挫折困頓之中，找到支持自己的力量？

師：以我的例子來講，我這一生都是從挫折、困頓之中走過來的，不是環境給我挫折，就是我自己的身體狀況給了我挫折；不是環境給我困頓，就是我的身體狀況使我困頓。例如我到日本留學，過程非常的辛苦，而在完成學位回到臺灣之後，即便我已經擔任大學副教授，但是我的學位卻無法獲得教育部的承認，經過長期的折騰，最後教育部才給了我教師證。又比如法鼓山的建設，看起來似乎一帆風順，事實上波浪很多、挫折連連，而我就是學會了面對它、接受它、處理它、放下它。

我經常有這樣的信心，山不轉路轉，路不轉人轉！如果人也動彈不得，也還可以心轉啊！我初到美國的前幾年，一連串的挫折、困頓，真是讓我動彈不得，而我告訴自己，即使環境困厄，我的心是自由的！儘管處境就如同被五花大綁，全身已動彈不得，但我的心還可以打太極拳，日子一樣過得輕鬆自在。

問：新的一年到來，請教您個人的期許和心願。

師：許多人好奇問我，我個人的心願是什麼？我沒有個人的心願。如果說期許，則是對我們團體的期許，我希望法鼓山能更成長，對我們的社會能有更多的奉獻。目前來講，我們的社會需要淨化人心的工作層面非常的廣，而法鼓山做的很有限，在國內外皆是如此。因此，我期望參與法鼓山的人數和品質都能夠成長，對社會有更大的貢獻。

也但願全世界能夠遠離一切災難，但是完全的零災難是不可能的，只盼望災難少一些，或者是災難發生以後，全人類都可以抱著四海一家的大悲心和同理心，超越國界、種族和宗教之間的界線，大家齊心協力投入救災、賑災的工作，使得災害的程度減到最低。

（二〇〇五年十二月四日答《康健》雜誌採訪）

法鼓山是一個弘揚漢傳佛教的道場

建立對漢傳佛教的信心

當我們還在陽明山，中華學術院佛學研究所（中華佛學研究所的前身）的時候，臺灣佛教界、佛教學術界懂得藏文、巴利文、梵文的人非常少，但那時我們就非常重視佛教語文的訓練，引進了梵文、巴利文、藏文的老師，也培養了不少這方面的人才，為臺灣佛教界、佛教學術界開啟了新風氣。但是語文教育其實是屬於大學部的，到了研究所，應該已經能夠運用語文來做研究了。

因為我們研究漢傳佛法，如果懂梵文，就能直接閱讀漢傳佛法的原典；如果懂巴利文，就能參考南傳相關資料；此外，因為傳到漢地的經典，有部分也傳譯到西藏，所以藏文也最好懂一些。因此，如果能夠多幾種語文工具，藉由比較研究，對法義的認知會更清楚。這也是我們重視語文的原因。

到現在為止，我們的成果很好，譬如我們的學生畢業以後到國外留學，在語文的運用上，就非常輕鬆便利。但是，這與佛研所辦學的目標還是有差距，因為我們主要是希望漢傳佛教能夠在世界復興，也就是讓國際的佛教界了解，在漢傳佛法的寶庫之中，有永遠採不完的寶礦，尤其有一些漢文原典，是藏文、巴利文所沒有的。

外國人士要直接讀懂漢文原典相當不容易，即使原來就用漢文的日本，到了現代，要理解也愈來愈困難。譬如我在日本留學時，我的老師坂本幸男，他是華嚴、天台的專家，但是在閱讀漢文原典時，還是會有很多疑問。因為漢文的表達，有時模稜兩可，不知道確實的意思是什麼。只有我們用慣了，才比較容易掌握，如果我們能精讀，就能夠深入漢文原典的法義。

但是現在連我們中國人，不管是在家居士也好、法師也好，能看懂漢文原典的人愈來愈少，我們同學之中能真正深入的人也並不多，反倒是學習著用藏文，或者是日本、梵文、巴利文的資料。

過去，在我寫《明末中國佛教之研究》以前，世界上，不論是歐美或日本佛教界，都認為漢傳佛教到宋朝以後，就沒有什麼值得研究了，這對漢傳佛教來說，非常不公平。明末佛教的研究，我是第一人。我研究之後，有一位美國學者看到我的書，便開始研究。在中國也一樣，譬如于君方教授，我寫蕅益大師，她就寫蓮池大師，後來有人研究憨山德清，明末四大師就逐一有人研究了。

不要因為外國不重視漢傳佛教，自己就沒有信心，覺得要談《現觀莊嚴論》或月稱，才是非常時髦的事，如果是談中國的某某大師，就很落伍。其實月稱應屬印度佛教，並不是藏傳佛教，而且月稱的著作不僅傳到了西藏，也傳到了中國，但是很少人做對比的研究，以至於一談起月稱，就覺得他是屬於藏傳佛教的大師。這是妄自菲薄。

我們的目標是弘揚漢傳佛教

這幾十年來，我不斷提倡漢傳佛教，但是非常遺憾，雖然我們佛研所的重點是平均地放在印度、藏傳、漢傳三個系統。但是現在我們同學們提出來的論文，相較於藏傳、印度或日本，漢傳的比例相當少，可以說是不成比例。

我們的所訓是「立足中華，放眼世界」，漢傳佛教是我們的基礎，就該以漢傳佛教為專長，如果以藏傳佛教或南傳佛教為專長，那是非常顛倒。譬如藏傳的喇嘛或南傳的法師、居士到我們這裡來，我們跟他們講藏傳、講南傳，他們都是專家，聽了一定會笑說：「這在我們那裡，是對小孩了講的，怎麼研究所還在講這些東西呢？」

另外，印度佛教是基礎的佛法，是研究的基礎，它的範圍相當廣，包括巴利文、梵文，包括原始佛教、大乘三系，而且研究的人已經很多，有藏傳和南傳的人，在日本、歐美，研究的人也很多。

在美國，不僅研究印度的很多，就是研究藏傳、南傳、日本佛教的學者，也比研究漢傳佛教的人數多，我曾問他們原因，他們回答我：「沒有辦法！在中國、臺灣，沒有東西、也沒有環境讓我們學習，所以我們就到日本、西藏、緬甸、斯里蘭卡及泰國去。」他們所謂到西藏，實際上是到尼泊爾，或者是到印度的三大寺。

他們認為藏傳佛教有次第，很容易學好，可是臺灣或者其他漢傳佛教地區，有次第、系統研究和指導漢傳佛教的人很少，甚至連研究環境也很少，即使想學也學不到。所以中華佛研所現在變成是替別人訓練人才，而沒有替漢傳佛教訓練人才。

會認為漢傳佛教沒有什麼好研究，是因為沒有真正誠心誠意地去接觸它、了解它。在我們所裡，目前還在做的有李志夫教授，他帶了一批人在做《摩訶止觀》，做天台三大部的研究。還有陳英善老師，她完成了學位之後，就來到我們所裡，專門研究華嚴和天台。她十分耐得起寂寞，默默地帶學生做研究已經二十多年了，真不簡單！但是寫相關論文，以及整理、研究的同學還是很少。

深入漢傳佛教的內涵才能建立品牌

我們深入研究漢傳佛教的內涵時，一方面可以研究它本身的來龍去脈、探究它演變的原因，以及如何把印度的大乘三系及原始、部派佛教融合在同一個系統裡？漢傳佛教怎麼會有這樣大的器度？

諸位如果仔細去看，一定會很佩服，因為它在任何一點上，都可以四通八達，絕對不會在講這個部分時，與其他部分產生矛盾、衝突，這就是漢傳佛教的智慧。

如果不了解漢傳佛教祖師們的智慧，就會斷章取義，說這是小乘的、那是大乘的，這是唯識的、那是中觀或是如來藏的，把他們區隔開。他們本來是一家人，本來是源自於同一個系統，結果變成：你研究唯識，所以是唯識學派的；你研究中觀，所以是中觀學派的；你研究如來藏，所以是如來藏學派的。或是說，這個人專門研究小乘，是小乘佛教；那你專門研究律，就是律宗；而他專門念佛，那就是淨土宗。這就形成了中國佛教的種種派系，變成支離破碎的，這是分河飲水，已經非常可憐，大家彼此還要對立。

就我們真正理解到的，以整體漢傳佛教來講，根本就是同一個系統，但現在我們大家卻像是盲人摸象，還執以為真。譬如戒律是任何大小乘、任何宗派都必須要遵守的，是任何人都必須要持守的，但在中國，發展到後來，持戒就變成不吃人間煙火食，無論穿衣吃飯，生活都很古怪，都與眾不同。

我們佛研所既然名之為「中華」，就是要立足於中華。我們號稱世界佛教教育園區，自己如果沒有內涵，別人來了一看，既沒有特色，也沒什麼好學。原本想來學漢傳佛教，結果看不到漢傳的東西，即使說藏傳，也沒有辦法跟真正的藏傳相比。他們從五、六歲，七、八歲就開始學了，到了二十多歲，已經是格西。如果他們要用二十年來學，我們可能就需要三十到四十年的時間，因為文化不同、文字不同，要學到像他們這樣高明是絕對沒有辦法。

所以人們到我們這裡來不是要學藏傳佛教，而是要學漢傳佛教，因此我們必須打下漢傳佛教穩固的基礎，在國際上亮出幾張響亮的牌來，這樣法鼓山才有號召力。什麼是響亮的牌？就是老師，還有論文。當然我們的研究生如果能提出深入的研究，也可以變成響亮的。這樣在國際上，大家只要一提到研究漢傳佛教，就想到中華佛學研究所，就必須到法鼓山。

如果我們能夠把漢傳佛教的某部經或某一部論，研究得非常透徹，就會有很強的吸引力，而這個吸引力就是一個品牌。因此，不要老是認為我們漢傳佛教已經沒有什麼值得研究了，大概快消失了，這絕對是錯的。

我七十歲以後，還寫了兩本漢傳佛法的專書。一本是《天台心鑰——教觀綱宗貫註》，另一本是《華嚴心詮——原人論考釋》，是今年（二〇〇六年）才出版的。而這兩本書都兼具了理解與研究。我們必須先理解，將它的來龍去脈釐清楚，才能進一步研究。如何從了解到研究？譬如我是先從《原人論》中找出華嚴與天台，華嚴與唯識、中觀，或與部派佛教，甚至是與外道哲學相關的敘述、論證，然後再找原典核對，最後提出自己的看法，這樣就變成了研究的層面。從了解、整理，然後比較、研究，就會變成這一部書的專家。

我這麼說，不是要各位同學從此以後放棄藏學系、印度系，只是我們現在是顛倒過來，幾乎已經放棄了漢傳系。我們吃的是漢傳的飯，穿的是漢傳的衣服，說的是漢傳的話，但是你真的了解漢傳佛法的內涵嗎？不要說「上早殿」就是漢傳的，那只是形式上的漢傳。

漢傳佛教的智慧

今天剛好有一位企業界名人來向我請法，他從小就接觸藏傳佛教，他問我：「藏傳佛教有宗喀巴大師的《菩提道次第廣論》，是有次第的，漢傳佛教好像沒有？」現在的人多半都是這種想法，漢傳佛教的僧俗四眾大概也都這麼認為，這是因為對自己不了解，別人看我們沒有次第，我們就承認自己沒有次第。

此外，也因為部分學者，比如印順長老，他對中國現代佛法的貢獻很大，但是他不認同如來藏，對於漢傳佛教是站在否定的立場。也因此漢傳佛教系統裡的人，對於自己的漢傳佛教沒有信心，也不願意肯定它、研究它，這是非常可惜的一樁事。

佛法是通的，包括龍樹的中觀，世親和無著的唯識，以及我們認為是馬鳴、龍樹所代表的如來藏。但是以現在學者們的角度，他們認為凡是如來藏的東西都與龍樹沒有關係，也不承認馬鳴這個人的存在。因此對於漢傳佛教，特別是《大乘起信論》、《楞嚴經》、《圓覺經》幾部書，都採取否定的態度，對於我們平常誦念的《藥師經》、《地藏經》，也認為是偽經，都不是印度的經典。因此，中國的佛教就不能認祖歸宗，變成了外道的佛教！

其實，如來藏系在印度本來就有，印順法師的《如來藏之研究》，還有日本高崎直道的《如來藏的形成——印度大乘佛教思想研究》，都是以印度如來藏思想為基礎做的研究。實際上，就我所見，如來藏思想的最根本應該是《楞伽經》；但《楞伽經》不僅有如來藏，也講唯識和空，把這三系整合起來，只是通常都把它看成是如來藏經典。

如果你們想要了解佛法各系統是不是真的講得通，可以參考《華嚴心詮》。我在《華嚴心詮》裡，特別將如來藏思想與中觀、唯識，還有與中國禪宗有關的部分指出來，證明這三系是互通的，而這都是經典自己說的。根據經典，佛說有如來藏，是為了方便接引執我的外道，如來藏只是一個假設的名字。否則告訴一般人成佛以後就空了、就沒有了，大家會覺得成佛是一樁很可怕的事，而沒有人願意成佛了；如果告訴他，因為有如來藏，成佛以後就變成如來，而如來是永遠不會消失的，那麼大家都願意成佛了。結果就與外道的神我相同，但這是為了接引計我的外道，所以不能把如來藏當成實有的東西，否則會有問題，實際上它是與空相通的。還有禪宗的「明心見性」，所見的是自性，自性是佛性，而佛性就是無性！此外，唯識宗講三性三無性，所以唯識宗也講無性。雖不一定與中觀說法相同，但就是無自性空，所以佛法是相通的。

因此，我們看這些漢傳佛教大師們的著作，他們就像是串花串一樣，大的花串、小的花串，將修行證悟的次第排得整整齊齊、標得清清楚楚；這個是深的、淺的，難的、容易的，怎樣才能達成最高的目標，將整條成佛之道鋪排得很清楚，怎麼會說漢傳佛教沒有次第呢？所以，我回答那位企業名人：因為這幾百年來，中國人完全沒有了民族自信心，所以也認為中國佛教已經沒有價值了。

漢傳佛教發展的困境

我在西方傳禪法時，西方人不相信中國還有禪法，因為日本的禪師們，在二十世紀初，就宣判中國已經沒有禪師、沒有禪法，也沒有禪的傳承。因此西方人懷疑，不知道我說的是真的還是假的。我告訴他們：「我的傳承有曹洞和臨濟，其中一支是虛雲老和尚，他應該很有名啊！他重建了很多禪宗寺院，後來雖遭破壞，但現在已經恢復了。所以禪的傳承在中國從來沒有斷過，只是真正的禪師、偉大的禪師不多，不像西藏有很多活佛、法王。」

西藏的活佛、法王，無論哪一派、哪一個系統，都是由他們自己從小培養起。當活佛或法王離世了，就要開始找轉世者，因此從小就有一個位子等在那裡，找到以後，這個位子就是他的，前生是他，這一生還是他，所以一定要培養。說起來我也是被我師父找到的，在十三歲的時候，但是並沒有被稱為轉世者，當然也沒有被當成活佛來培養，所以我只有靠自己努力。

漢傳佛教並沒有像藏傳佛教那樣穩定地培養人才，甚至從少年就開始培養起。而找來的轉世者，也一定會肯定自己的前生，不會把自己的前生推翻掉。但是我們找來的徒弟，對於師父所做的事，往往說：「師父的時代已經過去了，現在是我的時代，我有自己的想法，不一定要接受師父的想法。」這在漢傳佛教是很平常的事，特別是臺灣，最好把前人的功績或思想推翻，自己的新東西才能呈現。這在藏傳佛教絕不會發生，他們的體系、制度、教育都非常完整。所以現在很多人想要學佛法，就會到西藏去，因為有次第，比較容易。

既然我們自己也在辦教育，不可能把所有的人都派到西藏去學，而不學自己的漢傳佛教，這是數典忘祖。現在中國的佛教徒多半如此，但這不是說他們可惡，而是可憐，因為他們不知道自己的祖宗們也有智慧，也值得去發現、研究和發揮。

漢傳佛教未來的研究走向

但願諸位同學聽完這一次精神講話後，能夠在漢傳佛教上用功。漢傳佛教可以研究的還很多，尤其是宋朝以後，還有好多位大師的文獻都沒有人整理研究，包括天台、華嚴、禪宗，還有淨土。這方面的著作在《卍續藏》裡非常豐富，有一部分已收入《大正藏》，我們只要針對某些來研究，甚至是做標點、分段及整理的工作，就能成為一篇博士論文了。不要以為整理的工作不是研究，所以不重要，它不僅很有實用價值，而且經過這層工夫，你們研究的基礎會很紮實。

記得果鏡法師，他現在是僧伽大學的副院長，在日本留學要寫博士論文時，不知道要寫些什麼，我就建議他寫淨土。他很疑惑地問我：「淨土還有東西可以寫嗎？日本人不都已經研究完了？」我告訴他：「還有好幾位淨土思想家都沒有人寫，其中最容易寫、資料最豐富的，就是慈雲遵氏。他是淨土，又是天台，不僅可從天台宗的立場研究他，還能從淨土宗、禪宗的立場研究他。」

我們中國人要寫外國的東西、寫人家的專長，一定寫不過他們，不如寫自己的東西，如果寫得讓人家信服，那你就成功了。我有一個徒弟，到美國留學，因為他的老師是藏傳、印度佛教的專家，於是決定專攻藏傳佛教。我提醒他：「你已經是三十多歲，快四十歲的人了，現在來專攻藏傳，恐怕只能學到皮毛，不如研究漢傳。你本來對天台就有一些了解，就寫天台止觀的思想好了，不管寫得如何，你的指導老師看了都會頻頻點頭。畢竟這是中國的東西，你比較清楚。」結果他的論文寫出來以後，真的得到老師的稱讚。所以中國人還是寫中國的東西比較討巧。

譬如我寫博士論文時，已經超過四十歲了，如果我寫日本，或是印度、西藏的，我的論文一定寫不出來，博士學位也不可能得到。所以我寫中國的天台，很快就完成了，而我的老師及審查委員看了，對它的評價都很高，就是《明末中國佛教之研究》那本書。

今天我想跟諸位說的，就是中華佛學研究所必須立足於中華，但並不是從此就放棄印度、放棄藏傳，而是我們的重心、主力點是擺在漢傳佛教。如果你要亮出響亮的牌，你的研究重點最好擺在「漢傳佛教」。我們對漢傳佛教要有信心，漢傳佛教內容之豐富，足以寫出幾百部博士論文，而要實踐的話，也很容易，它是有次第的。你可以把藏傳佛教當成一個橋梁，做漢傳與藏傳的比較研究，對我們了解漢傳佛教有很大的幫助。

（二〇〇六年三月二十三日講於法鼓山世界佛教教育園區中華佛學研究所「創辦人時間」）

身心自在

諸位臺大醫院的工作人員，今天我要講的主題是「身心自在」。一般而言，在通常的狀態下，我們的身心是不自在的。首先，我們的身分是不自在的，像諸位在醫院裡是醫師，在家庭裡是家長、配偶、父母的子女，在社會上也扮演了很多角色。我們扮演的每個角色是不是都稱心如意？實際上我們不滿意別人、別人不滿意我們的情況是很多的。

第二是工作的不自在，雖然工作上有時候得心應手、左右逢源，但不一定經常保持這種狀態。第三是生活的不自在，我們生活中的各種環境，並不是樣樣都非常好，例如熱的時候覺得太熱；冷的時候又覺得太冷。第四是健康的不自在，包括醫生、護士在內，每個人無法永遠不害病、不頭痛，不能永遠沒有問題。

從不自在轉為比較自在

以上這些都是不自由、不自在的，但是我們仍然可以在這些狀況之下，做到「比較自在」。所謂「比較」是指比上不足、比下有餘，例如：當自己覺得痛苦，但看到別人比自己更不自在的時候，就覺得自己比較自在。善與人相處的人是比較自在的，所謂「善與人相處」是說人際關係可以處理得很好，跟任何人都能相處愉快，因此遇到不順利時，有時會變成順利，這樣的人是比較自在的。

勤於工作本分的人也比較自在。勤於工作本分並不是工作狂，工作狂是一種病態、一種不自在，工作以後不一定很快樂。勤於本分工作，是說把自己該做的工作做好：醫師把醫師的工作做好、護士把護士的工作做好、母親把母親的工作做好，盡心盡力而為。另外，覺得義務要去做的，雖然可能不是自己原本該做的，但恰到好處幫人家做，也算是本分的工作。

懂得打理生活環境的人，也是比較自在的。怎麼打理呢？比如說我目前居住地方的樓上，成天都在施工，因為我在靜養，整天都聽到聲音。遇到這種不自在的事，怎麼辦？難道要氣得上下跳腳？跟人家吵架？這都不是辦法。於是我就想：既然沒辦法逃避，那就不逃避。於是休養期間，我能睡覺就睡覺，不能睡覺也沒關係，白天睡不著晚上可以睡，這樣一想，慢慢地施工聲音在我耳裡變成了習慣，就不再是干擾了。

精於養生保健的人，身體的病少一些，也比較自在。當然身體健康不一定能完全自在，但比起常生病的人，仍然比較自在。

動靜順逆皆自在

至於怎樣才能達到「動靜順逆皆自在」呢？建立正確的人生觀、價值觀是很重要的。要建立正確的人生觀和價值觀，需要有三項認知。首先，我們要認知人生的目的，在於不斷地學習和奉獻，用來感恩、報恩我們這個世界，而不是為了追求個人的名利、權勢。

我今天看到一位高中生，他考取了臺大的醫學院，他說自己已經看了很多醫學倫理的書，知道做了醫生之後要救人、助人，要為病人服務，這樣的學生就讀醫學院，以後一定會是好醫生。臺大醫院這樣的好醫生很多，但仍會有人受到外在誘惑。雖然說：「人在江湖身不由己。」但一個受到威脅利誘的人，如果能夠逃過來，他就自由了，只是一般人通常沒辦法。站在我的立場，世界上沒有壞人，有了地位、身分的時候，很多誘惑就會隨之而來。如果他有防護網——對人生的目的有充分認知，這個問題或許就不會發生。

其次，我們要認知人生的價值在於盡心盡力，以利人來利己。前幾天我和施振榮先生進行一場對談，施先生表示，經營企業一定要把利益他人當作是在利益自己，當他人有利益時，自己一定也會受益。將「利益他人」做為首要考慮、第一目標，大家一定願意使用他的產品，員工也願意盡心盡力，因為公司是為了利益人而不是利益老闆個人。在這樣的理念下，施先生於是成了一個大企業家。

第三，我們要認知動靜順逆的遭遇，自己最多只能掌控其中一半，另一半往往無法預期，既然如此，對於不如意的、不能預期的、不能掌控的事情，我們應該視為預料中的事。我們的生活中，有所謂的「及時雨」，就是要什麼的時候正好就出現了，但是也有「暴風雨」，當然沒有人會喜歡暴風雨，但是我們知道這是在所難免的狀況，只要去理解、認知這個狀況，就不會覺得失意或是不滿意。

諸位一定聽說過「人生不如意事十之八九」，既然確定不如意的事十之八九，那遇到不如意的事，不正符合我們心中的理解和認知，這不就是「如意」？比如說我到臺大醫院看病，看病時我的心裡已經有準備，人一定會生老病死，有病是正常的，有了病一定會痛苦，不接受痛苦，痛苦就多一些；願意接受它，痛苦就少一些。

運用禪學身心自在

如何做到真正的身心自在？有的人在觀念上可以做到自在，一旦面臨到有狀況、有問題的時候，雖然知道觀念和道理，卻沒有辦法自在。我認識一位老先生，他學佛，用佛法寫書、演講，七十多歲時老伴往生了，他告訴我：「我的老伴走了，我不能活了。」我說：「你學了幾十年的佛，這樣是很顛倒的。」他說：「法師，因為你沒有太太，無法體會我的心情啊！」我想請問諸位：假設你的另一半往生了，你會怎麼樣？你如何處理自己？那個時候，人通常都很悲傷，沒有辦法自在，怎麼辦？

這時可以運用禪修的方法、禪修的觀念。禪修的觀念是什麼？就是要知道身心是無常的，環境也是無常的，變好、變壞都是正常的現象，我們沒辦法抗拒和逃避這些現象，就應該「面對它、接受它、處理它、放下它」，這四句話是我在演講時經常講的，很有用。遇到狀況，好好面對它，面對、接受了以後還要去處理，處理以後就坦然接受，心裡不再怨天尤人。

有了這樣的觀念之後，是不是種種難受的、不平的心理狀態就都可以平衡？不一定，一定還要再下一點工夫，這就要運用禪學的方法了。

禪學方法就是放鬆身體的神經、放鬆肌肉。現在請大家把兩隻手輕鬆放在膝蓋上，眼睛閉起來，身體輕鬆地靠在椅背上，眼球不要用力。當我們思考的時候，眼球是用力的；做觀察的時候，眼球也是用力的；甚至講話的時候，眼睛也是用力的，一旦眼睛不用力，頭腦就是輕鬆的。眼球不用力就好像快睡著了一樣，頭腦裡什麼牽掛都沒有。

接下來肩膀不要用力、兩隻手不要用力、兩條腿不要用力，只有身體坐在椅子上、背靠在椅子上的感覺，其他的都沒有。還有小腹也要放鬆，不要緊張，通常我們在思考、工作、跟人講話的時候，小腹是緊張的；當小腹放鬆，我們身體的神經、肌肉、關節都會放鬆。然後，請開始體驗自己的呼吸，從鼻孔出和入的感覺。請大家不要控制呼吸的長、短、深、淺，只知道呼吸自然地從鼻孔進和出的感覺。鼻孔的感覺就是在鼻孔部位，不要去想肺部、胸部怎麼樣，也不要去管呼吸吸到哪裡，只要體驗呼吸在鼻孔出和入的感覺。

禪學的方法就這麼簡單，從眼睛閉起來、眼球放鬆、肩頭放鬆、小腹放鬆、手放鬆、腳放鬆，專注體驗呼吸，覺得非常舒服。當身體放鬆以後，我們的身、心是調和的，心裡就不會去跟自己產生衝突，身體也不會有太多負擔，進一步體驗到身心和環境是統一的，和宇宙是統一的。禪的最高境界，是體驗到身心、環境、宇宙都不存在，雖然說不存在，其實處處都是存在，感覺到任何地方都是你自己，卻沒有覺得哪個東西是你自己，如果到了這樣的境界，就非常地自由、自在了。

以上的內容，一般人都會講，但講了之後卻不一定有用，如果經常練習、訓練這樣的觀念才有作用；如果只是有觀念，自己卻沒有訓練自己，就會像我剛才講的那位老先生，他的夫人往生了，他也沒有辦法活下去。如果有禪修的觀念、禪修的方法，也許心裡還是覺得不捨，但一定不會那麼痛苦。

（二〇〇六年七月二十日講於臺大醫院「職工座談會」）

念觀音・求觀音・學觀音・做觀音

我們知道，根據《阿含經》記載，釋迦牟尼佛住世的時候，在他尚未成道以前，就稱為「菩薩」，甚至於在釋迦牟尼佛的往昔生中，在他度化眾生的生生世世之中，都稱作「菩薩」。但是，佛經裡的「菩薩」一名，除了是釋迦牟尼佛成佛以前的專有尊稱之外，此外尚有彌勒菩薩、文殊菩薩、普賢菩薩、地藏王菩薩和觀世音菩薩等，也都敬稱為菩薩；特別是觀世音菩薩，在華人地區的漢傳佛教以及西藏人民所信仰的藏傳佛教，一直都是相當普遍的信仰。

「觀世音菩薩」這個名字，出現的時間相當早，在印度初期大乘佛教時期就有，大約是在龍樹菩薩的時代就已經出現了。他最早出現於早期中印度的摩揭陀國，是當時釋迦牟尼佛經常弘法的中心地帶，若以西元紀年來講，「觀世音菩薩」此一名稱的出現，則早於耶穌基督誕生之前。

念觀音：觀音信仰的出現

觀世音菩薩在梵文佛經裡稱為「阿縛盧枳帝濕伐邏」（Avalokiteśvara），他具有千手千眼，隨時準備救度眾生。而觀音信仰是如何產生的？那是因為釋迦牟尼佛住世的時候，他非常的慈悲，他教導眾生如何的離苦得樂，主要是從身心的煩惱出離而得解脫。但是，釋迦牟尼佛也告訴大眾，當你的自信心不夠，深受苦惱或者值遇危險、畏怖的時候，你們就念佛、念法、念僧，念三寶，日後則也出現念天人的救濟、念持戒的功德、念布施的功德，即成「六念」。

六念是很有用的，但是漸漸的，大家只對六念之中的「念佛」有信心，其餘則信心不足。等到釋迦牟尼佛涅槃之後，佛的色身已經不存在了，可是眾生還是需要佛的慈悲救濟、需要佛的無畏救濟，需要佛的無有恐怖的救濟，以及佛的種種對於人的救濟，因此便有了菩薩信仰。

觀世音菩薩信仰，正代表著釋迦牟尼佛住世的精神與住世的功能，而且不僅僅是在某一個時代住世，也不僅僅是在某一個地方救度眾生；觀世音菩薩乃是遍於一切世間，只要世間有任何一個眾生持念他的名號，希求觀世音菩薩的救度，觀世音菩薩便及時而至，產生救濟的功能。

我們可以在許多的佛經裡看到觀世音菩薩的出現，主要有兩個方向的發展。第一個方向是觀世音菩薩對苦難的眾生、對煩惱的眾生的教導，幫助他們離苦得樂。所謂離苦得樂，可有兩種苦和兩種樂。第一種苦是生活上的苦，以及恐怖、不自在、不自由；另一種苦是沒有智慧、煩惱重，不得解脫。在這兩種層次上，許多經典都提到了觀音菩薩的修持方法。

另一個方向，觀世音菩薩與往生救濟的阿彌陀佛關係密切。許多人活著的時候，都希望少煩少惱、健康平安、快樂順利，然而每一個人都將面臨死亡，當死亡來臨之時怎麼辦？很多的佛教徒知道要念阿彌陀佛，卻不知道亦可念觀世音菩薩，其實凡是有阿彌陀佛的地方就有觀世音菩薩，凡是提倡淨土、念佛法門的經典，也一定讚歎觀世音菩薩；況且，觀世音菩薩就住在阿彌陀佛的極樂世界，他是阿彌陀佛的脇侍，也是阿彌陀佛一生補處的佛。因此，許多的經典都這麼講，眾生在釋迦牟尼佛涅槃以後所希求的救濟，多是從觀音信仰中得到的。

求觀音：觀世音是我們的保母

觀世音菩薩就像是我們的保母，他是眾生的救濟者、護持者和平安的守護者，是我們一生都需要的。當我們行將往生的時候，觀世音菩薩則化身成為阿彌陀佛的脇侍，擔任西方極樂世界的接引者。而到了西方極樂世界以後，他儼然又是一位教化者，凡是到了西方極樂世界的菩薩，都受到觀世音菩薩的慈悲教化。我告訴諸位，如果是下品下生的眾生，到了西方極樂世界是見不到阿彌陀佛的，但是漸漸的，可以見到觀世音菩薩，然後經由觀世音菩薩的教化，漸漸的，我們的業障會消除，而能夠見性見佛；能見到自性佛，也就能見到阿彌陀佛，而那是觀世音菩薩等的教化所致。

在我們每一期的生命之中，從小到老、由生至死，以至到達西方佛國淨土的過程之中，觀世音菩薩的慈悲是無所不在、無時不在，而且無人不救，任何一個眾生他都救度的，這是觀音法門的殊勝。這便是為什麼在漢傳佛教也好，在藏傳佛教也好，所有被大家倚賴、信仰和崇拜的大菩薩，主要還是觀世音菩薩，同時各種經典裡的諸佛菩薩，也都鼓勵眾生念觀音菩薩、修觀音法門。

我講到這裡，大家覺得如何呢？是否覺得觀世音菩薩就像是我們的保母？觀世音菩薩是經常跟我們在一起？觀世音菩薩的中文譯名有好幾個，如「觀音」、「觀自在」、「觀世自在」、「光世音」、「觀世音自在」、「觀世自在者」等。

當我們有困難的時候，只要我們向觀世音菩薩祈求，就能立刻獲得觀世音菩薩的救度。可是如果我們自己不想被救，「芝麻不開門」，則即使觀世音菩薩近在我們身邊，也是無法可施。可是只要我們有被救的需求，縱使我們是愚癡、罪惡、卑微的，觀世音菩薩一定會來救濟我們，因為觀世音菩薩是平等的救濟一切眾生，故名為大悲觀世音。

學觀音：觀音法門的修持

至於觀世音菩薩的修行方法，可以由深入淺，亦可由淺漸深；可以是自力救濟，也可以是他力救濟。所謂自力救濟，如《楞嚴經》講的「耳根圓通法門」；也有比較簡易的方法，如持〈大悲咒〉，也一樣可以得解脫，除一切罪障，成就無上佛道。對世間的眾生來講，觀音法門是可深可淺，能深能淺，遇深則深，遇淺則淺，是每一個人都可以修持的。

首先講《楞嚴經》的「觀音耳根圓通法門」。《楞嚴經》卷六講，在過去無量劫以前，觀世音菩薩遇到一位觀世音佛，此佛受到觀音菩薩的悲心感動，傳授他從聞思修入三摩地的法門，叫作「聞熏聞修金剛三昧」。此金剛三昧，實際上是從「入流亡所」開始。這是什麼意思？當我們持〈大悲咒〉也好，念觀世音菩薩聖號也好，你在持念聖號，你聽到聲音，但是漸漸的你把聲音忘掉，名號就不是與你對立的。「入流亡所」的意思是說，你自己用功，不斷的用功，用功到心無二用，心中只有一個念頭在念觀世音菩薩。

念觀世音菩薩的時候，你不要想到有一個觀世音菩薩在裡頭，你念觀世音菩薩直到你忘了自我，而你還是專注於觀世音菩薩的聖號，這就叫作「入流」，就是心止於一境，身止於一念。這個時候，你不要再抓住它，如果你說「我在念觀音菩薩」，這還是有對立的，那還不叫作「忘所」。「所」就是對象。持觀音聖號而忘掉了自己，也忘掉了聖號，不把聖號當成自己修行的對象，也不把持名當作修行的方法，就叫作「入流亡所」。

但是「入流亡所」，是不是等於開悟了？沒有，只能夠說你的心是統一的。「入流亡所」之後要「反聞聞自性」。你持念的時候有聲音，這個時候，你聽到了聲音，慢慢的用心聽，你會覺得自己沒有念觀音菩薩，心外也沒有觀音菩薩的名號。不用耳朵去聽，耳朵聽到的聲音已經不存在了；聽自己的內心，內心是什麼？內心是無我的自性，自性即是緣生的空性，空性即是無性。這個時候，反聞聞自性，自性你聽到了，你就悟得三昧了。這是《楞嚴經》告訴我們的「觀音耳根圓通法門」。

《楞嚴經》教我們一個步驟一個步驟的修行，這是觀音菩薩自己的修行歷程，也是觀音佛教導他的修行方法，修成之後他悟得了「聞熏聞修金剛三昧」，又叫作「如幻聞熏聞修金剛三昧」，又叫作「如幻自在聞熏聞修金剛三昧」。能夠得此三昧，也就能產生兩個功能：「上合十方一切如來同一慈力，下合一切六道眾生同一悲仰」。觀音菩薩在悟得金剛三昧之後，對上，他代表一切諸佛的功德，代表一切諸佛慈悲的力量；對下，他承受體會一切眾生的苦難、困厄與憂患，這些問題都是他的問題，這些體驗全是他的親身感受，因為他跟眾生是平等的，他與諸佛也是平等的。

除了耳根圓通法門之外，觀音菩薩的修行方法尚有《法華經‧普門品》的持念觀音菩薩方法，以及《大悲心陀羅尼神咒經》的持〈大悲咒〉法門。其實，不論是念觀音名號或者持〈大悲咒〉，都能讓我們的祈願圓滿，讓我們有求必應，讓我們遠離一切的恐怖、困難，因此觀世音菩薩又叫作「施無畏者」，他布施無畏給一切眾生。眾生經常心懷恐懼，覺得這樣不安全，遇到那樣不平安；自己沒有信心，覺得很恐慌，對於身體、家庭、事業等一切圍繞著自己的狀況，自己是沒有把握的，因此產生恐怖。《楞嚴》、《華嚴》、《法華》、《大悲陀羅尼》等諸經則告訴我們，當我們覺得任何不安全、心有恐怖的時候，只要念觀世音菩薩、持〈大悲咒〉，就能遠離一切的恐怖、困難。

觀世音菩薩是有求必應的，眾生求什麼得什麼，求捨什麼就捨什麼！譬如有些事情、有些狀況你希望不要再有，你求觀音、念觀音，問題就能迎刃而解。譬如去年（二〇〇六年）我害病的時候，醫療人員在我身上檢驗出有癌細胞，他們滿緊張的，而我們法鼓山的僧團和信徒都在念〈大悲咒〉、持〈大悲咒〉迴向給我。結果經過一年以後，到現在為止，癌細胞沒有再形成病變的跡象。我相信這是觀世音菩薩的護祐。

做觀音：行菩薩道是大乘菩薩的精神

另外，《華嚴經》講到善財童子五十三參，其中第二十八位參學的大菩薩就是觀世音菩薩。《華嚴經》有新譯本及舊譯本兩種，舊譯本裡提到的補怛洛迦山，就是新譯裡面的光明山，那是在南印度的一座山，即觀世音菩薩的根本道場。《華嚴經》講的觀音法門是大悲光明法門，這跟〈普門品〉和《楞嚴經》的觀音法門是相同的，都是教導眾生遠離恐怖：活著的時候遠離恐怖，臨命終時也遠離恐怖。

講起來，念〈大悲咒〉也好，持觀音名號也好，都有這種救濟的功能，而最後的功能是什麼？《楞嚴經》講的很清楚，觀世音菩薩有三十二種應化身，他能夠救濟一切希望得解脫的眾生，所有的三十二類眾生，都能獲得觀世音菩薩的平等救濟；當眾生需要他用什麼身分現身說法時，觀世音菩薩都能應時化現，使得各類眾生同得解脫，成就佛道。

這就跟《華嚴經》裡觀世音菩薩對善財童子的教導是一樣的。善財童子本身已有很好的修行，他已無有恐怖，觀世音菩薩主要教導他的是修觀音法門：以平等大悲心來廣度眾生，以平等大悲心來成就眾生，即修行菩薩道。

修行菩薩道即是觀音法門的重點。我們修行觀音法門的人，如果僅僅是求觀音菩薩讓我們平安、順利、不要有病痛，生兒育女聰明乖巧，事業發展有成，這是自私，不是行菩薩道。雖然我經常鼓勵大家在自己沒有信心、無法自主、沒有辦法自己除煩惱的狀況下，可以求觀音菩薩、念觀音菩薩，或者持〈大悲咒〉，但是我們持〈大悲咒〉、念觀音菩薩、修觀音法門，目的是為了修學菩薩道。善財童子向觀世音菩薩參學，並不是他為自己有求於觀世音菩薩，而是向觀世音菩薩學習如何的體驗、體現佛的慈悲廣度一切眾生，學菩薩行、修菩薩道來幫助眾生離苦得樂，成就菩提。這是觀音菩薩的大悲法門。

觀世音菩薩的大悲法門一定是平等的。二〇〇五年法鼓山開山落成大典的主題就叫作「大悲心起」；「大悲心起」的涵義，非常的豐富也非常的廣。譬如法鼓山的祈願觀音殿，由內到外共有三幅字，分別是「入流亡所」，要我們修觀音法門；其次是「大悲心起」，要我們以大悲心來平等的普度眾生，平等的救濟世界；第三是「觀世自在」，對於世間所有一切六道眾生，不管在任何地方、任何時間，只要有任何一個眾生有任何的困難，都能及時來給予幫助，這就是觀世音菩薩的平等大悲法門。如同「千江月映千江水」，觀世音菩薩遍於十方一切世界，能夠廣度一切六道眾生。

觀世音菩薩具有如此悲懷，我們要不要學呢？如果我們有心想與觀世音菩薩相應，就一定要學習觀音菩薩的法門，否則光是為自我的私利私事祈求雖然有用，卻不能得解脫，不能成佛道，也不能成為菩薩道的修行者。

大乘菩薩道的精神是念菩薩，求菩薩，學菩薩，做菩薩，這才是修學菩薩道的積極態度。光是念菩薩求菩薩，希望自己得平安、得安樂，希望家庭得平安、得安樂，而往生的時候希望阿彌陀佛、觀世音菩薩趕快來接引我們，這不是菩薩道的實踐。我現在告訴諸位，往生的時候要等阿彌陀佛親自接引的人，必需是上品的根器，中品、下品根器的人，是見不到阿彌陀佛的，只能先見到觀世音菩薩。而只要我們念觀音、信觀音，觀世音菩薩就能成為我們由生至死，一直到開悟成佛的護祐者；生生世世，觀世音菩薩都是我們的保母。

至於觀世音菩薩隨侍於阿彌陀佛身旁的此一角色，在《無量壽經》、《觀世音菩薩授記經》和《悲華經》都講到的。《悲華經》講，久遠以前有一位如來，他的過去生是轉輪聖王，此轉輪聖王育有一千個兒子，其第一太子名為「不眴」，出家後就叫作觀世音，而這位轉輪聖王就是阿彌陀佛。等到觀世音菩薩成佛以後，就在西方極樂淨土擔任教主、老師，繼續的廣度極樂世界裡的眾生。

另外，《觀無量壽經》則講到，觀世音菩薩頭上戴有一頂寶冠，寶冠裡有一尊阿彌陀佛。這尊觀音菩薩非常的巨大，他的背光與身光裡有許多的菩薩、天人和眾生，都在聆聽諸佛說法。那就等於說，觀世音菩薩的功德與諸佛是一樣的。

今天我講觀音菩薩的法門，目的是希望大家念觀音，求觀音，學觀音，然後做觀音。觀世音菩薩不只三十二種化身，而是有千百億化身，有無量無數的化身和無量無數的手眼，時時處處都能救濟眾生。至於觀世音菩薩的化身是什麼樣子的？你我他，都可能是觀世音菩薩的化身；你我他，只要用觀音法門來幫助人，只要用平等的慈悲心來對待人，就是觀世音菩薩的化身。因此，我常常鼓勵大家，我們每一個人，都來做觀世音菩薩的化身，我承認我是，你們呢？

（二〇〇六年十一月九日觀世音菩薩出家日講於東初禪寺；

刊登於《人生》雜誌三一二期〔二〇〇九年八月一日〕）

在家居士的修行

今天要跟諸位菩薩介紹佛法之功能。釋迦牟尼佛的目的就是要使得我們生活得很清淨、很精進、很快樂；但是清淨、精進、快樂，是不是一定要出家，一定要住在寺院才能辦得到呢？不一定。住在寺院固然容易一些，然而出家的人究竟只有少數，大多數人還是在家人。因此佛度眾生不是只為少數人，而是為了一切的眾生。

我們要用釋迦牟尼佛所說的方法與觀念，方法是讓人去體驗的，而觀念則是一種義理、一種道理，這個道理是有它的根據，可以使人得到經驗、體驗以及理解。因此，修行人或者是學習禪修之人，都不離開觀念之釐清以及方法的活用和實用。所以不論是在家人或出家人，只要在生活之中能得到離苦得樂的利益，苦就是煩惱，煩惱就是塵埃，塵埃不是灰塵或者塵土，而是我們的心在塵埃裡是模糊不清的。看不清自己，也看不清環境，對自己的心無法掌控，所以受到自己身心狀況的影響，也受到環境裡種種現象的變化而痛苦，這就是塵，就是煩惱。因此，我們要用修行的觀念來看待自己的身心狀況，如何來對待我們生活環境裡所給予的衝擊。能看得清楚，煩惱就不會生起，煩惱的塵埃不會使得我們身心混亂；看不清楚，對於世間之事以及自己的身心狀態就會有問題了。

在佛的時代，有一位外道修行人認為自己的修行工夫非常深厚，對自己以及自己所處之環境能夠作主；他是自己的主人，也是環境的主人，所以他有許多的徒眾追隨著他。釋迦牟尼佛問他是否能做得了自己的主呢？他說：「沒問題，我不但能做自己的主，也能夠指揮許多的人，甚至能夠使整個環境變化，變得跟我心裡所想的一樣。」他的意思是說他是有神通的。佛說：「一個國家的國王，對於犯錯、犯法、犯罪的百姓要給予坐牢或者是受刑罰的處置；對於有功、有貢獻的百姓就會給予賞賜。這個國王對於這個國家的人民以及國家的財物，是有絕對自由的支配權。可是你的身體會感冒、會咳嗽、會痛、會癢、會飢餓，所以你對你的身體是沒有辦法完全作主的，對不對呢？」這位外道覺得佛講的話很有道理，他本來以為他已經可以完全做自己的主人了。

煩惱的原因

我們之所以會有煩惱的原因，在理論上講，從我們的身體出生之後它就是有障礙的，不自由的。想去遠的地方，體能辦不到；想飛上天，又飛不上去；想拿很重的東西就是拿不動，即使是練工夫的人，體能也是極為有限的。我們不可能無限的指揮身體去做這些做不到的事情，因為身體本身就是不自由的。諸位到農禪寺來，如果不坐交通工具，一步一步地走來，雖然也能到達，所花的時間就很長了。譬如我剛才從金山到這裡，一路上就是不得自由，因為今天是星期日，又是母親節，到北海岸玩的人還真不少。到小坪頂時，我們前面的那一輛車是以遊山玩水、欣賞風光的心態在開車，他不管別人，就是慢慢地開、慢慢地開，我們也沒有超車，就在他的後面慢慢地跟著，在感覺上就是不自由的。如果催他開快一些，他可能會不高興，然而他開得那麼慢，阻擋了我們的路，我們也不會自由。因為有身體在，在任何狀況下就會有阻礙，不自由、不自在。但是心如果能夠轉變，前面的車在看風光，很好，我們也可以藉此機會慢慢地跟著看風光，雖然要趕到農禪寺講開示，就算晚一點也不要緊，諸位還可以多一些時間打坐，這不是很好嗎？能這樣想，心裡就不會有問題。雖然自己以及環境的障礙仍在，可是心念一轉，煩惱就不會存在。

因此，一般人的日常生活裡的修行，是要用觀念來調整心態，用方法來平衡自己、消融自己。例如我們剛才車子塞在公路上，即使按喇叭也沒有用，心裡再著急也沒有用，此時就可以用方法來平衡自己。專注的念觀世音菩薩或者〈大悲咒〉，看看停一次車能夠持幾遍〈大悲咒〉，有這樣的因緣可以持咒不是很好嗎？其次，也可以用體驗呼吸的方法忘掉環境，只知道自己是在數呼吸，在體驗呼吸，雖然不一定是盤腿坐著。就這樣坐在車內念〈大悲咒〉、念觀音菩薩、念阿彌陀佛、體驗呼吸，將大腦放空，前面的車子動你再動；車子不動，就利用時間放鬆、放空，正好這是一個修行的好機會。能夠如此觀想，塞車時就不會覺得煩躁或時間難過，我想大家在趕路時都會有這種塞車的經驗。這就是在生活之中用觀念，在生活之中用方法。

從煩惱中解脫

釋迦牟尼佛成佛之後，先說出「法」；延伸法的道理，稱為法義；然後在生活之中能夠活用、能夠實用，這是學佛的三連鎖。什麼是法？譬如苦、集、滅、道四聖諦法，是佛開悟之後從佛的智慧之中流露出來的解脫法。苦、苦集、苦滅，以及滅苦的道，延伸其理論及道理，則為法義，這就是教我們在日常生活之中修行佛法的方法和次第，然後才能得到解脫。對諸位來說，解脫似乎是很遙遠的事，能一次解脫就永遠得解脫，這是聖人。我們只要在日常生活之中懂多少法，了解多少法義，能夠實踐多少佛法就能得多少利益，也就是減少了多少煩惱，並不是一解脫就不會再有煩惱了。聖人的解脫是已經沒有煩惱，而凡夫修行的解脫，則是少一些煩惱，有煩惱時可以化解它、消融它，這就是得到了佛法之利益，這也是解脫。但是這種解脫並沒有像羅漢、菩薩那樣徹底地解脫，而是減輕一些煩惱。許多人學佛一輩子，並沒有開悟，並沒有真正從煩惱完全得解脫。然而用佛法的觀念與方法來修行，可以幫助我們減少煩惱，一時用，一時得解脫；時時用，時時得解脫；愈用得精進，愈是能夠得到利益。

我最近看到一本郝明義所寫的書，書中寫到他的太太害了癌症一百零八天，這一百零八天他是怎麼過的。他本來並沒有宗教信仰，由於他的太太害病，有人給了他一張〈大悲咒〉，他看不懂那是什麼，也不知道有沒有用，就拿來念著試試看。第一遍，很生疏，再念第二、第三遍，愈念愈純熟、愈熟練，愈念他的心愈專注、愈投入，而且有很強的感應。所以他在書內提出了一個心得，有的人念〈大悲咒〉沒有什麼效果，他念〈大悲咒〉卻靈得很，效果很好。這也就是說他念〈大悲咒〉時，是全心投入的念，不是胡思亂想、身心二意的念，或者帶著懷疑的心在念。他完全投入，無所謂懇切不懇切，就是一直念下去，念到流著眼淚，念到渾然忘了自己，自己跟咒已合而為一，他變成咒，咒就是他，很靈驗、很有用，所以他那本書就是勸人念〈大悲咒〉。同時在書後也印了〈大悲咒〉，希望讀者們也都能來持〈大悲咒〉。因為他相信只要全心投入持誦〈大悲咒〉，一定會有幫助的。

生活清淨煩惱少

所謂實踐佛法，就需要有信心而精進，精進的同時還要清淨。不論是在念佛、念觀音菩薩、念〈大悲咒〉、打坐，生活要非常清淨，不能靡爛，在佛法裡稱之為持戒。持戒不是為了什麼目的而持戒，只要持戒，生活就會清淨。持戒是不殺生、不偷盜、不邪淫、不妄語、不飲酒，生活能保持這樣的原則與規範，那就是清淨的生活。有了清淨的生活，我們的身體就不會亂來，往往聽到人說逢場作戲，那就是在正常的生活之外有不正常的生活。生活清淨是為了自己少煩少惱，離開清淨生活，煩惱自然就會跟著來了。

戒、定、慧三無漏學，持戒之後就要修定，定是心不受刺激和誘惑。像剛才講的，塞車的時候心裡頭一定很煩，就要練習著用方法把心安定下來。發現有煩惱就表示沒有智慧，沒有用觀念來調整自己，沒有用方法來幫助自己。天下本無事，庸人自擾之！庸人就是沒有智慧，就會受到環境和自己的身心影響而煩惱不已。有智慧的人不會起煩惱，不會受環境與身心的影響、刺激、誘惑，自己一方面是清淨的，一方面是精進的，這就是在家居士的修行。

諸位菩薩來參加禪修營，就是要練習著用佛法來幫助自己，幫助自己消煩惱，幫助自己解脫煩惱。

（二〇〇七年五月十三日講於北投農禪寺「社會菁英禪修營第五十五次共修會」）

大小乘佛法的不同

今天要跟諸位介紹大乘佛法和小乘佛法的不同之處，特別是大乘佛法因為要修菩薩道，行菩薩行，所以是可以成佛的。小乘佛法有聲聞及緣覺兩類，聲聞是在有佛法的時代，聽到佛說的四聖諦、十二因緣法而照著去修行，能解脫生死而證涅槃，出離三界；緣覺則是出世於沒有佛法的地方，但是他們自修自證的智慧相當深厚，自然就發現了十二因緣的道理，根據十二因緣去修行而得解脫道。聲聞與緣覺解脫之後不再投生人間，也不再度眾生而進入涅槃。修習小乘佛法永遠不會成佛，假如要成佛，必須迴小向大，發菩薩願，才能從小乘轉為大乘，這需要花很長的時間。

聲聞、緣覺為何被稱為小乘？由於他們只求自已解脫生死，出離三界苦海，不管其他的眾生還在苦海之中。雖然他們在尚未涅槃之前也會幫助眾生，譬如小乘比丘們也說法度眾生，不同的是，他們並沒有發願生生世世都到此娑婆世界，其追求的目的是如何得解脫，進入涅槃，這就是小乘。

大乘菩薩誓願自己未度先度眾生

大乘是發菩薩誓願，雖然自己尚未解脫，但發願要度眾生——自己未度先度眾生，這是菩薩初發心。菩薩發心，並沒有考慮自己何時得解脫、何時得救濟、何時出離三界苦難，只想到如何使眾生離苦得樂，這就是菩薩精神。諸位一定聽過地藏菩薩說：「地獄不空，誓不成佛；眾生度盡，方證菩提。」地藏菩薩發願到地獄裡現地獄眾生相，在地獄中他照樣地會感受到種種的苦難，然而這是他自己發願要去的，所以跟因為業報所感而到地獄去的眾生不同，心理上不會覺得怨苦、怨恨、不自由。就像有些人到監獄中去做教化的工作，跟受刑人住一樣的房間，吃同樣的飯。有些法師親自到監獄去帶禪七、帶佛七，跟受刑人一起生活七天，但是法師們並不覺得是在監獄中受苦受難。

因此，大乘菩薩不會拒絕前往任何的苦難之處。譬如臺灣九二一大地震，我們即刻派人到災區協助，與災區民眾生活在一起，這是一種慈悲心。此外，南亞大海嘯時我們也派了義工去印尼、斯里蘭卡、泰國等地救濟、協助他們。有一位義工發願到斯里蘭卡的災區服務兩年，這兩年之間她就跟著災區民眾完全生活在一起，她並不覺得自己是在受苦，因為是她自己發願到那邊服務的。

大乘佛法跟小乘佛法的不同之處，在於大乘菩薩不為自己求安樂，不為自己得解脫，而是為了度眾生，他可以到人、天、阿修羅、地獄、餓鬼、旁生等六道輪迴眾生之中，如果哪一類的眾生需要，只要因緣成熟，他就會去救度那些眾生。譬如菩薩會現豬身到豬群中，過著豬的生活，現身到羊群中，過著羊群的生活，他可能會被飼養者殺掉、吃掉，但是菩薩本來就是要來度化那些豬、羊的，他是不會逃避危險或者苦難的。而聲聞、緣覺這二乘人，因為沒有菩薩以及度六道眾生的觀念，只知道以人間或者天上的兩種形象來修行進而出離三界，所以不會出現在其他的四道。

佛教的精神主要就是菩薩精神。在《法華經．普門品》裡，觀世音菩薩有三十二種應化身；在《楞嚴經》以及《地藏經》裡也提到，菩薩有這樣的能力；《華嚴經》的普賢菩薩、文殊菩薩都有這樣的願心。他們都曾在各類的眾生裡度眾生，他們也會化身為聲聞、緣覺等小乘，這就是大乘菩薩精神的偉大之處。

請諸位記得這兩句話：「菩薩不為自己求安樂，只為眾生得離苦。」大乘佛教之所以偉大，就是以菩薩的精神一生一生的修行，然後才能成佛。釋迦牟尼佛未成佛前是菩薩，他修行三大阿僧祇劫，在佛經裡稱他為因地的佛，也就是菩薩。他在因地的三大阿僧祇劫之中，曾經在各類的眾生群中度眾生，最後則以王子的身分出家、修道、成佛。他為何不以地獄相成佛呢？因為地獄相非常可怕，眾生看了會認為佛是從地獄出來而無法接受，所以佛是用福德智慧相現王子身而成佛，如此一般人就會覺得很珍貴。

修行小乘行有四種增上：一、信增上：建立信心，開始是初心，然後信心愈來愈堅固，愈來愈強；二、戒增上：持戒之目的是為了身、口、意三業清淨；三、定增上：心不會慌亂，經常是在安定與安詳之中；四、慧增上：慧是修定而來，心不浮動就會產生智慧。

一般人老是在情緒中打滾，使得自己很痛苦、很矛盾，跟任何人以及環境都會有衝突。持戒就是心清淨，心清淨之後才能身清淨、口清淨，不做壞事，不出惡言，然後就可以修定。人如果經常能夠處在安定與安詳之中，必定是非常愉快的，如果常常鬧情緒，那就是煩惱。有一些信眾非常虔誠，也很認真學佛，可是情緒容易波動，不但自己煩惱，也使他人痛苦，這就是沒有修定。

南傳佛教將修定稱為內觀，觀自己心的念頭、心的起伏、心的動靜，能夠用心來觀，心就不會浮動，心不浮動就能產生智慧，稱為觀慧。觀慧之後就能夠漸漸得解脫，觀慧實際上是一種定的成果。觀自己心的粗、細、動、靜，心漸漸就能安定下來成為止觀，那就是入定。南傳佛教的內觀，實際上就是由定增上而慧增上，他們最高是證得阿羅漢果而得解脫。此為小乘修行的次第，靠信、戒、定、慧四種增上而出三界。

大乘菩薩三種增上

大乘菩薩有三種增上：一、信增上；二、悲增上；三、慧增上。大乘的「信」跟小乘的「信」內容不太一樣，小乘只信三寶，大乘則是信眾生皆能成佛。小乘國家如泰國以及斯里蘭卡相信佛、法、僧三寶，佛是說法之人，法讓我們得到修行的方法和觀念，而僧則是佛教的團體，是傳播佛法之人，小乘佛教徒相信世界上只有釋迦牟尼佛可以成佛，不相信其他的眾生以及自己都能成佛；但是大乘佛法除了信三寶之外，還相信自己也可代佛說法而成就佛道。中國歷代禪宗的祖師們都在說法，他們並不執著於心外的釋迦牟尼佛，而相信眾生都能成佛，所以發願來度眾生。這不僅僅是幫助眾生得到物質或精神的鼓勵，而是幫助眾生離苦得樂，並能解脫成佛，此為大乘菩薩的信心。

慧增上跟信增上有關。凡夫因為業力而到三界來受報。我們的身體叫作業報身，而環境則是我們業報的果，用業報的身來接受業報的果，這是沒有發菩薩心的凡夫。但是發了菩薩心的人不一定已得解脫，然而，他們是因發願而來。就像菩薩發願，自己未度先度人，就是菩薩初發心——不為自己求安樂，但願眾生得離苦。以願力而至六道眾生中去度眾生的，不一定是大菩薩，普通的人如果能這樣發願，也會有此能力，因為這是願力。這個願力能幫助你修菩薩道，在修菩薩道的過程之中，自己也在隨緣消舊業，就不會再造更多的惡業。因此，自願以願力去度眾生，一方面自己的悲願增加，另一方面自己的罪業也能化解。

慈悲心增上是很容易的。譬如農禪寺舉辦的法會，準備工作都是由法師以及義工負責，他們日以繼夜、風雨無阻地趕工布置壇場，雖然辛苦，可是他們做得很高興，並沒有想到做一天會有多少錢，能增長多少功德，家裡會得到什麼樣的福報，他們的目的只是為成就眾生，這種精神就是慈悲心，就是悲增上。諸位身為社會菁英，也要學習這種慈悲心的精神，這就是發菩提心，悲心增長即為悲增上。

法鼓山辦教育，成就佛教的人才，有些人以「無名氏」護持法鼓山，這些人就是悲增上。此外，我們提倡環保，有許多義工每逢週末、週日、假期，會到山上去除草，將山上整理得乾淨清爽，其實他們可以利用假日帶著孩子好好地出去玩一玩，可是卻到我們山上來奉獻，這就是慈悲增上，也是悲增上。

慧增上是智慧增上，慧增上是人與人之間相處能夠不動情緒。在山上的義工們經常來，但是很少有抱怨的。我問他們是否受到照顧？他們說：「法師們都很忙，我們自己上山來，就要自己照顧自己！」我又問：「你們長期做義工，怎麼沒有一點怨言呢？你們這樣的奉獻，是為誰辛苦為誰忙呢？」他們說：「我們處理雜草，整理山上的環境，這就是我們想得到的，因為這些雜草是心頭的煩惱草，拔一根就祛除一個煩惱，拔草等於是在念佛一樣。」所以他們將雜草拔得特別乾淨，這就是一邊工作一邊增長智慧，煩惱自然就少了，以這樣一種觀想法工作，就是在修行。

今天是講大乘佛法與小乘佛法的不同之處，請諸位記得我所說的：「菩薩發願，自己未度先度人，就是菩薩初發心——不為自己求安樂，但願眾生得離苦。」

（二〇〇七年八月五日講於北投農禪寺「社會菁英禪修營第五十六次共修會」）

提倡環保的民俗節慶

民間的習俗節慶有很多陋習，如果不改善、不進化的話，人家會覺得我們很落伍。以臺灣的中元普度來講，整個過程中會燃燒大量的冥紙，根據臺北縣長周錫瑋提到，去年（二〇〇六年）七月份僅僅在臺北縣就燒掉了四億。實際上，臺北縣並不是燒得最多的，估算起來，全臺各縣市燒掉的數量非常龐大，整個臺灣就好像是一個專門燒冥紙的大金爐，這對我們的國際形象影響很大，如果國際人士問起：「為什麼你們要燒冥紙？」唯一的理由就是迷信。

燒冥紙無益亡靈

環保署調查，民間有百分之七十以上的人都知道不應該、不需要，也贊成不燒冥紙，但是因為左鄰右舍都在燒，自己不燒覺得不好意思，如此一來，燒冥紙的習俗相當不容易改正。我在這裡提出一個建議，首先，勸導寺院、道觀，包括佛教、道教，以及民間的土地公廟等逐年減少燒冥紙，慢慢地就能習慣不燒了。

舉例來說，我們位在桃園的分院齋明寺，是一間建於清朝、擁有一百多年歷史的古廟，我們剛接續法務的時候，廟裡有許多燒冥紙的金爐，因為燒的人多，需求量多，所以金爐一直增加。後來，經過我們慢慢地宣導，減少金爐的用量，到現在一個也沒有了。

究竟燒冥紙對亡魂有什麼用？有人說冥紙是陰間的錢，燒給他們好拿去買東西。可是陰間有買賣、有貿易嗎？人間有生產、有消費，陰間沒有生產，所以也無從買賣、無法消費，燒了等於沒有用，只是浪費。我們應該從精神、心理層面為他們做功德，或者是誦經、念佛迴向給他們，這樣對亡者才有用，否則的話，僅僅燒冥紙並沒有用處。

我認為推廣網路普度不僅非常現代化，也很符合現代人的需要。現代人都很忙碌，如果在網路上超度祖先親友，那就沒有數量和距離的限制，只要能夠在網路上達成超度的目的，所花費的人力、物力就會減少，同時，最重要的是合乎環保原則。

最初有人懷疑，在網路上超度，亡靈真的會去嗎？其實亡靈也好、祖先也好，他們都是精神體，不是物質體，不一定要坐交通工具，或是跑多遠的路，只要我們心念一動，請他們到某個地方，為他們超度、為他們紀念、為他們舉行儀式，他們就能夠感應得到。所以，我們只要有心，希望在網路上做超度，網路上呈現出的畫面是祭壇，那他們就會在網路上出現。所以，我贊成用網路來普度，而且不一定在中元普度，就是在清明、過年，甚至是平常的時候也可以做。從我們內心來講，同樣是表達慎終追遠的敬意，對亡靈而言，也可以得到同樣的功德，但是對整個社會環境來說，意義就完全不同了。

改良民俗節慶三層次

從我的立場來看，民間習俗節慶的改良，可分為三個層次：第一、站在文化的角度，可以把節慶變成民俗的文化祭典，藉此呈現出地方及文化上的特色。比如臺北縣某個廟的神，他的精神是什麼？為什麼被人崇敬？另外，為什麼要在特定時候祭拜祖先？因為這是漢民族對祖先的崇敬，所以要把崇敬祖先的文化呈現出來。只要一個縣市先做，其他的縣市也會跟進；而且要用獎勵的方法來讓寺廟主動去做，然後再配合政府的政策與法律的規定，我想這是可以做得到的。

我在日本的時候看到一個現象：日本早期原來的民俗跟臺灣差不多，但是戰後漸漸改良，凡是地方的民俗節慶都轉化成文化祭，視這個節慶代表什麼樣的精神，就將它表現出什麼樣的文化內涵。藉由文化祭凸顯出節慶的意義，以提昇它的層次，不僅僅是在民間吃吃喝喝或燒一些東西，而將它昇華成為一種藝術、文化，甚至是教育的活動，如此一來，更能達成觀光的效果，只要那個地方有民俗節慶，國際人士或是全國人民都會到那裡參觀。

第二、從環保的角度來看，凡是用火燒的東西都會污染空氣環境。譬如冥紙是用稻草或竹子做的，燒了以後會產生致癌的微粒子；還有冥紙上的金箔、銀箔屬於金屬物質，燃燒後會釋放毒氣，除了污染整個大氣層之外，無論遠近的人們，只要吸進隨風飄散的毒氣之後，都會受到影響，這是很不健康的。

現在我們每年燒掉的冥紙數量非常可觀，不僅會污染空氣和水，在經濟上也會造成浪費。現今地球暖化的現象愈來愈嚴重，不要以為只有燃燒汽油才會有影響，燒冥紙也會，只要在自然界燒任何東西，都會讓暖化的程度提高。做為一個現代的地球人，應該要盡量保護地球，而為了保護我們的地球，最好都不燒冥紙。據統計，目前臺灣的空氣污染指數在世界上名列前茅，若是民間能夠少燒一些冥紙，少製造一些污染源，就能使地球暖化的速度減緩一些，這是功德一件，對我們未來子孫也是一樁好事。

第三、以宗教的立場而言，我們法鼓山也進行中元普度、清明時節舉行超度法會，但是我們不僅不燒冥紙，連香都不主張燒。現在的香都是污染源，因為它的製造成分是一些會產生污染的物質，燒了以後，空氣會變得很糟糕，特別是在小小的家庭空間裡燒很多香，會讓整個家庭受影響。所以我們主張供水果或是供飯菜，但不要燒香，如果一定要，就燒一支品質好的、煙少的香。現在公共場所都不准抽菸了，在家裡應該也要這樣。

尊重民俗，提倡民俗

所以，佛教是不燒冥紙也不燒香，法鼓山在祭典或法會時，則會在佛前上香，因為這是入鄉隨俗。漢人社會有漢人的文化、有漢人的需求，我們老祖宗幾千年來都習以為常地做，如果不做的話大家心不安，所以我們還是照著做。其實國外其他民族沒有中元普度，也沒有清明超度這種習俗、這種文化，但是他們也都很平安地度過。

例如要建房子，在破土動工的時候，都要先祭拜土地，之後大家才能安心施工，如果不祭的話，只要一發生公共安全問題，大家就會開始埋怨：「就是因為沒有祭拜，所以才會發生意外。」祭了之後會不會有公安事件發生呢？可能還會有，但是心理上總是認為祭過比較平安。這是一種民間信仰，我們尊重它，所以祭祀法會還是要做，但是不要污染環境。

除了空氣之外，噪音也是一種污染。例如以前送喪的時候很重排場，喪家、花車、樂隊等，一排隊伍長達幾里路，聲音很大，整條馬路都受到噪音的影響。其實送喪不需要有這麼大的排場。

總之，污染環境的聲音，污染環境的氣體，污染環境的各種各樣東西，都應該減少、免除，加以改善，民俗習慣提昇了以後，國際上的觀光客到臺灣來，才會覺得臺灣是個有文化的好地方。

（二〇〇七年八月九日講於臺北縣政府「環保網路普度」記者會）

佛教、佛法與佛學

「心六倫」這個名詞是我新提出的，但是它的內容原本就有；我們是配合這個時代的環境需求及人心觀念需要而提出。「心六倫」是「心靈環保」理念的一貫延續，目的是為了「提昇人的品質，建設人間淨土」。

其實，「心六倫」也不是我一個人的發明，而是我接受了許多人的建議，尤其是來自企業界、學術界、文化界和宗教界領袖人士的建議，希望我們這個時代，能夠有一個大家願意接受的共同倫理價值。

臺灣現在最缺少的就是倫理教育，但是，如果我們直接以佛教的《六方禮經》來化導，可能大眾的接受度不高；如果直接以儒家的「五倫」做呼籲，也可能讓人覺得刻板；或者以天主教的「十誡」為勸勉，一般人也不太容易接受。因此，我們推出了新時代的六種倫理價值，稱為「心六倫」，這是從「心」出發，也是重「新」出發。在這個時代環境中，大眾的接受程度比較高。

「心六倫」是以佛法的精神為依歸，而由我結合佛法的精神與大眾的智慧，所提出的一種新的普化教育。自實施以來，獲得各界不錯的回響，例如企業界的回應便相當熱烈，像是前台積電董事長張忠謀、前宏碁董事長施振榮、台塑董事長王永慶、廣達董事長林百里，以及鴻海董事長郭台銘等人，他們都很贊成以這種方式來推廣新時代的倫理教育。

我們出版了一本《承先啟後的中華禪法鼓宗》小冊子，內容很容易看、容易懂，但是還是有很多的人不清楚：「中華禪法鼓宗」與全體佛教有什麼關係？特別是我們興辦的大學院教育，如法鼓山僧伽大學、法鼓佛教研修學院，以及未來的法鼓大學，全都是提倡「中華禪法鼓宗」嗎？而其他系統的佛教，是否就一概不准講了？我沒有說過這樣的話。「中華禪法鼓宗」是結合所有佛法的優點，融攝大、小乘佛教各宗各派佛法的所長而成，因此，我們也鼓勵對各宗各派佛法的研究與修持。我們並沒有排斥百家，而獨崇「漢傳佛教」一宗，如果有這種想法或臆測都是錯的。「中華禪法鼓宗」是兼容涵蓋各系各宗各派的人、小乘佛法，於此同榮滋長，絕不制限只有聖嚴法師的言論才能修習、才可研究；如果我們有所制限，「中華禪法鼓宗」就是局限狹隘，而非漢傳禪佛教的襟度了。可是，我們也必須正視一點：法鼓山的宗風，確實是「中華禪法鼓宗」。以下，我將分別簡介「佛教」、「佛法」和「佛學」三個名詞，請諸位指教，也跟大家勉勵。

何謂「佛教」？

佛教指的是什麼？是根據佛陀的教導而建立信仰的一種教團型態，其內涵包括教理、教儀、教史和教團。教理是佛所教導的人生道理；教儀是佛教徒基本的生活儀範；教史是佛教傳承的歷史；教團是依據佛法而修行的團體。以上四者加起來，就稱為佛教。

有的人會問：「密宗算不算佛教？」「南傳算不算佛教？」「日本佛教算不算佛教？」這些當然都是佛教，凡是有其教理、教儀、教史與教團可追溯根據的，都屬於佛教。然而，假使有人據此稱說：「既然大家同為佛教，都是佛教的一家人，也就沒有所謂彼此之分了。」這種似是而非的說法是很危險的。

以一個企業集團來說，企業裡有母公司、子公司，母公司與子公司各司其職，有的負責上游的生產，有的執行下游的作業。也有的企業，採取橫向的部門畫分，設有科、部門，每一部門都各展其長。如果當企業在進行年度總檢討時，各部門糊里糊塗、馬馬虎虎，反正是一家人，你的就是我的，我的就是你的，你的部門盈餘不少，而我的部門虧損，就把你的盈餘補我的虧損，大家的成果都相同。這樣好不好呢？如果是這麼算的，那就是糊塗帳！你的成果是你的，我的努力和我的開發還是我的，雖然彼此需要互通有無，但是糊里糊塗做成一筆糊塗帳，則是不應該的。

佛教也是一樣，現在佛教的傳承，主要有三個系統：南傳、藏傳和漢傳佛教，但是這三種傳承，已漸有差別。譬如藏傳和南傳佛教，並不特別主張素食，他們的出家人不忌葷食，南傳佛教和日本佛教可以吃魚，藏傳佛教雖不吃魚，可是其他的肉食或菸酒，則不在戒律之中；也有一些傳承，是可以成家、帶家眷的。在這種情況下，仍然可說南傳、藏傳和漢傳佛教無所差別、是一樣的嗎？而我們也可以接受或承認嗎？如果我們承認，就好像是說漢傳佛教也可以吃葷、帶家眷了，這也是糊塗帳！也就是說，整體佛教之中，有共通性的部分，也有差異的存在。

何謂「佛法」？

佛法主要是強調修持、實踐的面向。依據佛陀的教法而修持、實踐或實證，便叫作佛法。佛說：「一切法皆是佛法。」佛說魔法，魔法即佛法；魔說佛法，佛法也就變成魔法。現在世界各地都有一些附佛法外道，譬如在臺灣，就有幾十個人、幾十個團體；在西藏，「雄天護法」是附佛法外道；在南傳地區，如泰國，有一個很大的團體是附佛法外道，他們提倡的修行思想和方法是沒有佛法根據的，但是因為他們在泰國的勢力龐大，所以連僧皇也拿他們沒有辦法，可是在全國性的佛教會議場合，是不會安排他們的席次的。

而根據佛說的法義來修行，修行之後再回過來用佛說的法義證驗自己的修行經驗是否正確，這就是佛法的修證。舉例來說，明末的憨山大師在修行禪定法的過程中，得到了一些修行的經驗，可是他不敢就此確定自己的修行是否如法，直到他讀了《楞嚴經》，一經對照、驗證之下，才確定自己的修行是正確的。這就是根據佛法來修行，然後把修行所得到的經驗，也可說是證悟，再回過頭來以佛學義理重複驗證。

在禪修過程中，有種種的身心反應是很正常的。《楞嚴經》即說，禪修過程中會產生一些魔境；《摩訶止觀》也指出，修行中會發生種種的身心現象。在這種情況下，如果沒有佛法的依據，也沒有修行老師的指導，修禪的人不知揀擇，就會把這些身心現象當成是聖境，那就是修了外道法、發魔了，並不是真正在修證佛法。

一切法皆是佛法，這是沒有錯的。可是，佛法有的時候講「有」，有的時候講「空」；有的時候講「性」，有的時候講「心」，也有的時候講「理」。我們看到禪宗許多大善知識的語錄，好像他們是瘋瘋癲癲的一群人，你說有他說沒有，你說空他說有，你說有他說空，你說有他說無——講的話好像都是瘋瘋癲癲的，這是什麼原因呢？

這就是說，佛法是活用的，佛法不死於句下。如果你認定這一句才是佛法，而死命地抱定它、認定它，那就落入執著的胡同了！禪宗有個公案，講馬祖禪師跟他的弟子法常之間的故事。法常首次去拜晤馬祖，就向馬祖請法：「如何是佛？」馬祖說：「即心是佛。」法常當下開悟，然後就下山度化人群了。過了不久，馬祖想試探法常是否真的悟道，於是派另外一個弟子到法常那裡傳個訊，說馬祖禪師的講法改了，現在是講的「非心非佛」。法常聽了以後，只說：「唉！不管這老頭子講什麼，我只管它叫『即心是佛』。」馬祖知道了，便說：「梅子熟了！」那也就是說，法常自己的經驗是不受動搖的，不因他的師父態度改變而改變，而他的師父，態度真的改變了嗎？並沒有啊！

禪宗還有一個趙州從諗的公案，有人問趙州禪師：「狗子有沒有佛性？」趙州回答：「沒有。」這句話很奇怪，大家都知道眾生有佛性，為什麼趙州講狗兒沒有佛性？這是什麼原因？

佛法是活學、活用的，佛法不死在一句話下。如果你學佛只學得抱住一句話，不知變通，死在一句話下，那你學佛就沒有希望了。為什麼學佛不死在一句話下？那是因為每個人的程度，隨時都在改變，很可能今天的程度跟明天不同，明天的程度也可能跟後天不一樣；不一樣的程度，對於佛法的體驗也就不同。佛法是讓人實踐的，不是個人的經驗可以解釋，如果用個人的經驗來詮釋佛法，那是很危險的。這樣該怎麼處理呢？有兩種方式，一種是請過來人、大善知識印證；另外一種，是依據佛經的教義做為驗證，但是找經典也要有程度，程度差的人看到某一句經文，正好是他所需要的，就把這一句經文當成是他的修行經驗，這是有問題也很危險的。

何謂「佛學」？

「佛學」這個名詞，在釋迦牟尼佛的時代是沒有的。佛滅度之後，後人為了研究佛的教導，而把佛教的教史、教團、教理和教儀，當成文獻資料進行彙整、分析和研究的成果，就稱為「佛學」。

既然佛學是關於佛教種種之研究，是否也可用於佛法的研究呢？這是不能的，佛法不是用來研究的，而是用來體驗和實踐的，如果有人說：「我在研究佛法。」那說的是外行話。但是剛才我所說的「佛教」之學，如教史、教團、教理和教儀，這些都可以研究，都可找到文獻史料。例如古今中外許多學者對於佛教的詮釋、留下的文字記載或實物；後者如石窟佛像和壁畫，以及文物、法器等，皆可從事研究。例如就有專門研究《法華經》版本的學者，但是如果要專門研究《法華經》的修行，那就很困難了，因為修行的層次和經驗，只有實際的修證者才能知曉，不是任何人憑著某些語言文字，望文生義、斷章取義就能理解的。

佛學又分為很多的學派，例如天台學、華嚴學、唯識學等，這是學者們各自深研某一領域，漸次形成的宗論學派；在各個學派之中，尚有不同的支派。以中國的天台學為例，就有「山家」、「山外」兩派之說，唯識學則有「新譯」與「古譯」的不同。「新譯」是屬於玄奘的這一系，「古譯」則屬於真諦三藏那一派所翻譯的經典；但是他們共同的源頭都是從彌勒、無著、世親菩薩等一脈傳下的，只是後人為了研究，而有「新譯」與「古譯」的分歧。這是因為不同的立場、不同的角度、不同的思惟法，而出現了不同的宗論學派，都是屬於佛學的範疇。

佛學的研究，是與你用多少心、看多少書成正比的；當你用心愈深，書看得愈廣博，所知道的佛學也就愈通徹，做出來的學問也愈牢靠。可是，佛學一定可靠嗎？在我還沒有去日本以前，我認為所有的經論都沒有問題，可是我到日本留學以後，聽到許多日本學者提出偽經論，論述哪一部論非龍樹所作、哪一部論非彌勒所傳……等，這些都是學者們的見解。此外，在我還未出國前，我不知道國際佛學有所謂「大乘非佛說」的爭議，這對中國佛教徒來說實在是大逆不道之事，大乘佛法怎麼可能非佛所說！為了這個爭論，印順長老花了很多的心血提出論辯說：「大乘非佛所說，還是佛法。」這些都屬於佛學，是一種研究的學問。

我是學佛的人，時時要用佛法

以上我解釋了「佛教」、「佛法」與「佛學」這三個名詞，希望大家能夠有清楚的認知。我現在想問各位：「研修學院的學生，主要致力於什麼？」就是佛學嗎？有的人寫了厚厚的一本書，把各家、各派、各宗的修行方法，全部集結一起，自以為很有學問，其實很糟糕！這就等於把青菜、蘿蔔、豆腐，加上各種葷素，通通放在一個鍋子裡煮，起鍋後還自我稱揚：「看！佛法多豐富啊！」這種大鍋菜的料理法，只會讓人眼花撩亂，無從取用。也有的人，把各種修行方法拿來比較。佛法不是拿來比較的，法義、理論可以研究，佛法是不能比較的，評比哪種佛法層次高，而哪種佛法層次低，這是很奇怪的！

舉個例子，越南有兩位非常知名的法師，一位是一行禪師，另外一位是清慈法師，我曾經請教他們修行的方法。一行禪師說：「我看的經典不多，只看了《心經》、《金剛經》和《壇經》，我在修行的時候，只知道掌握經典的精神，常常經典裡的一句話、兩句話，就讓我非常受用。」清慈法師也講得很清楚：「我只知道《金剛經》和《壇經》，禪法得力於《壇經》，義理受惠於《金剛經》。而我真正得力的，就只有兩句話：『不思善，不思惡』，我就是抱定這兩句話修行，也不知道有沒有開悟，但是對我很有用。」這就是根據法義，而變成一種佛法修證的要門。佛法不是用來研究的，一進入研究的時候，修行就無法深入、無法著力了。

因此，我剛才問大家：「研修學院的學生，主要致力於什麼？」就是希望大家了解，我們是培養服務社會的宗教師，以及宗教的修證人才、文化人才，這三種都需要。如果僅僅從事佛學研究，這不是我們辦學的目的；如果不清楚佛教的教史、教理、教儀與教團，很可能會變成一個無知的佛教徒。我們最高的目標是佛法——修持佛法、運用佛法、用心於佛法。我們的心，要經常貼熨著佛法，就像清慈法師只抱著兩句話：「不思善，不思惡。」這樣的修行，就能不複雜、不麻煩。

時常把心放在佛法上，才是真正的學佛。過去我有一位弟子在圓山臨濟寺白聖法師的佛學院讀書，這位徒弟很聰明，看書看得很快，理解力也很強，後來我問他們的教務主任：「某某法師，我這個徒弟要請你多照顧，他很聰明的，就是心不踏實。」他說：「對！你這個徒弟，法不染心，他的心跟佛法是不相應的；他能講能寫，但是他的心跟佛法是不相應的。」

所謂「法不染心」，就是沒有根據佛法修行。請問各位，如果專念一句「阿彌陀佛」，算不算用佛法？專注於呼吸、調呼吸，是不是在用方法？如清慈法師所說，在任何狀況下「不思善、不思惡」，這是不是在用佛法？這些都是方法。相對的，凡事計較得失，就是法不染心，心不受於法。《金剛經》講：「應無所住，而生其心」，可是這有一個前提——要先安住於法，心安住於法，才能夠根據佛法來修行。假使有人辯稱，因為《金剛經》講「無住生心」，所以我不執著。那是不對的！這是在跨空步，當你跨空步的時候，不小心就有可能掉落萬丈深淵。

修學佛法，要步步踏實，要心安住於法，安住於修行的方法。所以無論是在家居士或出家法師，必須經常把心放在佛法上，告訴自己：「我是學佛的人，時時要用佛法。」如果我們用錯了心，有很好的學問，思想也敏捷，就是無心於佛法，這就不是在學佛了。我們看到有些學者，特別是文史哲專家，他們多少會看佛教的書籍，也或許能講說著述佛學，但是他們自己卻不用佛法，這是非常可惜的。

今天所說的三個名詞：「佛教」、「佛法」和「佛學」，其中尤以佛法最重要。現在大多數的佛學院學僧只注重佛學，或者也略讀了一點佛教概論，可是對於佛法的實踐卻不關心、不用心，法不染心。這樣，對於他們自己的安身立命、對社會的淨化、對大眾的倫理教育都是有問題的，而自己的所學和品性、品德的提昇沒有關係，這將會是很危險的。

現在我正在做的一些事，表面上看來好像和佛法無關，事實上卻是密切相關的，例如「心五四」、「心六倫」運動都是佛法。所以希望諸位都能心安住於法，修學佛法、實踐佛法，對眾生多一些慈悲心，對這個社會多付出關懷心，這樣才能體現佛法的真義。

（二〇〇七年十月二十三日於法鼓山世界佛教教育園區國際會議廳「專職菩薩精神講話」）

回歸佛法本質的水陸法會

水陸法會，又名「無遮大法會」，是漢傳佛教的一種修持法，也是漢傳佛教諸多修持法門中最大的一項。

一般講修持，我們知道有禪觀、禪定，這是其中一大主流；其次有經懺誦念的儀軌行持，例如最早有隋代天台宗的智者大師編成《法華三昧懺儀》，陸續則有唐代華嚴宗的宗密禪師彙編《圓覺經道場修證儀》，唐代的悟達國師依據宗密禪師的《圓覺經道場修證儀》編寫《慈悲水懺法》；宋代天台宗的四明知禮大師編寫《大悲懺》，宋代慈雲遵式大師制定《往生淨土懺願儀》及《淨土懺法儀規》等儀軌；元代開始，蒙古人的經咒佛事大行，元代則有中峰明本禪師完成淨土法門的《三時繫念》，一直到明末，蓮池大師修訂焰口集成《水陸道場儀軌》，從此普行於世的漢傳佛教，便是經懺了。

元代至明末期間，是中國禪宗衰微的時期，當時一心想參禪的人，能從中獲得大利益的修證者不多，因此漢傳佛教的流布，也就漸漸轉變成以經懺為主流。至此，全國寺院的禪堂不多，經懺佛寺則逐漸普遍，不論大寺、小寺，莫不以經懺法會當成謀生、經營的一大項目。

為什麼說水陸法會最殊勝？因為其他的法會，只誦某一部經，或只拜某一部懺，水陸法會則廣設十壇，每一壇就是一堂佛事，人數可多可少。水陸有「眾姓水陸」和「獨姓水陸」兩種。在水陸法會的內壇，供奉諸天、閻王，類似中國民間的供天神和供鬼神，在水陸法會中，這些全是菩薩。拜水陸的功德由所有參與人共同得到。我們在水陸法會所迎請、供養、禮拜的對象，全都會蒞臨法會現場，各自以他們相應的因緣與根器，到各個壇場聽經聞法。因此一場水陸法會所供養、救度的眾生，範圍相當廣，因此說有殊勝的大功德。

法鼓山是觀音菩薩道場，以觀音的圓通法門修持為主，因此我們辦水陸法會，大多選用跟觀音菩薩相關的經懺，設成各壇主題；通過觀音法門，使得一切根器的眾生都能得度——這是法鼓山辦水陸法會的緣由和目的，我們以這樣的一大法會佛事，來廣度眾生，利益一切眾生。

賦予時代新意

在二十一世紀的今天，法鼓山首次舉辦水陸法會，我們的作法具有革新意義，也是對僧俗四眾的一種重新教育。我們的革新之舉，就是把原來懺儀中，凡是源於中國民間信仰的部分，或是採擷道家、道教的俗儀之處，重新思考。至於原來的懺儀也是有根據的，譬如受戒，是一種儀軌，根據戒律的宗旨和基本原則，編成了中國的一項佛事。經懺佛事不是不好，只可惜後來的演變，使水陸淪為一種營利活動，而非專心辦道的修持方法。其實各種懺法在古代都是修持法門，然而在滲入漢地的民間信仰以及道家、道教的內容後，水陸法會儼然成為中國歷代所有民俗儀軌的大熔爐。

水陸法會的修訂儀軌，完成於明末的蓮池大師。在現代社會中，不論是我們的民風、環境背景以及知識的發展，與當時環境已不可同日而語。如果我們還保留傳統水陸中一些不合時宜的作法，譬如燒紙馬、燒紙人、燒紙衣、燒種種的牌位，在現代來講是非常不符合環保的；況且追溯這些內容，皆非源自印度的原始佛法，而是歷代佛教中人，為了接引民間信仰的人士接受正信佛法，向民間信仰模仿學習，才有的添加內容。

我們對水陸法會的革新，一般信眾反應都很能夠接受，也頗獲好評。因此，我希望今後的水陸法會，不僅僅是法鼓山這麼做，其他道場也能夠一起嘗試改變。

集眾人之力完成

我要感謝這次水陸法會的所有促成者。辦水陸法會最早是我的構想，後來由僧團果慨法師熱心促成。我們請到廣慈老法師來教導，他除了全力配合，也了解到我們希望改革的決心。在辦水陸之前，我們做了宣導，也辦了學術會議，藉由這些過程，始有今日法會的圓滿。

我在這裡非常感謝所有投入的相關人事、單位，比如壇場的布置，是由臺北藝術大學的教授和學生承攬重責，以及凌陽科技董事施炳煌、媒體藝術團隊等，他們花費很多的心力，將道場布置成像國際博覽會的未來館；感謝故宮博物院院長林曼麗和工作人員的協助，提供故宮珍貴的經變圖共襄盛會，讓每個人一進入壇場，都感覺到彷如置身佛國淨土之中。感謝每一位法師以及一千多位義工，在法會期間所奉獻的體力、時間、智慧和努力。

謝謝大家，祝福大家，無惱無憂，無障無礙，得大自在。

（二〇〇七年十二月十五日講於法鼓山世界佛教教育園區「大悲心水陸法會」送聖典禮）

四種環保的法鼓校風

所謂「精神講話」，就是校風。以精神來創造校風，校風就是帶動我們一屆一屆的同學或老師，往同一個方向、同一種風格前進。一所學校的校風，主要是由誰來建立的呢？可能有兩個人：一個是創辦人，創辦這所學校的人；另外一位，就是具備開創作風的校長。如果創辦人的能力不足，或者時間不夠，無法帶領學生，把校風建立或者奠定的話，那就是由校長總其責了。

臺灣有兩所大家都很讚歎的學校：一是新竹中學，一是臺灣大學。新竹中學的辛志平校長，一直到現在，大家都很懷念他，前中央研究院院長李遠哲先生就是在辛校長的培植下讀書。臺灣大學是傅斯年校長，臺灣大學本是日本的帝國大學，而傅校長把北京大學的校風帶到臺灣，建立了自由、平等、民主的臺大校風。那麼新竹中學的校風是什麼呢？在於學、行、品德，辛校長從身教和言教影響學生，強調品德非常重要，並且注重運動與藝術，所以從新竹中學畢業的學生都很優秀。這就和校風的建立息息相關。

建立四環校風

法鼓佛教研修學院的校風，是延續中華佛學研究所而來，我們學校基本的立場，是「立足中華，放眼世界」，這也是中華佛研所所訓提到的。另外，我們重視學以致用，並以實用為先。研究是要研究，但是也要講求實用。實用在我們的生活，實用在我們的時代。佛法要注重實用，這是我們校風的基本觀念。

另外，我們從十六年前，也就是一九九二年開始提倡心靈環保，提倡四種環保。以心靈環保為核心出發，落實四種環保。在此，我要求並勉勵各位師長同學，要能夠實踐四種環保。而四環是哪四種呢？

心靈環保

第一是「心靈環保」：從心做起。我們講話、行動、語言都從內心踏實地做起。不是心、口不一致，而是心所想到的，就是口中說的佛法，要把佛法實踐在日常生活中。我們學到的佛法，我們研究的佛法，是要用的，不是僅僅在做研究。研究要學以致用，一種是把研究出來的成果，以文章、演講、著書發表；另外一種是研究佛學，也要把佛法當成我們生活實踐的標準。有些人研究佛學，卻跟生活沒有關係；他們在平常生活中的表現，不像是一個佛教徒，不像是學佛的人。因此，希望我們的研究生能夠學以致用，心口、心手、身心是一致的。不只是為了寫文章、為了將來找工作而研究，生活卻非常靡爛，如果這樣的話，我們的教育就失敗了。不僅老師失敗，整個學校也失敗。所以我希望大家能夠實踐心靈環保，從心開始。不論說話的用語、平時的身行都能學以致用，在生活中實踐佛法，這就是「心靈環保」。

禮儀環保

第二是「禮儀環保」：在我們學校裡，要非常重視禮儀。禮儀是什麼？是人與人互動時的表現，心有心儀，口有口儀，身有身儀，這就是禮儀。心儀是心靈環保。口儀是我們與人互動之間的用語，或是打招呼，或是交談，或是慰問，這些都是要用有禮貌的話、正面的話、勉勵的話，或讚歎的話，而不是指責、批評，或是一句話讓人聽了起反感，或是聽了你一句話，讓人要恨你一輩子。說話的時候，不能讓對方記恨一輩子。別人可能因你一句話，一輩子痛苦，或者覺得一輩子沒有前途、沒有希望。這些話都是口出刀劍。如果是口出刀劍，那我們要好好檢討。同學與老師之間的互動，要讓老師感受到學生是非常有禮貌、非常友善的。有一些同學對老師挑剔、指責、批評，說這位老師不認真，或老師故意找麻煩。這都是出言不遜，一定要避免！同學間的互動，若語言使用不當，那就會成為沒有人緣、不受歡迎的人。

過去法鼓山僧團裡就有這種現象。有極少數的出家眾，被所有的人排斥，因為他的表情讓人很痛苦，他說出來的話讓人痛苦；他跟人家合作的時候，叫人痛苦。而當事人認為這個環境裡所有的人，都是惡人、壞人，都是不可救藥的人，只有他一個人是好人、是聰明人、是慈悲的人。因此，要組織工作團隊時，大家就會問起，是不是和某某人同一組？當知道這個人和自己同一組時，都說我們不需要他。這種人，生活非常痛苦。不但他痛苦，團體其他人也痛苦。他希望團體為他改變，變成他所需要的人，變成他覺得很好的人，他能夠接受的人。這可能嗎？不可能。最後我對這種人說：「不能適應我們這個團體，你就離開吧！出家人就是要適應環境。不能適應這個環境，就離開。這個環境不好，不能適應你，那你就離開！」一個人若不是從內心運用佛法，也不從內心落實禮儀環保，就會讓人家感覺到痛苦，自己也不會快樂，所以請大家要特別注重口儀。

身儀是什麼呢？就是你的生活方式，你的動作、舉止、行為不要讓人感覺到不快樂、不舒服。我們的生活範圍就是這麼大，經常都會碰到面。如果碰到面，你的面部表情相當怪異，你的一舉一動也讓人家感到不舒服，你就是沒有菩提心，因為你忽略了其他人的感受。比如說打坐時，大家都圍著一塊毛巾，這塊毛巾是要蓋腿用的，但是你常常拿著毛巾掀過來掀過去，那麼坐在前後左右的人都是在乘風涼，因為你在搧風啊！你沒有注意到後面有人，左右也有人，前面也有人。如果要把毛巾披在肩上，要輕輕地披上去，這樣沒有人知道，也不會妨礙其他人。如果大刺刺地一披一晃，那左右前後的人都受到影響了。其他的人打坐坐得好好的，你把毛巾這麼一掀，許多人都受到影響了，這個就是身儀。我們身體的動作，不能夠讓其他人感到不舒服，感到很痛苦。又譬如說大家在打坐，你要出位，出位的時候，可能把其他人的毛巾、鞋子，都踢翻了；甚至有的人，急著要上廁所，他不照著一行一行地走，有空的地方就走，讓人家覺得不舒服。我們身體的行為，主要就是不可以妨礙人，不要讓其他的人起煩惱。

由於身體的行為讓人起煩惱的例子有很多，諸如需要排隊的場合，有些人就是習慣插隊。插隊的時候，你跟他講應該要排隊，勸說時，他會回話說：「我就是這個樣子。」這樣子好嗎？不好！如果其他人也有相同的行為，那就會有糾紛了。

我們研修學院的同學，如果曾經有類似行為，以後要洗心革面，要檢點自己的行為：身體的行為、語言的行為、心理的行為。心中想什麼，面部的表情會表露無遺。所以心中應該經常保持平穩、平和，心中有情緒，會顯現在所講的話以及動作中。我們的心很重要，要經常保持平和、慈悲、寧靜，這樣就不會把情緒發洩在其他人身上。我認識很多人，因為心中常常有情緒，所以出言都不是那麼有禮貌，連跟師父講話都會吵架。為什麼呢？因為心中有情緒。我對他們說，我們要實踐心靈環保，不要有情緒，你發洩情緒給我聽可以，發洩給別人聽，那就是吵架了。所以研修學院的同學，禮儀環保要重視身儀、口儀、心儀三種禮儀。

佛法是注重威儀的，如果一個人威儀好，這個人一定是實踐禮儀環保的。佛教徒要講威儀，出家人在出家以後要學沙彌律儀，就是我們講的「禮儀環保」。

生活環保

第三是「生活環保」：生活環保就是生活起居作息要規律，如果生活起居沒有規律，那生活就不健康，生活也是渙散的。如果個人的房間，生活環境很髒，衣服也不換，身上就會有異味，跟你生活在一起的人，就像和豬住在一起。因為你的個人生活很邋遢、很髒、很亂，床鋪很亂。因為你身上髒，所以被你用過的東西也都很髒，那麼在你之後的人要用的時候又要擦，又要洗，就會罵：「前面那個人是個豬啊！」雖然你沒有聽到，但他卻因你而造了口業。生活環保，並不一定限於我們用水、用電、用瓦斯，公共的設施要節省，還有要注意保護公用物品，譬如使用影印機，你用過以後，其他的人就不能用了，因為可能會卡紙，會少油墨，原因是你沒有好好保護公物。生活環保就是在我們的生活之中，必須要遵守公共的守則。

我們的公共物品還不少，電腦、影印機等都是，教室內、寢室裡，平常生活的周遭都有，公共的物品、用具都要保護，要愛護。不要認為這是公物，壞了沒關係，又不用賠錢。這樣是折損個人的福報。法鼓山任何一樣物品，包含吃的、用的，都是由信眾布施來的。我們所有的人，都是在用十方信眾的布施。信眾不會隨便布施，我們也要付出代價。付出什麼代價？就是關懷的代價。還有，對外募款的時候，要用各種各樣的方式募款，否則的話，民眾不會憑空把錢送來給我們。因此，要想到「一粥一飯，當思來之不易」。

公物是屬於十方的，十方的信眾省吃儉用布施給我們、供養我們，讓我們沒有後顧之憂，可以好好讀書，努力研究。所以我們要非常小心地使用這些物品，否則，個人所有的福報都會用掉。不要以為用掉就是用掉，沒有關係。你折損的任何東西，都跟你的福報有關係。當福報用完，就甘盡苦來了！所以要請大家能夠小心謹慎使用物品，以上是「生活環保」。

自然環保

第四是「自然環保」，指的是我們的自然環境。現在同學們都有認養環境的清潔工作。環境是我們的生活環境，等同於我們的身體，也是身體的一部分。我們生活在這個環境裡，這個環境就是我們的，所以要好好地照顧我們的環境，小至個人房間，大至周圍的公園、道路。大家在清潔的時候，要注意安全，比如擦窗戶，不要爬到窗外去。自然環境還包括生物及無生物，都是自然環境，我們也要保護自然環境。

有的同學輪到他打掃時就請病假、事假，「我生病啊！」「我有事啊！」那誰來打掃？沒有人打掃！等到下一個星期，由下一個星期的人打掃。這種人非常自私，我希望我們的同學要有奉獻的心，要有服務的心。沒有服務的心，沒有奉獻的心，就是自私自利的人，這種人將來到社會上不如意，在家庭裡不如意，到任何地方都不如意。

如何養成奉獻的心，服務的心？服務、奉獻要有一個限度，不要超過自己的意願、體能，以及時間。有時間的話，就可以服務。舉手之勞，可以服務啊！如果樓梯沒有人掃，掃一下沒有關係！但整年度都由這個人掃，其他人都不掃，這是不公平的。我們要讓願意發心服務的人能夠持續，也讓偷懶的人有機會服務奉獻。我們的環境要我們自己維護，這個觀念是要養成的。觀念養成之後，隨時隨地就會過得很快樂，隨時隨地會受到所有人的歡迎。

我希望我們的學風，是建立成為一個注重四種環保的學風。

祝福大家！

（二〇〇八年二月十九日講於法鼓山世界佛教教育園區第三大樓大學院「創辦人時間」）

佛法的三個層次：信仰、理解、實踐
——從信仰入手、明因果到超越

二○○八年四月三日，前民主進步黨主席謝長廷先生及前總統府祕書長葉菊蘭女士及前民進黨祕書長李應元先生，一同至中正精舍拜會聖嚴法師，法師以落實心靈環保的三種層次：「信仰、理解、實踐」，與一行人分享。

從信仰入手

佛法有三種層次，第一種是信仰的層次：有信仰的人心裡會有一種歸屬感，好像有了靠山，得到一種力量的支持。在信仰層次的人，不需要懂太多的佛法道理，也不需要實踐的工夫，只要相信，就會得到平安；有信心，就能讓自己安定下來。好比自己本來很惶恐，可是有了信仰以後，會產生安定的力量，惶恐或恐懼的心就會減少。

在佛教的信仰種類中，有觀音菩薩信仰、阿彌陀佛信仰、藥師佛信仰和地藏菩薩信仰等。

第二種是理解的層次，就是知道佛法的道理，了解人世間是無常的，是有因果的，而且是需要因緣配合的。所謂「因果」，指的是事情彼此、前後有因果關係，但因果是不是那麼直接、那麼單純？當然不是，因此佛法說：「因果不可思議。」

因緣的配合

因緣的配合是指因緣成熟了，事情就會成功；如果因緣不成熟，縱使再用心、再努力，事情還是無法成就的。因為主觀的「因」充分了，已經準備好了，但是客觀的「緣」，也就是條件不能配合，結果還是事與願違。

因緣是從因果關係產生的，而因果是以過去世、現在世、未來世綜觀來看，如果僅僅單從這一世來說，有些因果是講不通的。

前天，有一位住在安寧病房、法鼓山合唱團的團員，她知道自己快不行了，但是病情卻一直拖著，身心感到很痛苦。原來是因為她有個願望還沒完成，就是希望能跟我講講話。我知道了以後，就撥電話給她，在我和她通完電話後，隔天她就過世了。

那位團員種了個因，也就是希望與我講話，沒講到話之前心願沒有了；講完話以後，心願達成，受的苦了了，這一生也就沒有遺憾。如果緣不成熟、不配合，例如我沒辦法跟她通話，就是緣不成熟，那麼果是不會結的。當然，她最後還是會往生，但是心中帶有遺憾，也許還要多受點苦才會過世。

因果或佛法的道理看似很深奧，有人將佛法當成存在論，有人當成是道家的一種思想，也有人當成自然哲學，事實上並不需要。一般人很容易被深奧的理論、哲學思辨困住出不來。

為什麼會產生這樣的情形呢？因為佛教是釋迦牟尼佛創立的，但是佛涅槃後，後人無法追究佛教的哲理到底是什麼。其實佛法除了信仰之外，只要知道佛法的因緣與因果，就會很受用。

緣，不能只是等待

所以，對於成功不用太得意，若是失敗也不用太悲傷。不過，還是要加上自己的努力，因為不努力，因果的「因」就沒有了。只要盡力了，主觀的條件具備，即使付出後，客觀的條件沒辦法配合，還是能心安理得，這即是「因緣論」。

所謂「種瓜得瓜、種豆得豆」，但是否一定是這樣呢？不一定。種瓜不一定得瓜、種豆不一定得豆，如果天不下雨，農作物就乾死了；但若是老是下雨，農作物也會淹死，變成種瓜不得瓜、種豆不得豆。那麼不種瓜、不種豆，是不是可以得到瓜、得到豆呢？當然更加得不到。所以在因緣中，自己所能掌握的「因」必須先具備。

有的人面對因果，是用等待的態度，心裡想著：「我的因緣還沒有成熟，所以我在等！」因緣是要自己主動去掌握，不是被動等待，必須加強「因」的部分。無論在什麼情況下，要能夠先把自己的「因」準備好，然後待「緣」。當然，緣也要我們主動促成其事，緣不是被動等待的，如果條件不夠，就要想辦法加強，那麼緣也就會成熟了。所以「因緣」這兩個字，因就是「因」，緣有時候也是「因」，要自己去努力促使它成熟。

因是主觀的，緣是客觀的。緣不一定是助緣，有些是逆緣。緣是自己控制不了的，我們只能夠從因著手，充分準備。順緣來了，當然好歡喜，但是有時順緣卻可能變成逆緣，這就是因緣不可思議。為何順緣會變成逆緣？順緣來的時候，它本意沒有要變成逆緣，但卻成了逆緣，連緣本身也沒辦法控制。然而，修行會讓我們的頭腦出現正面念頭，如果不修行，頭腦裡出現的負面念頭，就會把許多順緣變成逆緣。佛法所講的第二個層次，是從理論到理解，然後加強我們人生觀的正面性、正確性，這樣才能掃除佛教一向給人很消極、很負面的印象。

實踐，就是調心

第三個層次是實踐，也就是佛法所說的心法，尤其禪更強調心。從釋迦牟尼佛時代開始，佛法即是心法，心法是什麼呢？就是調心。了解因果與因緣，是從觀念上來調心，不過單是從觀念下手是不夠的，還要從實踐來調心，要把念頭調柔、調和，把剛強的調成柔軟的、懦弱的調成勇敢的、愚蠢的調成有智慧的。

例如參加法鼓山舉辦的禪修，我們教人調心的方法，可以從呼吸調起、從觀聲音調起（觀世音菩薩耳根圓通法門），以及從觀身體的感覺調起。因為人心是浮動的，很容易引起情緒波動，所以先要把心安定下來。

而心要安定在哪裡？一是安定在身體的動作、感覺上；進一步，安定在環境裡各式各樣的事物上；再深入，就是安在我們的念頭上。念頭出現時，通常自己是不知道的，因為人們常常是浮躁的、情緒性的，導致不清楚自己的念頭變化。

例如有人在慌亂或情緒波動的狀況中，講出來的話連自己都控制不了，講完之後，才知道自己到底講了些什麼。如果我們能夠隨時將心安在自己的念頭上，就不會有身體動作的出軌，更不會有語言的出軌，甚至連心念也不會出軌。

我們剛開始用方法時，一定要「有所住」。注意我們的心念，也就是覺照心念，那是「有所住」的最高層次，其次是覺照呼吸，最後則是覺照身體的感覺、環境。

就像我們看一片樹葉或一塊石頭，就一直看下去，不要轉念，這時心是安定的。但是人通常安不住，頭腦一下子又轉了起來，念頭就出來了。所以最好的方法，就是先安於呼吸、安於外境，然後再安於念頭，這雖然很難，但還是可以練習的。

我常教人試著看自己的手指，看看頭腦裡能多久不出現其他的雜念、妄想。我的經驗是大約只能維持兩秒鐘，第三秒就出現其他雜念了。注意動態的呼吸，把心安在呼吸上面，這是第一步。然後第二步是注意身體，身體會有痛、癢、麻，或是舒服、不舒服的感覺。練習去感受，最後癢或痛等等感覺沒有了，身心就安定了。

超越，超越自我中心

實踐也是有層次的，最高的即是《金剛經》的「心無所住」，也就是超越我們的自我中心。超越自我中心是不容易的。在我指導的禪法中，有一種次第是自我肯定、自我成長和自我消融。自我肯定屬於信仰階段；自我成長是實踐安心的階段；自我消融則超越了自我中心。

超越自我中心也有不同的層次。有的雖然是超越自我中心，但卻是否定自我。譬如有人放下一切，將家庭、名望、事業、財富、社會地位全放下了，好像很輕鬆，其實不然，而是落空、空虛。就像一個人什麼事情也沒有時，其實很空虛，但是自己不知道。他連自己是誰、在什麼地方、生活的目的是什麼都不知道。

在修行上是有這種層次。但是這個層次好不好？好，也就是說一點負擔都沒有，內心沒有負擔，心外也沒有負擔。對自己沒有負擔，是非常快樂的事，但這是不是佛法呢？不是。這樣子就變成非常消極，認為什麼東西都不需要，什麼東西都沒有了。那要不要吃飯呢？如果有人連身體也不需要，那他就不吃飯，形同自殺，若是連生活所需都不需要，那一定會死掉。人要輕鬆，是要學習放下，這是在修行的第二階段，開始學習放下身體痛，不要注意它；頭腦不複雜，不要想它，放下念頭；到真正超越自我時，是一無所有，也沒有內外。但要注意的是，這很可能還是會變成落空、空泛、空虛。所以超越有兩個層次，第一個層次是消極的，擺下了一切，什麼都不需要。

超越的第二個層次，也就是我寫過的一幅字——「放下萬緣時，眾生一肩挑」。「放下萬緣」，是說個人什麼事也沒有，即是禪宗講的「無事人」，心中無事，心外也無事。對自己來講已經沒有事，但是要度眾生的悲願是存在的，也就是《金剛經》的「應無所住而生其心」，「應無所住」是超越，是消極的，心應該還是有，即是「應無所住而生其心」的「心」。這個「心」是什麼心？是智慧心、度眾生的心。

一般凡夫的心是執著心、煩惱心、愚癡心，但是佛的心，是純粹的智慧心。智慧心不是自我中心的私心，而是以眾生的苦難為責任。「眾生一肩挑」，是指雖然我個人沒有事情了，但是我要度眾生，因為眾生的苦難還在，也因此我寫了這幅對子。

也許有人會說《金剛經》不是講「無我相、無人相、無眾生相、無壽者相」嗎？而說要度眾生，就又落入分別相，這樣不是自相矛盾？《金剛經》雖然看起來矛盾，但是經中也講到「我⋯⋯」、「如來⋯⋯」。如來是不妄語的，他是真語者、實語者、如語者、不誑語者、不異語者，都是肯定的。如來要不要度眾生？如來本身沒有度眾生。如來若是想要度眾生，那他還是執著。因此《金剛經》說沒有一個眾生，何來度者？

但是「如來」究竟是指什麼呢？「如來」就是「如去」，等於沒有來去。如來，以眾生來講是有的，以其自身來講是沒有的；那麼如來究竟在哪裡？其實如來是不來不去的，他是如如不動。什麼東西如如不動？任何一樣有形的東西、現象都是變動的，只有如來的真如、妙性，尤其空性是不動的。換句話說，他是在無限的宇宙之中、在空間和時間之中，不占位置，但是因緣需要他出現，或是感應他出現，他就出現。

從因緣來講，主要是在眾生這邊，而不在佛那邊。「因」是眾生需要求得怎麼樣的幫助，「緣」是佛的幫助、菩薩的幫助。佛菩薩是不是要度眾生？沒有，而是眾生要得度。這樣講起來好像是矛盾的，實際上一點都不矛盾，因為這是不同的層次。以這一點來說，第一種信仰的層次非常有用。

回歸信仰，回歸正念

今年（二〇〇八年）法鼓山的重點工作是「好願在人間」，希望人們能夠多結人緣，多說好話，多做好事，多幫助人。但是，同時還要具有智慧，沒有智慧，會讓多做好事變成做壞事、多說好話變成說壞話。然而，要有智慧，就要修行。

一個人的心念要正，佛法講正行，正行包括語言要正，也就是正語、正業、正命、正見、正思惟、正精進、正念、正定，即是八正道。用八正道來做事的話，得到正面的效果會多一些；如果邪念多、邪見多，一時之間可能得到效果，但最終不會有好結果。

現在，臺灣有不少人心念不正，其中有的是宗教師、有的是政治人物、有的是商人等。我曾經勸勉政治家要誠信，但是政治人物誠信難保！有時候，政治人物想要誠信，但是卻變成不誠信，連自己也沒辦法掌控。然而，誠信要從客觀面還是主觀面來看？如果從主觀面看誠信，智慧比較容易出現，若是心裡常常藏有惡念，智慧就不容易出現。貪瞋癡是煩惱，而戒定慧是解脫，是無。

不過，我給政治人物的建議，一般來說不容易被接受。有一次，一位某政黨的高層，因為競選而來看我，我與他分享佛法的觀念「提得起，放得下」，成功非常好，要追求成功；但是如果失敗了，那也是沒有辦法的事情，不必痛苦。可是他認為我提到失敗，會讓他倒楣，因為無論到哪裡，人家都祝賀他成功，所以也希望我只要祝他成功就好了。當政治領袖只想到成功，不願接受失敗，也不願預見失敗的結果，那會很糟糕。事實上，無論勝敗都要盤算，當勝選的可能性大一些，落選的可能性就減少。

超越，就是「應無所住而生其心」，像禪宗六祖惠能就達到了這個境界。當達到這個境界以後，是不是就不再退失？多半的禪師雖然開了悟，卻不敢說自己是佛，原因是什麼？因為境界可能會退失，所以要繼續修行、繼續懺悔，繼續精進。換句話說，開悟經驗是修行的過程，有了這種經驗後，執著會比較少，煩惱也少一些。

這些開悟的大師，知道世間無常，仍有六道輪迴，好比人們常常遊走於天堂和地獄，而大師們也去天堂和地獄，但是心無所住。有人問趙州禪師死後到哪裡去？他說去山下做一條牛。他的徒弟說也要跟他一起去做牛，禪師回答那可不行，他做牛是去做牛，但是那位弟子做牛，卻是去吃草。

許多宗教只停留在第一個層次的信仰，例如天主教、基督教便沒有佛教的第二、第三個層次，所以相形之下很單純。例如最近我和樞機主教單國璽有一場對話，我講到生命觀時，主張還是要修行，要有心靈的轉化。而單樞機主教說他只有禱告，對於心理層面的轉化，就是相信天主在心中。比如他生病了，如果天主讓他活，他就活下去，活在天主心裡；如果要他死，他就死，那也是回歸到天主的懷抱。因此，許多人認為天主教或其他宗教信仰比較單純與簡單，而佛教信仰顯得很複雜。

以修行來看，其他宗教是以神為唯一，追求與神的統一，亦即「人神統一」，例如印度教追求歸於神我（梵語是「Atman」），並認為人出生時，是從神身上的某部位生出的，死亡時，也就回歸於神。至於要如何完美的回歸到神那邊？因為在世時，人不夠完美，所以必須好好修行，運用禪定、瑜伽等方法；天主教也有其修行的方法，例如閉關等。佛教則是無神論，沒有創造者，強調眾生平等、人佛平等，人人皆可成佛。

超越，真正的放下

超越是放下，回歸到現實來說，就是超越自我的煩惱。當人執著時，想要的總是非得到不可，但是無論得到或得不到，都會產生痛苦。超越的態度，應該是有也好、沒有也好——我不追求、不爭取、不占有，但是我依然奉獻。其實，奉獻得愈多，自己得到的也愈多。

人與人、夫與妻、族與族、國與國、宗教與宗教之間，都需要建立全球共通的倫理，彼此要去承認、包容與接納別人。舉例來說，有兩家包子店，都以包子聞名，彼此之間雖然競爭，但不能產生仇恨心，當有客人問哪一家的包子好吃時，他們應該回答：「兩家都各有特色。」良性的競爭不是壞事，彼此會有督促的進步力量，才會盡力去做得更好；而惡性的競爭會變成敵人，內心充滿仇恨，彼此都痛苦。

另外，中東的衝突舉世皆知，以色列與巴勒斯坦是世仇，因為不能和解所以無法共生。我曾經去過以色列與巴勒斯坦，我也見過雙方的領袖人物，希望他們彼此包容，但是他們都要對方先包容，巴勒斯坦要求以色列的包容，是希望以色列人搬走，而以色列人也抱持同樣的想法，所以無法和解。

我目前正在推動「心六倫」運動：家庭、校園、生活、職場、自然與族群倫理，內容包含儒家的倫理，但是內涵與範圍更廣泛，讓現代人更容易接受、實行，而這也就是我所提到的第三個層次——實踐。

（二〇〇八年四月三日講於臺北中正精舍）

皈依正信的佛、法、僧

今天有近一千五百位新發心的菩薩來皈依三寶，首先我祝福諸位。「一千五百」這個數字，恰好與釋迦牟尼佛在世時，經常跟隨他修學的常隨眾人數一樣，因此，將來如果我們之中有人先成了佛，那我們大家也都跟著他修學，這樣也是一千五百位常隨眾了。

誰先成佛是不一定的，有可能是師父，也有可能是諸位之中的某一位。就像釋迦牟尼佛在過去世時，跟他一起修行的人當中，就有人比他先成佛。不論先後，只要一起修行的人之中有一個成了佛，所有的人都會跟著沾光。即使如此，還是有很多人不易成佛，但是至少在大法會上也能成為大菩薩。所以，我先在這裡祝福大家。

皈依三寶的重要性

皈依是皈依佛、法、僧三寶。佛，是一切諸佛，但是在我們這個娑婆世界，也就是這個時代、這個地球上，已經成佛的人只有釋迦牟尼佛。法，是釋迦牟尼佛說的道理，也就是「經」，以及佛的弟子們、歷代祖師大德們註解經的「論」。皈依法，就是根據釋迦牟尼佛所說的經典來修行，歷代祖師都是這樣解說。我們皈依三寶、學習佛法後，就是「初發心」菩薩。菩薩能不能成佛呢？能！但是在人類歷史上，除了釋迦牟尼成佛之外，未來將成佛的是彌勒佛。

雖然所有的三寶弟子都能成菩薩，但是如果有人自認是佛，並且借用佛教的名字、引用佛經，雖然他們自稱是佛教，但是其實是附佛法的外道。現在臺灣像這樣的外道很多，有的自認是佛，有的則自認是在佛之上的佛！像這樣的都不是佛教。他們運用自己修行過程中的體驗來解釋佛經，但是他們的體驗，不過是身體上或心理上的一些反應，以禪法來講，叫作幻覺，都是虛幻的一種經驗，不是事實。

如果離開佛經，用自己的意見來解釋佛經，這在佛教來講，就是魔說，所謂「離經一字，即是魔說」。佛教主張以經解經，用佛的經典來解釋佛經，使得佛經義理更清楚，一般人才能聽懂、看懂，這是佛法。如果以自己修行的身心反應來解釋佛經，這就是魔，就是外道！因此，佛法是不能隨便講的。

新興宗教與佛教

今天是民主時代，只要有二、三十個人集合在一起，向政府登記，就能成為一個合法的團體，所以我們不會去取締這樣的外道團體，政府也不會這樣做。因此，在臺灣說自己是佛的人很多，常有一個接一個的新興宗教出現。這些新宗教的發展，往往當第一代的創始人往生時，第二代大概就不容易繼續下去。因為第一代的人可能有一些異於常人的能力或辯才，因此有很強的號召力，但是如果第二代沒有那樣的能力，就會解散；或者是有些人因此改邪歸正，成為真正的佛教徒。

幾年前，臺灣有一個人宣布自己成道了，但他是在家居士，所以不好意思說自己成佛了。最後他臨終的時候，寫了一封信給諸山長老，說他過去一生之中所講的，都是由於他的傲慢所致，他既不是聖人，也沒有成佛，只是一個凡夫。如此表白後，他的信眾就不會再講自己團體的祖師是佛了。像他臨終時能反省，還是非常好的。我們不會否定這些人，因為我們沒有權利反對他人，可是他們到了第二代的時候，會自己反省。但是還有許多附佛法外道，到死為止都不會反省。

像這樣的新興宗教，在臺灣有他們的市場，而且還滿興盛的。

臺灣這些年來，尤其是在解嚴之後，新興宗教非常蓬勃。最近又有一個團體出現，他說自己就是釋迦牟尼佛，他的弟子們經常到許多著名的佛教道場鬧事，聲稱自己才是真正的佛教。

我們自佛教教主釋迦牟尼佛一代一代傳下來，是有傳承的，而他卻不需要傳承，這就是外道。他出道沒有幾年，真正得到的經驗也很少，在幾年之間，他們會變得很快。但是他的徒弟常常到這裡來找我們辯論，但我們是不辯論的，我們只要弘揚佛法。

跟外道辯論是毫無意義的，不要以為辯贏了，他們就能成為佛教徒，這是不可能的。因為他們是一種很狂熱的信仰，尤其是他們的創始人辯才無礙，也懂得許多經典和佛法，只不過他所詮解的佛法和我們不一樣。

經典中記載，釋迦牟尼佛規定皈依僧寶一定是皈依出家僧，而不是在家人。出家的團體叫作僧寶，由僧寶來傳持佛法、住持三寶、弘揚三寶，代表一代一代僧團的傳承。在家人是不是可以弘揚佛法？是！可以幫助僧團護持佛法、推動佛法，但是不能夠住持三寶。

我們受的是釋迦牟尼佛的戒，沒有受過戒的人不能成為僧團的一份子。所以，皈依的「佛」，是皈依釋迦牟尼佛，皈依的「法」，是釋迦牟尼佛說的經藏，皈依的「僧」，是釋迦牟尼佛後代的出家清淨團體，不是一個人突然間做了夢，或者有一個特殊的經驗，就覺得自己已經是佛、是菩薩了，否則以佛教的立場而言，這就是外道；從現代的詞彙來講，則是新興宗教。

「新興宗教」這個名稱是相對於「傳統宗教」的。中國傳統的宗教有道教、儒家和佛教。宋、明之後有天主教、回教，這些都是傳統的宗教。其他還有民間宗教，譬如媽祖是民間宗教，民間需要有這樣的神來保護，尤其是自己不知道怎麼修行，只是以拜拜或作醮來得到保佑、得到平安，這就是民間的信仰。

有大多數的人是由民間信仰轉為正信的佛教。我們不反對民間信仰，就像我們不反對新興宗教一樣，我們不需要去反對、去辯駁、去取締，但是如果有人要來擾亂道場，那是絕對不容許的。

因為今天臺灣宗教的複雜度，讓人不容易分清楚哪個宗教是正確的？哪個是不正確的？而且在沒有接觸之前，又怎麼知道正不正確呢？這就要看我們的善根了。如果親戚、朋友，或是你閱讀的文字，讓你止好接觸到佛教，你就有因緣來學佛了。

成為真正的佛教徒

我們每年舉行四次皈依大典，每次都有一千二百到二千人參加，這可以說，正派的佛教在臺灣還是非常受歡迎的。不正派的那些新興宗教即使再活躍，也沒有辦法被大眾肯定，更不會被正統的佛教所承認。只是非常可惜，我們沒有辦法把「佛教」兩個字申請專利，因為它是公共的名詞，任何人都可以使用。

今天我在皈依典禮上，跟大家說明要成為真正的佛教徒，就要皈依佛、法、僧，這三點非常重要。如果與這三項皈依不相應，就不能稱為佛教。這一點大家能夠記住，就不會再走錯路了。如果明天有人拉你去皈依別的，或是讓你去見什麼上師、活佛，你不要又去了。在臺灣有一些自封為上師、活佛的土上師、土活佛，他們並沒有西藏的傳承，而這種人在臺灣很多！所以，請大家不要走進佛門，又退出佛門，這是很可惜的事。最後，我為你們祝福，恭喜你們進入佛門了，真是很幸運、很有善根。

阿彌陀佛！

（二〇〇八年四月二十日講於北投農禪寺「祈福皈依大典」）

以因、緣、果的佛法觀念來工作

通常一個團體裡都有組織分工，每個組織單位都有一位負責人，主要的工作是要照顧自己這一整組的人。所謂「照顧」，就是隨時隨地幫助、協助、指導以及督促組員。當然自己也要做好，否則的話，是不能擔當負責人的。其實，只要願意奉獻、願意照顧他人、願意做好事情的人，都可以成為負責人。

一般人都是有惰性的、都是懶的，能偷懶就偷懶、能懈怠就懈怠、能不做就不做，因此，必須要一層一層地督導和觀察。通常一個不負責任的負責人，他下面的人也一定不負責；但是也有的負責人很認真、做得很辛苦，可是組員卻偷懶。然而，只要組員裡有一個人做不好，就表示負責人沒盡到責任。因為督導也是負責人的職責，若是屬下有問題，就表示自己沒有盡責將組員帶起來。

工作的心態和精神

一般人以為在我們這裡工作，工作量很多，薪水卻不多，其實並非如此。這幾年來，許多公司、團體經常是把薪水往下調的，而我們則是比照公務員的薪水漲幅來調漲，所以應該不算是薪水很低的地方。

我們不是營利單位，而是由社會大眾捐款來支持運作的。於是有人認為：如果我們的募款成長了，那麼薪水好像也應該要往上調。事實上，我們是一個非營利事業團體，不像一般大企業一年可以賺幾億，能夠從中拿出一部分來給員工做為紅利。

我告訴諸位，我們在這個地方是要為社會服務的，是為社會來找錢、來找人、來做事的，並不是為了我。我們僧團的法師一個月只有一千元零用錢，其他的什麼都沒有。我們吃的東西，多半是信徒們供養的，並沒有使用募款的錢，僧團的法師都是義工。其實諸位也一樣，只是因為諸位需要有生活費。所以我常常說，諸位是在這裡做義工，但是我們提供大家生活費，感謝諸位在這裡所做的奉獻。請諸位在這個地方工作，不是為了賺錢而來，是為了奉獻而來的。為什麼值得諸位來奉獻呢？是為了法鼓山的理念，不但自己可以運用，也可以分享給我們的家庭。

因此，諸位在這裡是奉獻的義工，也是支薪的義工，我們是這樣來看待諸位專職菩薩，諸位一定也要用這樣的心態來看待自己，就會過得很快樂，否則的話，觀念上沒有調整，你會過得不開心。

今天在座的諸位之中，有好多位是長期的義工、終身的義工，為我們這個團體付出、募款，不但自己出錢，也自己募款，虔誠地奉獻。而諸位擔任工作人員，就是專職的義工，所謂「專職」，是專門負責在這個地方奉獻，但是有領薪水。這一點要請諸位了解，不能因為認為薪水不高，工作的精神就不好，這是錯的。

實踐理念就能展現工作精神

雲來寺是法鼓山的門面，常常有人來參觀，若是看到辦公室很髒亂，就會覺得我們這個團體是沒有精神的。所以每一級主管，都要好好照顧自己負責範圍之內的組員，隨時要提醒他們，上班的時候，辦公桌上不應該有杯子、報紙、書籍或其他雜亂的東西，應該只有你正在用的文具物品，其他的東西不要放在桌面上；下班以後，辦公桌上則要收拾得乾乾淨淨的。

另外，辦公的時間不准聊天，否則就表示你這個職位工作很少，可能是不必要的。我們不需要人浮於事，若是人多而沒有事情做的話，那就把這個職位撤掉。

我們要常常注意團體裡的工作精神，這在任何一家企業，尤其是有前途的、有規模的企業，都要求得非常嚴格。我認識的企業界人士很多，如果他們來看到我們的辦公室很亂、工作很散漫，這些企業界人士還會來捐助我們、贊助我們嗎？不會了！他們會認為這個團體是沒有希望的，雖然辦公室建得很好，可是在裡面辦公的人沒有精神。

當然，並不是說每一位同仁都有這樣的問題，但是如果十個或是一百個人之中有一個這樣的人，那雲來寺大約四百位專職之中，就可能有四個人是這樣。雖然不多，但是其他人全都會受到影響，那我們這個團體的形象就被破壞了。所以，若是有這樣的人，一定要幫他糾正過來。剛開始要規勸他，因為我們希望能幫忙他，但若是規勸了一、兩次，甚至三次都相應不理，那就只有請他離開，不能因為一粒老鼠屎而影響了一鍋粥。或許是我們這個環境對他來講不理想，他離開後，可以找到自己理想的工作環境；而他對我們來講，也不是理想中的同仁。

不論是對領薪水或不領薪水的義工，我的要求都一樣。因為我們正在推行「心五四」、「心六倫」等社會運動，如果你真的能夠實踐的話，一定會是很有精神的，所以，到我們這裡是來受教育的，因為接受了我們的教育、我們的熏陶，受到我們環境的影響，漸漸就會變成一個非常優秀的人才；即使離開這裡到社會上，大家都會讚歎你是很好的工作伙伴。

人的本性是墮落的，覺得往下流是舒服的，因此沒有人管最好。雖然我們希望諸位成長，但是不會使用權威的方式。所謂「耳提面命」，就是指一般人經常需要有人提醒、每隔一段時間就要給你拉拉耳朵，所以諸位要我來精神講話，就是為了給大家精神，鼓勵大家、鼓舞大家。如果在精神講話之後，諸位的工作效率提高、工作情緒更好，心理狀況更安全、穩定，那麼精神講話就是有用的了。

佛法的基本觀念：因、緣、果

很多人見了面都會說：「因為我們有緣，所以在一起工作；因為我們有緣，所以能夠見面。」如果一見面就吵架，算不算有緣？算！是惡緣。怎麼辦？我們要改善它，把它改變成善緣。緣是能夠改變的。

在佛教經典中，將「緣」講得最徹底的是「唯識」。唯識提出緣有四種：一是因緣，二是所緣緣，三是等無間緣，四是增上緣。

因緣

第一種緣又叫作「親因緣」，是指主要的一個因緣。緣開始的時候只有一種，就是親因緣。譬如對法鼓山這個團體來講，我就是親因緣。最早我們這個團體裡，只有我一個人，剛剛開始的時候，什麼也沒有。然後漸漸地有了團體，也有了道場和建築物。那最初的一個因是我，這就叫親因緣。

諸位也是一樣。在你出生的時候，只有你一個；結婚以前，父母手足不算在內的話，也只是孤家寡人一個；然後漸漸地，各種各樣的緣才聚集在一起。一個人的時候，就是單獨的、最初的這一個份子的存在，就是親因緣，簡單地講，即是因緣。

所緣緣

第二種緣是所緣緣，就是因為你這個親因緣，漸漸地產生了各種各樣不同的關係，譬如你跟父母、夫妻、兒女、兄弟、姊妹、同事、同學，甚至社會大眾都跟你有互動的關係，所以你在這個世界上存在、在這個世界上活動、在這個世界上有功能和作用，而所有跟你有關係的人、事、物，都叫作所緣緣。

「所」是「被」的意思，那些被你接觸的、奉獻的、學習的，都是你的所緣緣。比如夫妻兩個互相學習，就是互為所緣緣，也可以叫作「互為因緣」。因為自己是親因緣，那麼所緣緣就是自己的對象。現在諸位在這個地方，就是我的所緣緣；而我則是你們的所緣緣。彼此互動之間的雙方，你的對象是我，我是你的所緣緣；我的對象是你，你就是我的所緣緣。

有的人很會運用所緣緣，讓自己在各方面成長；有的人不擅於運用所緣緣，那這個人在社會上將會是不受歡迎或重視的人。因為若是一個人只想到自己，不想為社會服務，不為家庭想、不為父母想、不為兒女想，這個人就是不擅於運用所緣緣的人，是個自私鬼，在家裡會受到歡迎嗎？到了社會上、到了團體裡，會受到歡迎嗎？不但不受人歡迎，也不能成長、增長自己。其實好好地照顧兒女、跟兒女互動，即使兒女的學問不如你、知識不如你，什麼都不如你，但是你自己一定會成長。在這裡，兒女就是你的所緣緣。所以，所緣緣很重要，人必須靠所緣緣才會成長，所以懂得運用所緣緣的人，一定是個非常努力、精進，為社會奉獻的人。

等無間緣

第三種緣是等無間緣。「等」，是相等的等；「無」，是沒有；「間」，是間隔的間；總合起來就是「沒有間隔」。等無間緣是從時間上來講的，所緣緣則是以空間上來說的。等無間緣是指從前一秒到後一秒、前一念到後一念之間，在時間上沒有間隔、沒有間斷。

我們對一個人、對一樁事的用心，不能三心兩意、不能間斷，不能說今天我在這裡好好地工作一天，明天就不工作了。如果有了間斷，接下來要再做的時候，就會比較辛苦；同樣的，我們對於一個人的照顧，也不能說今天照顧一下，明天就不照顧了。所以持續不斷地繼續做下去，就叫等無間緣。

在時間的過程之中，我們的每一念都是念念不斷、時時不斷，不斷地維繫著自己前進，努力奉獻，不斷地持續下去，只要稍微間斷，要想再繼續接下去，可能會浪費時間，因為常常三天曬網、兩天打魚，就不能夠進步得很踏實。像這樣，就不是等無間緣。

等無間緣，是指你跟緣之間的關係不能斷掉。譬如你跟太太之間，不能今天愛，明天就不愛了，夫妻的愛是一輩子的；而愛也不光是用空口講，必須用事實來表現。怎麼表現？並不是每個小時給一塊糖吃，也不是每個小時念念不忘，而是真心誠意地把對方放在心上照顧、放在心上關懷，遇到事情要馬上了解，了解後要馬上解決，給予支援與處理，這樣才是愛。也就是說，雖然不在家裡，但是心中有家人。譬如雖然我不在雲來寺，但我心中有雲來寺的人。這些人對我來講太重要了，因為我們這個團體的運作，是以雲來寺為核心，雲來寺是我的動力、是我馬達中心的一個線圈，當然我非常關心雲來寺，雖然我很少來，但是我一直是關心的，這就是等無間緣。如果我現在在雲來寺，說我關心你們，但是走了以後，心中就沒有雲來寺，那麼緣就間斷了。然而，這是不是佛法講的執著呢？不是，而是慈悲，慈悲的心會時時刻刻繫於某一些人的身上。譬如總統本來就要關心整個國家，但他只有對外時才關心國家，私底下卻貪污、腐敗、無能，不關心整個國家的命運，這個總統對國家的關心，在時間上沒有繼續下去，是經常間斷的，那就不是等無間緣。

增上緣

最後是增上緣。什麼叫增上緣？增是增添、增加；上，是向上的意思。向上是指我們的人格向上，或是技能、知識上升了、增長了。增上緣可分成兩類，一類是順增上緣，一類是逆增上緣。

順增上緣簡單地來講就是增上緣，是從正面來幫助我們的人、事、物。事物本身無所謂增上不增上，但是對我們來講，如果是讓我們得到利益、受到好處，譬如財富增加了、智慧增加了，或者是能力增加了，這就是增上緣。

在做事方面，有的人覺得做事好像是被榨取勞力，其實遇到事情時，雖然不是你的責任，可是沒有人做，此時你若能勇於任事，負責把它做起來，你就會得到好處。不論在知識上、技能上、人品上，或是做事的經驗上都會有所增長，這就是順增上緣。

在人的方面，就是有人幫了你的忙。比如我留學日本的時候，身上沒有錢，可是有一位善知識，以匿名的方式資助我獎學金，讓我把博士讀完，而這個人就是我的增上緣。

在物的方面，包括動物、植物、礦物等，由於這些東西在我面前出現，使我得心應手，能夠左右逢源，這也是我的增上緣。譬如普通人遇到垃圾都是避之唯恐不及，認為是沒有用的東西，可是有的人卻將垃圾變成他們的財源，因為垃圾而賺大錢，成為企業家。像現在就有垃圾公司、垃圾企業。

逆增上緣是什麼呢？它是你的攔路虎，你要陞官它扯你後腿，你要發財它讓你破產，你做什麼事它都會給你打擊。它不一定是一個人，也不一定是一樁事。有一種人專打落井的人，就是「落井下石」，這種人應該是可惡的仇人，但是當我們被人打到井裡去的時候，首先不要放棄求生意志，並且想辦法在井裡活下來，然後等待機會讓人把自己從井裡救出來。這樣一來，反而成為一個磨鍊意志的好經驗，以後即使遇到再大的困難，也不會在困難面前求情、求饒或是放棄，一定會度過難關，而當時的仇人，也就成為逆增上緣了。

最近我看玄奘大師的《大唐西域記》，書中描述他從長安出發要去印度，一路上遇到的人、事、物，都給了他許多阻撓，一次又一次的艱難，真是九死一生。但是他從死亡邊緣一次又一次地走過來，因此將他的意志磨鍊成決不退縮，也不放棄，最後終於到達了印度。跟他同時去的人都受不了，不是往生了，就是在半路上退縮了。雖然玄奘大師跟他們面臨同樣的事情，可是所不同的地方，在於他不屈不撓的意志力，以及抱著絕對要到印度求法的決心，不論遇到任何困難，仍然求活不求死，最後終於完成了心願。這就是逆增上緣。

有人說「久煉成鋼」，也有人說「吃得苦中苦，方為人上人」，這都是指逆增上緣。像我這一生，遇到的逆增上緣比順增上緣還要多。有時候原本是順增上緣，卻一下子變成了逆增上緣：原來是支持我的，結果卻反對我；有的人跟了我好久，結果卻離開了我，甚至離開以後，還做了一些事情讓我很難過。但是也有一開始是逆增上緣，結果慢慢地卻變成了我的支持者，有時很難去區別順增上緣和逆增上緣，但是站在我的立場，這些全都是增上緣。諸位也應該學習、了解什麼是增上緣的意義。

（二〇〇八年四月二十二日於北投雲來寺「專職菩薩精神講話」）

提起共患難的心

遇到天災，不管是火災、水災、地震、風災等種種災難時，要分成兩個方面來談：第一、正處在災難中受災的人要自救；第二、在災區以外的人要去救災。

在自救方面，最重要的是心裡要保持平靜，不能慌張。遇到災難的時候，首先想到的不是財產，而是命、而是人。首先要設法保住自己的命，然後要保住家人的命；如果還來得及的話，也要幫忙保住親友、鄰居的命。如何保命？那就要臨機應變了。以佛教徒來說，平常就必須要做功課，平常就要念佛，平常就要誦經，在遇到災難的時候，就能提起我們的信心。無論遇到任何狀況，只要能逃出死亡的險境，未來就有很大的希望。另外，救災的時候，在災區以外的人，要有高度敏銳與敏捷的心，一旦知道有災情發生，就要馬上想到如何救災，因為爭取時間是非常重要的。救災不能盲從，一定要有計畫，要有支援，要有技術和技巧；而自身的安全也非常要緊，如果救了人，自己卻陷入危險之中，那就成為二度的損失和傷害了。

法鼓山三階段救援行動

我本身有救災的經驗，特別是一九九九年臺灣發生九二一大地震時，當時我親自前往中部災區去救災。救災時，一定要以階段性的方式、方法和任務來著手：第一階段，一方面要給予倖存者食物、飲水，若是遇到天雨或天寒，則要提供帳篷和禦寒的毯子；另一方面，要為罹難的人超度、念佛，也就是給予亡者安慰與開示佛法，而這是我們宗教師必須要做的。這些都是在第一階段非常重要的救濟重點。

第二階段是要安頓災區的民眾。如何安頓呢？首先要馬上建造臨時的房子，提供他們住宿，災區的水電也要盡速恢復供應；此外，還要盡快讓學生恢復上學。因此，有關房子、水電、教育的問題，在第二階段就都要考量到了。

第三個階段，要給予災區民眾心理上的撫慰、鼓勵，以及精神上的落實。雖然家破人亡或傾家蕩產，什麼也沒有了，甚至整個家庭只留下了一個人，或是少數人，在這種狀況下，要讓他們能夠有勇氣繼續活下去。因此，要輔導他們就業，讓他們在精神上、心理上有所安慰，有所寄託，這是需要滿長一段時間的。

通常一個重大災難過去之後，差不多需要五年到十年的時間，民眾在心理上才能逐漸恢復。因此，九二一震災後，法鼓山在各個災區設立安心服務站，陪伴災區民眾重建心理上、精神上的寄託、落實和嚮往，這樣一來，他們不但有勇氣活下去，甚至還能夠站出來幫助其他更需要幫忙的人。事實上，已經有一些接受過安心服務站服務的菩薩，現在又回過頭來幫助我們一起去救災了。

感同身受共祈福

當社會大眾看到災難發生時，要有人飢己飢、人溺己溺，人道救援的心態，如果自己不能到災區，那就盡己所能地捐助、捐款，讓能夠到災區的人去救援。雖然我們不是在災區裡，也要認為災區的事就等於是我們自己的事一樣，這樣當我們萬一發生災難的時候，其他人也會來救助我們。如此，我們的社會才是有同情心、有共患難的心。

做為一個宗教徒，我們要用念佛來為災區的亡者及倖存者祈福。我也希望社會大眾，不論你信的是什麼宗教，或是你沒有宗教信仰，最好都能夠以你自己的方式來祈禱，一起為他們祈福，這樣做對災區民眾來說，是很重要、很有用的。

（二〇〇八年五月十五日於臺北中正精舍，為四川震災做關懷開示錄影）

悲慟 哀悼 緊急救援川緬災難

諸位菩薩，阿彌陀佛！

這一陣子，我的心情非常地沉重，除了緬甸發生大風災，中國大陸四川也發生了大地震。自發生災難以來，我幾乎每天晚上都不能睡覺，這不是因為我是在大陸出生，而是因為我是一個佛教的法師，在看到、聽到有眾生受災受難時，不管是哪個國家、民族、宗教的人，就感覺像是自己受災難，我希望諸位也能有這種心情。

我們法鼓山雖然力量很小，但是世界上任何一個地方有災難，我們一定會爭取時間到災區去救災，例如伊朗發生地震的時候，我們很快就進入伊朗，再如巴基斯坦、阿富汗發生災難，雖然這些國家反對佛教，可是怨親平等，沒有遠近、親疏的分別，我們都去救災，現在緬甸、大陸四川發生災難，我們一樣要去救災。

最快時間，組團入災區救援

我們目前派了兩個救援團，在緬甸、大陸四川進行救災工作。緬甸的災情十分慘重，據說有超過十萬人以上往生，但由於緬甸是軍政府，管制很多，災難在五月三日即發生，我們到五月十日才拿到簽證。隔天一早，我們救援團就趕緊帶著食物、醫療等物資過去，在當地臺商蔡豐財夫婦幫忙下，順利進入災區，把物資交到災區的民眾手上。

大陸四川在五月十二日發生災情後，我們就組成了救援團。至於救災需要的款項，我在十三日早上開始打電話，募到幾筆大的款項，有了實質的救濟物資、金錢，我們即在隔天五月十三日馬上進災區去了。我們的救援團有三位法師，除了副住持之外，其中有一位是公共衛生背景的博士，一位是社工人員。另外，我們得到潤泰尹衍樑先生的幫助，使榮總以及陽明大學附設醫院的醫生、護士，參加了我們的救災工作，因此變成了多功能的救援團。

我們第一批隨身帶的物資有一千公斤，由我們救援團自己發放給災區民眾。五月十六日他們在都江堰，五月十七日已經到了綿陽縣。同時在五月十七日，我們又獲得台積電張忠謀夫人張淑芬女士捐了一大批物資，當天晚上就送到四川。這是我們第一階段在災區提供的物資、醫療上的救濟。

做為佛教徒，面對災難中往生的民眾，我們第一個階段還要超度，就是要慰亡靈、超度亡靈。我希望社會大眾不論是信什麼宗教，都能以自己的宗教方式來祈禱、祝福，對我們佛教徒來講，就是以念佛來為災區的往生者及災區民眾祈福，這個很重要、很有用。

自助助人，未來有無限希望

在驚天動地的災難過後，我們要怎麼辦？第一個我們要救人救命，可是災區的交通非常不方便、物資非常缺乏，在這種狀況下，災區的民眾第一個要自救、要自助、要鎮靜、要安定，不管在怎樣的情況下，自己都要活下去，就算是缺少物資、缺少食物、缺少所有的東西，還是要活下去，活下去是最重要的一樁事，然後等待救援。

別人救援的時候，也只能救一部分，還是要我們受災的民眾自立自強，自己站起來，不僅自己幫助自己，還要幫助周遭的人。只要我們去幫助其他的人，自己就會先活下來。除了等救援團隊或政府來幫助，接下來，我們還要注意不要害病、不要受傷，不要被災區的水、空氣污染所害病。

對於親人失去了、家園破碎了、鄉土不見了，可能在心理上沒有辦法承擔，會有自殺的念頭出現，我們希望災區的民眾不要這樣想，只要有一口呼吸在，一定會有非常光明遠大的希望出現，一定有生路、活路可以找到，不能自殺，要好好活著。

我們救災的團體以及政府，也要注意到這點，要有心理的、精神的輔導和關懷，讓災區的民眾能夠度過難關，有勇氣去面對這樣的災難。

各界捐款，投入三階段賑災

關於各界的捐款，我們將分成三個階段來運用。

第一階段：就是派救援團到災區，去發放各項需要的物資，例如帳篷、毯子、食物、飲水、醫藥用品等，這是我們目前正在做的。

第二階段：我們準備要幫助災區重建，學校的校舍、住宿的家園、各種的設施，我們都要協助重建。我們還計畫準備幫助孤兒、學童，這次災區中有很多喪失父母的小孩，我們準備要認養孤兒，使他們有所安頓。不過我們的力量沒有辦法做到全部，會盡可能地努力。

第三階段：我們要做心理的輔導、精神的關懷，亦即心靈的重建。這方面，我們在過去幾次救災中，已經有一些經驗。例如在臺灣九二一大地震之後，我們在南投、埔里、東勢設立安心服務站，一直到現在都還在做關懷；南亞大海嘯的時候，我們也派了救援團去斯里蘭卡，在那裡設立了服務中心，協助當地居民度過難關，能夠找到工作、自立自強，而且有勇氣活下去；不但自己活下去，也幫助其他人活下去。

此外，我們的法鼓山人文社會基金會最近訓練了一批心理諮商的專業義工，在這個團隊成立之前，我們已經有一個「甘露門」的諮商團隊，在災難過後，發揮了相當大的功能，現在發揮的功能可能更大；我們去年（二〇〇七年）和今年做的防治自殺工作，未來在災區也會用得上。期盼中國大陸允許我們派人進去，我們將會做這些關懷工作。

這些工作，不是一年就能完成，我們會持續幫忙災區的民眾，也希望所有救災的團體都能用這樣的方式，不僅僅是在災區救援幾天，而是能夠持續地、長久地做下去。

感謝民眾，信賴法鼓山專業

我們非常感謝、感恩我們社會對法鼓山的信任，到五月十七日為止，我們得到的捐款數字，超過了八千萬台幣，將近二千萬人民幣。這個數目，這是過去不曾有的，以前在九二一大地震的時候，我們沒有募到這麼多錢，也沒有這麼快，這次只有在兩、三天之內就募到了。

這次我們首先得到企業家的幫助，包括：潤泰集團的尹衍樑先生，他捐了一筆大款項，同時也介紹榮總、陽明大學的醫療團隊跟我們結合。五月十七日，我們也收到台積電張忠謀先生的夫人張淑芬女士捐的一大批物資，我們很快就把物資送上了專機，送到大陸四川去。

這次臺灣救災的行動很感動人，發覺比臺灣發生九二一大地震的時候，臺灣各界民眾，更有心投入大陸救災工作，捐錢、捐物資，出錢出力。這可能是由於這幾年來，我們臺灣已經有過災難，能夠感同身受，還有我們臺灣宗教界救災的行動非常快速，我想這些因素，都使得我們臺灣對大陸四川的救災，非常熱忱地投入。這是我非常感動的，我們應該謝謝我們臺灣整體社會。

患難與共，請大家慷慨解囊

當我們看到災難的時候，一定要有人飢己飢、人溺己溺這種人道的救援，能夠生起這樣的心，我們這個社會才是有同情心、有共患難的心，要想到災區的事就等於是我們自己發生的事一樣，如此一來，如果我們自己遇上了災難，其他的人也會來救助我們，我們一定要有這樣的心態。

我們要知道，當自己有力量捐款救人，自己一定能夠活得下去。小時候，我的家鄉遇到災難，我們的鄰居沒飯吃，可是只要我們家還有飯吃，就把米分給鄰居吃，不管明天是不是還有飯吃！最重要的是去幫助人，其實當我們能把東西給其他人時，最後自己往往也能夠找到食物可吃、也會找到錢，所以我小時候沒有因此餓死，一直到現在我還活著。希望諸位都能夠發揮這種精神。

我們救災要相信專業的團體、專業的人士。我們法鼓山在國內外救災已經有十多年的經驗，這是非常可信的。另外，我們也在召募專業人士參與我們的救災工作，專業人士有工程師、醫師、社工人員、心理諮商師等，這些召募到的義工變成我們團體裡的專業人士，發揮了更大的救災功能。

我們希望臺灣有更多的好心人士，能夠有更多的捐助。雖然臺灣的經濟不是那麼好，可是比起災區來，我們的狀況是好很多的，災區連飯都沒得吃，我們還有一口飯吃，所以我們能夠出多少力量，就出多少力量。請大家慷慨解囊，錢少的就捐少一些，錢多的就多捐一些，也希望我們整個社會，繼續護持我們推動各種救助的工作。

（二〇〇八年五月十七日講於北投農禪寺「三時繫念法會」）

傳承、創新，做安心的工作

通常我們見到任何人都會先祝福平安，所謂「平安」，「平」是心裡的平靜，「安」則是心裡的安定。但是這個世界就是不平安，這個環境就是不平安。為什麼？因為人都是自私的。我們看到站在檯面上的公眾人物，特別是政治人物，他們自己不平安，也讓全國的老百姓不平安；而在各行各業中，自己感覺到平安、有安全保障，或是生活過得很平安的人很少。

自然環境攸關人類的平安

最近在報紙或新聞媒體上，我們所看到的鏡頭以及內容都不是平安的。譬如北極的冰帽，聽說本來要一百年到兩百年才會溶解，可是現在因為地球暖化愈來愈嚴重，大概再過五年或十年就會溶解了。太平洋上的許多小島、國家，本來彷彿是處在南海的天堂，都過得很快樂、無憂無慮，可是因為海水不斷上漲，未來這些島嶼都將沉到海裡去。而這些島民會到哪裡去？目前還沒有地方可去，大概五億到十億的人口全都變成了難民。可是人們仍然拚命地使用能源，而地球的暖化將因此更嚴重。另一方面，地球上的自然資源愈來愈少，大地的變化愈來愈快，引來的災難也愈來愈多、愈來愈嚴重，這樣持續下去，我們要想得到平安，很難！

而臺灣呢？好像不會受到波及，其實不然。臺灣有三分之一是平地可供人們居住，其餘三分之二是山林，不適宜居住，可是那三分之一的平地多在沿海，所以大概慢慢地也會陷入海裡去，譬如關渡平原，甚至桃園中正機場將來都可能會浸在海裡。

有人說：「我們移民到大陸好了！」其實大陸也有麻煩，大陸的沙漠愈來愈大，水資源愈來愈枯竭，地下水源愈來愈少，再這樣持續惡化，將會產生比四川大地震更嚴重的災難。大地震過後還可以重建，但如果陸地沉到海裡面，還能重建嗎？所以有人開始構想在海上建房子，如同浮在水面上的浮萍一樣。這樣安不安全？看起來安全，因為會隨著風、隨著水而漂浮，但其實人若是不能住在陸地上，將是一件非常痛苦的事。

安定人心是當務之急

大家都知道，現在全世界因為能源危機而導致物價飛漲、通貨膨脹，為什麼過去食物夠吃現在卻不夠吃？這是有連帶關係的。

能源一漲價，許多產品連帶會受到影響，因為物資多被挪去生產能源了。譬如大家喜歡吃牛肉、豬肉、雞肉、鴨肉，為了滿足人類需求，所以大量飼養，而這些動物一出生就要吃飼料，等於是跟人類搶糧食吃了。所以生產一斤牛肉，可能需要用掉七、八斤或十來斤的飼料，而其他雞、鴨、羊也是一樣。飼料並不是完全在山上種植，否則會有發生土石流的危險，而在平地上大量種植的結果，影響了人類糧食的耕地面積，於是造成糧食短缺，物價｜漲了。

根據新聞報導，物價還會繼續上漲，可是因為薪水沒有調漲，而人們還是需要飲食、居住、交通工具，因此大家開始擔心，慢慢地想辦法節省。譬如有些人本來是自己開車的，現在都改坐公共交通工具，或者是騎摩托車、腳踏車；還有許多上班族，本來中午都到餐館用餐，或是吃公司裡供應的午餐，但是實在太貴了，所以開始自己帶便當。

過去大家總是提倡節省、節約，可是想不到現在的生活是不得不這樣。收入少了，非得節省、精簡不可。現在一般大學畢業生，薪水只有二萬多，不到三萬塊錢，若是想要存一點錢，會很困難，更何況要養家或者是買房子，就更難了！而且現在找工作也很不容易，譬如有的公司只招二十個人，可能有二千、五千個人去競爭，即使得到了工作，待遇也不高。

這種狀況也影響到整個出版界。景氣好的時候，像當年報禁解除時，大家就搶編輯人員、新聞記者，而現在報業不景氣，廣告量很少，就開始裁員了。最近有一家知名報社裁員，幾乎裁掉了五百位員工，這些失業的員工一下子沒有了薪水，要馬上找到工作的可能性又不大，非常地痛苦。前些日子，另一家大報社的社長來看我，談到他們雖然勉強可以維持，但報紙本身其實是虧損的，只是用其他經營項目賺到的錢來彌補而已。

物價上漲，加上幣值貶值，存在銀行的錢因「負利率」而愈來愈薄。通貨膨漲了，利息沒有增加，錢放在銀行，變得不一定可靠。於是有人想去換人民幣保值，可是經濟不景氣是世界性的，金融的起落、股票的行情，都會影響整體的大環境，不是只有臺灣有狀況。那麼未來究竟會怎麼樣？很多預言大趨勢的專家都不看好，因此做家長的人或者是做生意的人都在擔心，都沒有安全感。不過，我看到有一家雜誌報導未來臺灣的景氣會大好。因為臺灣企業界都很有創意，所以多半能夠避開低潮，發展成為另一波高潮。但是不是這樣呢？不知道。

現在我們的社會是處於不平安的狀態，因為社會上失業的人口很多，大家覺得十分艱苦，愈艱苦則「飢寒起盜心」，那我們社會的治安就麻煩了。所以，只要我們的物質生活一下子改變，人心就不能平安，社會也就不平安，因此，我們法鼓山必須做安心的工作。

心五四帶給人們平安

法鼓山提倡的心靈環保，在社會遇到了風浪，人們遇到了麻煩、災難，不管是人為的或天然的，都可以用得上。心靈環保裡面包括「心五四」，其中有四種平安——安心、安身、安家、安業，也都有運用的方法，只要看了「心五四運動」的內容，你就會安心、懂得安身，也能夠安家和安業了。

臺灣罹患憂鬱症的人，比例愈來愈高，而憂鬱症到最後很可能會走上自殺的路。為什麼會有憂鬱症？就是因為不能安心，譬如有一些成功的企業家，常常生活在緊張害怕當中，擔心著旗下各個子公司的經營狀況。本來我們中國人講「百足之蟲，死而不僵」，因為一個大企業有許多賺錢的管道，就算這部分有了虧損，其他方面還是有盈餘可以彌補，生活沒有問題。可是有些做生意的人卻要不斷地膨脹擴張，追求利潤的高度成長，深怕財富縮水，結果很多企業擴大到最後，反而一下子就倒閉了！這是什麼原因？就是因為沒有安全感，既然沒有安全感，危機就會來了！

面對這樣的不安，我們可以用「心五四」來幫助自己糾正觀念、練習方法，那我們就會非常平安。曾經有一位企業界的女老闆來見我，她說：「師父，我的公司要被人家併購了。」我問她對方是誰？她說出他的背景，原來是國內一個擁有很強政治勢力的人。

我問她準備怎麼辦？她說：「我經營公司二、三十年，才有了現在的規模，財產大概有四十多億，實在是捨不得。」我又問：「如果公司被他併購後，會不會給妳留一些？」她說：「會，因為對方自己不懂營運，一定要我來經營，擔任他的總經理，只是我的股份就沒有原來這麼多了。」我問她：「這樣妳損失多少？」她說：「師父！損失可多了，是我全部財產的一半以上，我只剩下十多億了。」我說：「阿彌陀佛！妳還有十多億呀！」她又問：「那該怎麼辦？」我說：「妳就當總經理吧！要面對它、接受它、處理它、放下它。」她聽了以後說：「師父，我大概只有這條路可走，否則整個公司被拿走了，那我根本不能過生活啊！」我說：「妳聽得懂、想得開的話，還能留下一些，妳就放下吧！」而這就叫作「斷尾求生」。後來她真的放下了，現在還是總經理，生活也過得很好。她能度過難關，就是因為能夠用「心五四」的方法來處理問題。

因此，就算現在失業了，還不至於窮到連褲子、鞋子都沒得穿；或者是今天吃了早飯，卻不知道晚飯在哪裡的程度。在臺灣做任何工作都能夠有飯吃的，所以應該沒有問題。因此，不要擔心，如果還沒有到擔心的時候，你老早就擔心了，那就是沒有平安。只要隨時隨地有了事情就面對它，然後接受它，接受了以後去處理它。若是能夠處理，很好，不能處理還是要接受，而接受了等於是放下了，也就是不管它，否則的話，你還沒有真的餓死，就已經愁死了！

所以，面臨現今這樣的環境，請大家要踏踏實實的，今天還有工作做，就要把今天的工作好好地做、全力以赴地做好，只要一天一天地把工作做好，我們法鼓山因你而穩定，因你而平安，你也會因而成長。

遇到困難仍然繞道前進

請大家體諒時局，共赴時艱，一起面對艱苦時代的來臨。假使我們的募款系統募不到錢，我們的大學還是要辦！我這個人是不會在困難、危險的面前退縮，也不會推卸責任不想做，但是我不會拿雞蛋硬跟石頭碰，而會迂迴地轉一個圈子，但最終還是要往前走。我的方向就在我的前方，這是不變的原則，即使前方有一座山擋住了過不去也沒有關係，我會繞個圈子，不管從哪一邊繞，繞圈子是最合算的，因為要打一個洞過去不簡單，要往上爬過去也很累，不如繞個圈子過去，那就非常方便。

譬如從北投到金山，可以坐飛機，但是我們沒有飛機，如果打個山洞過去，可要費年、費月、費時，那我們可以從淡水繞過去，也可以從基隆繞過去呀！有山擋住了，雖然是阻力，但是並不等於就沒有辦法了。這不是執著，而是我堅持的願心，希望要做的事，至少可以做得成。

法鼓山創建的時候，我已經六十歲了，已經是活了一甲子的老人，那時候我尋尋覓覓地找法鼓山的建築用地，抱持著即使我往生了，法鼓山還沒有建設完成，有願心、有孝心的人會替我撐持起來，像愚公移山一樣，我做不起來的，我的弟子們會一代一代地把它做起來。否則，只要法鼓山有一個基礎在那裡，自然而然有人會把它接下去做。

我的身體不好，我常常跟信眾們說：「我的法鼓山已經建好了，下邊沒有建好的是你們的事。」我就用這種方式，一直堅持到現在。到現在為止，法鼓山已經有二十年了，我也已經八十歲了。這二十年之間，我常常認為自己要往生了，但最後都很平安。所以，辦大學是我最後的一個心願，希望能把它完成。

人一定要堅持著活在當下，要在這一天活得非常充實，不要被大環境、小環境所影響，而讓心裡變得不安。

在傳統中傳承與創新

我們法鼓山做任何事，樣樣都會考慮到傳承與創新。譬如山上的硬體建設，就考慮到傳統寺院的使用空間與功能，像是禪堂、齋堂、大殿等，但法鼓山建築的外觀是不是像一般廟宇呢？不是，而是更像一個佛教的教育園區。

在古代，寺院是一處教育的場所、一所學校，寺院的大師是校長，他的大弟子們是教師、職員，寺裡有幾千個或幾百個的出家人是學生，當時的體制就是這樣。因此，法鼓山是朝著教育的用途而發展，我們的建築並不像寺廟，但也不完全像學校，而是現代化的一座宗教教育建築物。

譬如大殿，傳統的大殿有迴廊、有大柱子、也有佛像，可是內面的空間很小，人能使用的地方很少，而我們的大殿主要是讓人辦活動用的，所以空間很大，這即是現代化的所在。也就是說，傳承結合創新是法鼓山所堅持的原則。

如果走傳統的路，法鼓山蓋起來以後，可能大殿裡面除了佛像之外，還有各種各樣的神像，甚至可能還會有牌位，擺放的東西很多。可是我們山上很明朗乾淨，大殿除了三尊佛像之外，沒有其他東西。當法鼓山落成的時候，原本佛教界以及許多朋友想要送我們一些牆壁上掛的或吊的擺飾，譬如匾額、對子或大花瓶等，於是我們向他們解釋，法鼓山講究本來面目，房子就是房子，再加上三尊佛像，不放其他的物品。

這是我們的傳統，也是創新，未來一定要從傳統之中不斷地創新。但是我們不能拋掉過去，而是根據古文化來創造今天的新文化。傳承過去實際上是傳承古人的經驗，也就是古文化的價值。現在世界上的企業或者是任何一種行業，都必須創新，否則不能與世界接軌，就會被時代淘汰，成了古蹟、古物，變作化石。所以我們要參考傳統，但是不能走同樣的路，那是死路一條，我們必須要走出新的路來。

弘揚佛法，推陳出新

法鼓山傳播的佛法、弘揚的佛法，是從理論上創新的，在實踐上也是創新的，但是創新並非無根，如果我們拋棄印度、拋棄中國、拋棄過去的臺灣而談創新，那就成為外道了。你可以自己創造一個宗教出來，可是那不是佛教。我們無論怎麼創新但仍是佛教，因為佛法的根本原則是不會變的，基本的思想是不會變的，只是在應用上、呈現上是可以創新的。

法鼓山的價值就在於創新。法鼓山弘揚佛法，同樣也在做佛事，譬如大悲懺、梁皇寶懺，還有水陸法會等，可是我們做的並不像大陸時代那樣的法會，而且我們做佛事是要讓所有參與的人都跟著修行，而不是出錢布施、點燈、寫個牌位或吃一餐齋飯就走了。雖然這也是做功德，但是不夠，我們要求的是信眾來參加法會，就要一起誦經、拜懺、念佛、打坐，是一起來修行的。此外，我們也改良儀式，像水陸法會，原來是不環保的，也有一些儀軌不是佛教的，而我們將這些非佛教的、不環保的部分全部改良，即是與時代結合，將舊傳統改變得讓現代人能夠接受。自從我們改良水陸法會以後，其他的道場也就開始跟進了。

所以，我們法鼓山是一個教育的團體，是一個創新的團體，時時刻刻要想到從傳統之中創新，推陳出新，若是僅知保守，那是抱殘守缺，即使暫時有路可走，最後一定也是「此路不通」。譬如「心五四」運動已經推廣六、七年了，在社會上產生了很大的影響，當中有幾個方法，已經成為社會所熟知，廣為運用。現在我們又推動「心六倫」運動，這也是法鼓山的推陳出新。目前全世界都在講倫理，舊有的五倫是針對封建時期中國人所講的，「心六倫」則是適應世界的需要，是全球性的、現代化的倫理，雖然需要投入大量的資本，但是不要擔心，只要我們做對的事，做大家需要的事，就會募得到經費。

我們辦大學，也是在做對的事，而且是做別人沒有做過的事，因為我們的大學跟其他大學不一樣，因此一定會辦得起來，請諸位也替我打打氣。我想要做的事，做不起來的很少，但是我也不講大話；我明大還在不在，不知道，但是沒有關係，即使我往生了以後，我們的大學一定還是有人會把它辦起來的。

（二〇〇八年七月八日於北投雲來寺「專職菩薩精神講話」）

傳法的條件與意義

我在美國教禪修已經三十年了，期間還延伸到英國、克羅埃西亞、瑞士等國。然而，我個人的條件不足，沒有太大的影響力，所以在西方社會發展了這麼久，卻未能形成一股修學漢傳禪佛教的風氣。但是在這段期間，還是有三十多位西方眾一直跟著我，沒有離開，我覺得很感恩。特別是諸位都受過漢傳禪修老師的訓練，也已經開始指導禪修，從今以後，即使我再也不到美國、歐洲弘法，漢傳禪佛教也已經在歐美播下種子、扎下根了。所以，我在西方的弘法，雖然不能說是成功的，但是也不能說一點成就也沒有。

傳法是交代弘法的任務

許多人對傳法很好奇，覺得很神祕，也很光榮，其實從釋迦牟尼佛開始，傳法只是交代任務而已。什麼任務呢？就是要弟子們將已經聽懂的、學到的佛法牢牢記住，然後普遍地傳播給需要的人，這即是傳法。

能夠接受傳法任務的人，不見得都證悟了，或是已經大悟徹底。傳法有三項條件，一是對佛法要有正確的知見；二是情緒要穩定，人格要正常，並且在生活上持守清淨的原則，否則傳法不會清淨；三是要有度眾生、弘揚佛法的悲願。度眾生是慈悲心，弘揚佛法是願心，讓眾生懂得用佛法，就是傳法，況且佛法是心法，如果佛法已經與你的生命結合，你就真正在弘法傳法了！你還想要些什麼？

沒有開悟的老師也能教出開悟的學生

有的人擔心自己沒有開悟，怎麼能教禪修呢？許多人很好奇地問我：「你教禪修、傳承法，那你開悟了嗎？」我的回答很簡單：「我開悟與否是我自己的事，我能夠指導你開悟，才是重要的事。」開悟是自己的事，即使告訴你「我開悟了」，你相信嗎？如果我說「我沒有開悟」，那更糟糕，你可能跑得更快！要對自己有信心，你們的教法，也就是方法和觀念，是傳承於我，而我是傳承自漢傳佛教，我相信我的傳承沒有問題，你們也應該相信自己的傳承沒有問題，所以就不需要再問是否開悟的問題。

不要自己去悟出什麼花樣來，你所教的就是師父的教法。如果在禪修中，有人身心發生狀況該怎麼辦？很簡單，只要告訴他們：「這裡沒有鬼、沒有怪、沒有魔，因為你心裡面有雜念，或是身體本來就有病，所以會產生幻覺、幻境，也就是妄想、幻念，只要不把它當成是真的，就沒事了。」至於背痛、腳痛，根本不成問題。

美國有位約翰・大道・盧裡（John Daido Loori）禪師，是前角博雄（Hakuyu Taizan Maezumi）禪師的弟子。前角博雄臨終時對大道說：「現在傳法的人很少，所以你要去弘法！」大道說：「我不行，我還沒有開悟！」前角博雄就對他說：「你只要去做就行了！」後來大道真的開創了一個道場，接引了不少人，雖然他那時還沒有開悟，但是他的弟子卻都覺得他開悟了。傳法、弘法的人有點類似籃球教練，他們研究打球，知道球該怎麼打，而且對打球的心理、規則及投籃技巧都清清楚楚。他可以訓練出選手來，幫助他們得到冠軍，可是自己卻無法上場比賽。好萊塢有一位武打明星李連杰，他從小接受武術訓練，得過五次全國武術比賽冠軍。有一次我問他：「你的老師得過幾次冠軍？」他說：「一次也沒得到。」

所以，弘法的人雖然懂得正確的佛法知見，以及修行的技巧和方法，但自己不一定是開悟的。所謂「開悟」是什麼？這是無法形容的，就像用手指指月亮，告訴你月亮在那裡，而你相信有月亮，就要自己去找，不能光是倚靠老師的手指。因此，即使是沒有開悟的老師，也可以指導出開悟的學生。

能夠受用佛法就是得法

很多人誤解，認為開悟可以「傳」，其實這是不可能的，必須自己去悟，悟後由老師證明。但證明並不是另外傳一樣東西給你，因為你所悟的是你本來就有的，而非老師傳的。能傳的只有教學和方法，自釋迦牟尼佛以來，所傳的法也只是這兩項，即所謂的「心法」。心法是自己對法的體驗，但這體驗不是做夢或打坐時看到什麼東西，而是煩惱減輕、慈悲心增長了。因此，若是你能夠受用佛法而得到利益，那你就已經得到心法，並不是有個「悟」，讓你一下子從老師那裡傳到自己的心裡來。

許多人會問：「開悟究竟是什麼狀況？是什麼境界？」我會說：「如果有境界、有狀況，就不是開悟了。」更明白地說，開悟是什麼也沒有，是空、無我、無心，如果心中還有一些東西讓你牽牽掛掛、上上下下的，都不是開悟，所以它是沒有辦法解釋的、無法形容的。其實是否開悟，只有自己知道，如果覺得有疑惑，再去找一個高明的老師印證一下。但是印證並不是敲一個印，而是以心印心。

師父還是凡夫，並沒有得解脫，沒有成為阿羅漢或佛，也是根據傳承來傳法。不過我的情緒是比較少一些、煩惱比較輕一些、瞋恨心比較小一些，而慈悲心比較多一些，我也覺得隨著年齡愈大、弘法的時間愈長，自己的智慧好像也更高一些，所以是逐步、逐步，漸漸地走向解脫。你們不要希望一下子就沒有煩惱，而要在學了佛法、禪法之後，你知道自己有多少煩惱，也知道自己過去煩惱很重，現在好像輕了一點，如果有煩惱的時候，就用方法來調整，這樣煩惱就會漸漸輕了。

指導他人首重發心

用佛法幫助自己，是自己在學法；說法幫助別人，這是傳法。修行不是靠腿，說法也不一定是靠嘴。印度有位禪師葛印卡（S.N. Goenka），他教授內觀禪，可是他根本不能盤坐，於是請人幫忙盤腿給弟子看。所以心很重要，如果你有心照顧、幫助初學的人，肯付出耐心來關心他們的狀況，協助並糾正他們在想法及方法上的錯誤，你就可以指導他們了。只要有人來打坐，不管是一人、兩人、三人或四人，都可以組成共修團體。

我六十歲才找到了法鼓山這塊地，當時沒有錢、沒有人力，可是一轉眼到現在二十年，法鼓山也已經建設完成，所以大家要發願。

（二〇〇八年七月二十六日於法鼓山世界佛教教育園區會客室為西方禪眾開示）

禪宗的頓漸法門

禪宗有「頓」和「漸」兩種法門，而且在這之間永遠爭論不休。什麼叫「頓」？什麼叫「漸」？「頓」是不立文字、不假語言，是離開語言文字的；反之，運用語言文字的就是「漸」。

可是禪宗能不能夠離開語言文字呢？離開了語言文字，還能不能講「頓」？這是一個問題。離開或不立文字的宗派稱為「臨濟宗」，由唐代惠能禪師所傳，屬於頓悟的法門。

惠能的頓悟法門

惠能禪師當時為了和神秀禪師爭取第六祖的位置，提出了「不立文字」，但是他真的不立文字嗎？他不僅留下了一部《壇經》，在他之後的每一代弟子也都有語錄。他用語言文字告訴我們不立文字，這是滿弔詭的事。不用語言文字時，究竟是怎麼回事？惠能禪師說：「當下即是。」沒有複雜的理論、哲學和觀念，當下即是。如果你有智慧，不需要講什麼理論給你聽，那當下就是。

惠能禪師聽到《金剛經》裡面的一句話「應無所住，而生其心」便開悟了，這是不是文字呢？是文字。但他也指出非常重要的一點——不要用心計較、用心判斷、用心思考。因此，「應無所住」是心不住於內，不住於外；不住於惡，不住於善；不住於任何相，也不住於自己的心念。

「相」是什麼？包括心理現象、物質現象，以及種種社會現象都是相；聽到的、看到的、吃到的、抓到的，或者是你現在得到的位置、金錢、權勢等，這通通是相。不住於相，當下即是悟境、即是一種智慧心。但是要做到不住於相，很難。如果有一大筆錢，你不要去想：「這是錢，這是有用的。」所謂「有錢能使鬼推磨」，一想到是錢，便住於相了。

很多政治人物都希望做官，做更大的官，想盡辦法得到選票，有的人不擇手段，用種種的謀略、權術，無論得到的是大位或小位，都是住於官位的相；我們這個團體，要考核是否讓一個人出家，也要透過小組來投票表決，並非只是一個人的決定，而這也是一種相。在現代的社會要能不住於相，真是不簡單。

在禪堂修行、打坐時用方法觀空，觀一切東西都是不實在的，讓自己的心放空、身體放鬆，頭腦裡沒有東西，是可以做到暫時不住於相，但是起坐之後，全部又都回來了。所以，除了在打坐時心放空，沒有打坐時也要練習心放空。在日常生活中，凡是引起自己煩惱、痛苦、不平衡的事物，都要把它放空。你一放空，那些東西都不存在，否則本來沒有事，可是你不放空，就會被它捲進去，產生種種的不平衡或憤怒，自己變成了一個煩惱、沒有智慧的人。有智慧的人會怎樣做呢？打坐時能夠放空的東西，在日常生活之中也要把它放空。可是放空之後，是不是等於一個無知的人？不是。

「應無所住」下面還有一句「而生其心」，這個「心」是智慧心——明明知道有這些事，但是跟我沒有關係。世界上、社會上不好的現象，假使是由我造成的，我要改進，但不必煩惱；如果是別人造成的，便和我沒有關係，既然跟我沒有關係，那為何要煩惱？假如我有能力，就去改善它；假如沒有能力，或者是不能改善、改善不了，卻老是生氣，老是希望它改善，就成了多餘的煩惱；不需要的煩惱，而煩惱了，這是愚癡。事實上，我生活我的，根本不需要為這些事情心煩，如果要為這些事情煩惱，那就不是「應無所住，而生其心」了。「無所住」是不因社會、自然、時間的各種狀況而煩惱、憂愁；「生其心」是產生反應的心，讓人能處理這些事，也能不把這些事放在心上。

譬如有一位在航空站工作的人，每天要面對大大小小的各種事情。在他的能力範圍之內，能處理的處理，這是「生其心」；假使沒有能力處理，或者是想幫別人處理，而別人不採納、不理會他的反應或建議，怎麼辦？那只有放下了！因為不是在他的權責範圍內，或者是非他能力所及，也做不了什麼事。如果他不斷地生氣，生長官的氣或別人的氣，是沒有用的，既然生氣沒有用，何必生氣？否則會有生不完的氣。因此，「應無所住，而生其心」生的不是煩惱心，而是智慧心。智慧心告訴我們能做的要處理；不能做或環境不許可做的，能做多少算多少，要不然，就會整天都在生氣了。

禪宗所謂的「不立文字」，是指當下你能反應的事情，不需要再透過文字。現象發生了，要用文字語言去和別人理論嗎？理論是沒有用的，當下不生氣，當下能處理，這很重要；當下不能處理，當下沒有辦法化解問題，即使寫了很多文章，用文字闡述很多道理，仍然是沒有用的。

因此，禪宗的方法即是告訴我們，多省一點精神、多省一點力氣，若是無法不生氣時，那就打坐。你一打坐，把心暫時交給方法，生氣的心會慢慢地淡化，最後連心也不見了，便體驗到了「當下即是」；如果心還在，就沒有辦法看到「當下即是」。

何謂「當下即是」？是指不需要太多的理論、文字，看到什麼就是什麼，聽到什麼就是什麼，不需要用思想去研究、討論。雖然研究、討論還是有用，但是並非真正的有用，真正的有用是當下就有用，是我們用心去直接體會它，而這便是惠能禪師所傳的法門——「不立文字，當下即是」。

神秀的漸悟法門

通常和惠能禪師相提並論的是神秀禪師。五祖弘忍有十個徒弟，一個是神秀，一個是惠能。神秀出家、親近弘忍的時間比較早，因此，歷史上最有名的，秀會接五祖的傳法，成為第六祖，可是想不到弘忍卻把他的衣悄悄地傳給惠能，惠能成為理所當然的六祖。雖然後人沒有把神秀當成六祖，但是當時北方的皇帝武則天，將神秀封為「兩京法主，三帝國師」，顯示他非常受到宮廷的重視，勢力也很強，直到他圓寂以後。他有兩大弟子，也被唐朝的宮廷封為國師，十分了不起，並不像我們後人所認知的那樣平凡。

神秀和惠能的差別，在於所用法門的不同。惠能提倡頓悟法門：「不立文字，當下即是」；神秀提倡漸悟法門，從觀心開始，觀到自己的心只有一個念頭，就成為守心於一境。這個方法，實際上即是印度禪法所講的「心止於一境」。心如何達到一境？數息。從一到十反覆地數呼吸，數到最後不再數了，也沒必要再數呼吸，即安住於一種境界。到達這種境界時，要守住它，不要讓心跑掉。通常的人守心守不住，雖然偶爾可以使心住於一境，但一下子心就跑掉，變成散亂心了。能不斷地守心於一境，這是工夫。直守下去，心會變成明鏡，成為不動心，心不動才是了不起的工夫。

任何境界在你面前出現，你的心始終是不動的，境界是境界，心是心，如同一面鏡子，鏡子是不會動的。當你的心成為一面鏡子，就可以看到、聽到所有的東西，但是心如如不動。到達了這種程度，心的智慧便會出現，這是神秀禪師的方法。這個方法好不好、有沒有用？當然有用。當你心如明鏡時，就有了明鏡的反映能力，而這能力即是智慧，你的心即是智慧心。

所以，神秀的方法也能讓我們開悟。神秀說：「身是菩提樹，心如明鏡台，時時勤拂拭，不使惹塵埃。」「身是菩提樹」，用這個身體來修行，能夠成道；心如明鏡台是指心的反映，全是智慧的反映，而不是煩惱的反映。明鏡是如實地反映，見到什麼就是什麼，不會有差別，而凡夫心裡的反映，往往帶有情緒，有種種的自我中心——自我中心裡的經驗，有自我中心的習慣，有自我中心的判斷與標準，這都不是明鏡，而是煩惱心。神秀所謂的「明鏡台」，並沒有自我中心的判斷、執著和觀點，有什麼就反映什麼，禪宗稱為「漢來漢現，胡來胡現」，亦即漢人來，就如實地把漢人的形象照出來；胡人來，也如實地把胡人的形象反映出來。

假使能成為明鏡台，實際上已經是開了悟，但是惠能卻把它全部否定掉。對於「菩提本無樹，明鏡亦非台，本來無一物，何處惹塵埃？」惠能認為：本來什麼也沒有，怎麼可能還有棵菩提樹？表示你還在執著；如果真正、徹底的智慧現前，又怎麼還有個明鏡台？既然根本沒有東西，為何還有鏡子需要常常擦？若是沒有鏡子，又怎麼會有塵埃染上去？這表示鏡子上還有東西。所以，神秀的偈子顯示出他開悟並未徹底，還有一些煩惱在。後來有人翻案做文章，說這是六祖惠能的弟子幫神秀寫的，神秀當時並沒有寫這樣一個偈子。其實神秀的境界並不亞於偈子所表達的，只是後來的傳說，都把神秀看成不如惠能，認為神秀尚未真正徹悟。

因此，「漸」是用觀心的方法，心到最後還有一點存在。守心、觀心；守靜、觀靜，靜也好，心也好，都是「有」。禪宗的智慧講「空」，是絕對的沒有，但在用方法時，假使一點也沒有，根本著不上力。所以，我們教人修行的時候，仍要教人從觀呼吸開始，觀呼吸觀到後來，心安定了，便能參話頭。話頭參到最後疑團粉碎，如大地落沉、山河粉碎，在此狀況下，沒有內、沒有外、沒有心，也沒有物質，什麼也沒有。這個時候，有沒有開悟的悟境呢？沒有，連開悟的悟境都被否定。如果覺得自己開了悟，表示還有一個開悟的悟境沒有放下，並沒有真正的開悟。

徹底開悟的人，不會承認他開悟：「胡說，你胡說，我開什麼悟啊！」好不容易把自我中心粉碎，結果還弄得一個「開悟」，這真是笑話。因此，脫離煩惱之後，還說有煩惱、還說有智慧，這都是錯的。已經開悟的人，沒有什麼煩惱會讓他困擾。

實際上，有煩惱的人，也可以用禪修的方法，練習成為煩惱少一點的人。譬如諸位用禪修的方法，就可以減少煩惱，從煩惱得到一些鬆綁的利益。如果禪修很久了，煩惱還是非常重，表示用方法有問題，沒有好好地掌握。如果你一打坐，煩惱就來了，你在煩惱中，一邊打坐一邊起煩惱；打坐完了，反而好像沒有煩惱，原因是你沒有好好地用方法，沒有把身體放鬆。修行一定要把身心放鬆，之後再用方法，如此心裡的種種障礙，就會暫時離開。

（二〇〇八年八月十七日講於北投農禪寺「社會菁英禪修營第六十次共修會」）

老得智慧又健康

人要活得愈老愈精彩，活得愈老愈有智慧。很多人年紀大了，就覺得自己已經來日無多，這是非常消極的想法，也是錯誤的想法。來日無多並非要等死，因為無論我們的年齡多大，死亡都會來臨，只是有的來得早，有的來得晚而已。

夕陽無限好，不是近黃昏

我們這一期的生命，也就是這肉身活著的時候，即是一段生命的過程，這又稱為「壽」，長也是壽，短也是壽。當這段過程結束後，會怎麼樣呢？我們絕對相信，生命不是馬上中斷，而是會繼續下去，因為對佛教徒來講，一個生命的階段過去了，另外一個階段馬上就會開始，所以我說：「夕陽無限好，不是近黃昏。」

許多人往往到了晚年，便覺得生命快要結束，前途是黑暗的，就像黃昏以後即是黑夜一樣。事實並非如此。我們的生命像是太陽，當我們看見太陽從地球的地平線西下，好像是進入了黑暗中，但事實上，在地球的另一頭，太陽才剛剛升起。太陽不會消失、中斷，而是繼續地發光，因此，諸位一定要相信「夕陽無限好，不是近黃昏」這兩句話。

如果不是「近黃昏」，又會是怎麼樣呢？就是馬上有美麗的明天出現，因此，我們要準備著迎接美麗的、光明的明天。生命是一種循環的運轉過程，個人的生命不會消失，不是變成黑暗，因為黑暗是留在原地，所以我們永遠是光明的，請大家抱持這種非常健康的想法。我們活得健康，也要為社會做好事、說好話，如此積功累德，我們的光芒會愈來愈大，最後一定可以成佛。

「天倫之樂」是靠互動產生

近年來我們提倡「心六倫」，「心」是指良心，或者是智慧的頭腦，包括家庭倫理、生活倫理、校園倫理、自然倫理、職場倫理、族群倫理，一共有六種倫理的主張，而其中第一種就是「家庭倫理」。

家庭倫理包含哪一些關係人呢？是父母、兒女、夫婦、兄弟姊妹等，特別是現在三代同堂的家庭不多，五代同堂的更少，因此，家人之間怎麼去相互關心很重要。在家庭中，對年輕的人要愛護與慈悲；對年老的人要孝敬、孝順和關懷。其實老人家不一定希望每天都有人陪著他，捧手捧腳地噓寒問暖，但是一天至少要向父母請安一、兩次。年輕人一定要照顧年長者的生活，有錢、沒錢都沒關係，主要是讓他們生活安定、生活快樂。該如何讓生活過得快樂？其實只要不讓年長者生氣，就能過得快快樂樂。

孝順是適當地照顧家人，其中沒有太多物質的交換關係，如果有了物質的交換關係，就不一定是孝順了。所以，家庭倫理一定是年紀輕的人讓年紀大的人生活安定、身體健康、心裡平安，如果能做到這一點，就算是盡到做兒女的責任了。

而年紀大的人，也一定要有智慧，否則物質再豐富、兒孫再孝順，仍然不會覺得快樂。該怎麼做呢？就是對兒孫要體諒。年輕人正在努力做事、賺錢養家，維持整個家庭的溫飽，所以他們也很辛苦，不能老是計較兒孫不孝順或是哪裡不好，否則兒孫聽到了會起煩惱。其實只要生活安定，就應該覺得非常滿足了。因此，老人家要老得有智慧、老得有健康，而家庭的倫理關係，就能夠維持得非常融洽。不然，老人一計較，年輕人也煩惱，家庭中的「天倫之樂」，就很難產生了。

「天倫之樂」是靠互動產生的，年紀大的人對年輕、年幼的人要慈悲。怎麼慈悲呢？一個笑容是慈悲，一句讚歎也是慈悲，這樣小小的一個動作都是慈悲；如果兒孫送你一樣小禮物，或是替你端一杯茶，你都以感恩、感謝的心接受，覺得他們非常孝順，這樣他們就會很快樂。因此，上一代對下一代的關心、安慰與鼓勵，雖然不是物質上的奉獻，但是在精神上、在心理上讓他們感覺無後顧之憂，也不覺得他們對不起老人家，這樣就是年長者對年輕一輩的一種倫理，也是一種對年輕人的奉獻。

老得有智慧，病得很健康

我常說要「老得有智慧，病得很健康」，因為許多人年紀大了以後，通常就變得糊塗、嘮叨，而且不去考量事實，嘴巴想講就講，特別是對自己的子女、兒孫們，甚至是朋友也會這樣；也有很多年紀大的人，非常執著、懷念或是在乎自己年輕時的成就，因為自己有了歲數，體力不如以往，所以停留在過去的輝煌時代裡，不論是在家庭、事業，或者社會關係方面，常常會說：「我過去怎麼樣……」、「你們現在年輕的人哪，應該……」。聽起來總覺得年輕人不行，只有自己才是非常正確的；也常常有一些年紀大的人，對我說他們當年的成就、待人接物或做事的態度，總是沾沾自喜。他們活在過去，而非現在，所以常常惹得年輕人不愉快，即使聽了以後不反駁，但是心裡會覺得：「這些老人家怎麼把我們看成這麼幼稚？」

現在的時代與老人家年輕時是不一樣的。譬如有人稱年輕人為「草莓族」，擔心草莓族長大了以後，無法養活自己、無法照顧自己，更無法對長輩交代，可是年輕人並不認為自己是草莓族。事實上，過去被稱做「草莓族」的人，現在有些已經是社會的中堅分子，是有創業能力的人。所以，這個稱呼對年輕人來說是不公平的。

長者以開放的心向兒女學習

其實，往往自己認為這一個人不對，那一個人有錯誤、有缺點，都是站在上一輩人的角度和立場，來批判年輕人。這個時候，不僅被批判的年輕人會感到不舒服，連自己也不好過，因為會為他們擔心。所以，輕易地為別人下定論，會讓雙方都不好受，而這樣就是沒有智慧。因此，上了年紀的人要有智慧，即是讓自己不起煩惱。

有智慧的年長者，做了祖父母以後，和孫兒女已經隔了兩代，反而應該要向新世代學習著了解他們的看法、想法和觀點，才能相處得很愉快，否則就變成守舊，無法與孫兒女相處了。我經常告訴老年人，要活到老學到老。向誰學習呢？向兒女學習，向孫兒女學習，向當下這個時代、社會學習，才能讓自己有智慧，並且為我們帶來健康和快樂。為什麼？因為我們的心胸會變得非常廣大，也非常自由，不會悶悶不樂，也不會覺得與這個社會格格不入，而是天天生活在現代了。

年紀雖然大了，不論六十歲、七十歲，甚至是八十歲以上，都要讓自己保持一個新的頭腦。所謂「新」的頭腦，是要向當下的生活環境學習，自己就能適應，這樣心裡很快樂，身體才會健康。因此，老要老得有智慧、有健康，保持著活在當下，否則的話，愈老愈糊塗，愈老愈煩惱，就會變得又老又病。健康不一定是身上沒有病，而是在思想上要有智慧，即是「活得快樂、病得健康」。像我已經是八十歲的人，雖然身體有病，但是我覺得很快樂，我的心理是健康的。只要保持心理的健康，身體的病就不會是問題、煩惱了。

（「二〇〇八年佛化聯合祝壽」錄影開示）

不隨魔鬼起舞的工夫

有人問我，社會菁英禪修營和一般的禪修營有什麼不同？是不是在菁英禪修營時，師父拿出來的法寶比較精彩，而對於其他一般的禪修營，師父只是給一些普通的修行方法、修行觀念？事實上，這個想法是對的，也是錯的。

禪法本是「無法」，禪門又稱「無門」。有一本名為《無門關》的書，是由一位無門比丘蒐集了四十八則話頭公案，所編成的一本書，若是給修行工夫深的人用，因為他曉得箇中道理，所以用個十年、二十年用不完；若是給工夫差的人看，從頭到尾四十八則公案，就像是看故事一樣，一天便看完了！這樣看完後，究竟能夠獲得多少好處？有的人專門看《無門關》，天天看《無門關》，終究看出了一些名堂來；但是有的人就算看《無門關》看了一輩子了，到死為止仍然沒看出什麼名堂來。但是，看了多少還是有點好處。因此，所謂「禪修」，是因人而異的。

修行方法在各種層次上的運用

有的人在四十八則公案裡選一則適合自己的，便用那則公案一直參到底，從生參到死，就只是一則公案。參到了沒有呢？參到死為止，是參安心。「參」，有安心地參、明心地參、無心地參，這其中有很多的層次。所謂「安心地參」，即是當心裡很煩、不安的時候，就用這則公案來參。例如，參「念佛的是誰？」的人，在心裡不安時，就參「念佛的是誰？」。

如果是心裡思緒繁雜、煩惱、煩亂、煩躁，這個時候參話頭當然有用，但如果是因為身體有病，痛得非常難過，這時雖然明明知道話頭可以用，但是用不上力。為了痛而參，怎麼參，痛還是痛。有一位倓虛老法師，他害了一種癌症，非常地痛苦。他的徒弟跟他說：「師父您用『觀』！就像您平常教我們觀空、觀無、觀虛，現在您也要把痛觀成空、觀成無、觀成虛，這不是很好嗎？」倓虛老法師回答：「唉！當我沒有病的時候，我一觀就很靈，不過身上的病痛，卻讓我恨不得想拿刀把它給挖掉。現在你教我觀空，可是什麼都空，但是痛不空啊！」

如果身體只有一點不舒服，這個時候用觀、用話頭、念佛都有用；但若是到了非常痛、痛不欲生，恨不得拿刀把它挖掉的地步，這時要用觀或是參話頭，都不太有用。這時該怎麼辦？念佛。當你很痛、很難過的時候，可以把心轉到佛號上面，連續地念阿彌陀佛，會有用的。

今天早上，有一位老太太要往生了，她的兒子打電話給我，說：「師父！我的母親已經從加護病房出來，要回家了，怎麼辦？」我問：「她的神識清楚嗎？」他說：「清楚。」我說：「會不會念佛啊？」他說：「會。」因為這位老太太在農禪寺打了四十幾次佛七，所以我說：「你現在叫她念佛，我也會幫她念佛。」老太太一生念佛，彌留的時候身上沒有疼痛，只曉得大概快要走了，這時念佛有用。所以，修行方法可以用到各種各樣的層次上面。

自我檢測修行程度

有人問我：「師父，我已經修行十多年了，我的工夫算是到了什麼程度？」我說：「你的工夫就是你的工夫。」他又問：「十多年的工夫應該是怎麼樣？」我說：「就是應該像你這個樣。」他再問：「師父為什麼這樣回答？」我告訴他：「你的十多年跟我的十多年是不一樣的，而我的十多年跟其他人的十多年也是不一樣的，每個人有每個人的狀況和程度，所以我無法回答你的問題。」這就像到餐廳吃飯，你可以問我吃了幾碗飯？或是吃了以後，增加了多少力氣？這些問題可以測量，也可以試驗，所以可以得到答案，可是修行的工夫，是沒有辦法以數量來測量的，只能夠自己測驗自己，比較修行三年之後，是否仍然容易發脾氣、情緒反覆無常？

通常的人大概修行三到五年就不會輕易動怒，因為知道了如何控制自己或掌握自己的情緒，無論別人怎麼逗你，要你生氣、要你煩惱，你都會平平靜靜地面對它、接受它，而不會動無明氣；但如果情緒還是反覆無常，表示你的工夫沒有著力，平常修行的時候，沒有好好照顧自己，才會隨時生氣。這些都是自己可以去體驗的。

也有人跟我修行了幾年，回家後還是經常跟太太吵架，這是因為沒有用方法。當師父看著你的時候，你能夠不生氣，沒看著你的時候，就容易生氣，這也不是工夫。工夫是不管有沒有人看著你，都不會隨便地、任意地生氣。

自然而然隨時用方法

其實生氣這樁事，不是能不能控制的問題，而是平時要練習方法，便不容易生起氣來。只要經過幾年的練習，生氣的習慣就會漸漸化解，如果能夠做到這樣，你就是有工夫了。比如我常常參話頭或是數呼吸，脾氣來的時候，自然而然就會數起呼吸，知道要用方法，那就不會生氣了。

「自然而然」是什麼意思？就是當我們自己遇到風浪，不論小風浪、大風浪，自己能夠化解，而不是控制。控制是不行的，暫時壓抑住不讓它生氣，但是氣還在，等一下還是會生氣，因為這是控制不住的，硬要控制會很痛苦。不過化解就不一樣了。什麼叫作「化解」？即是本來正在生氣，用了方法之後，氣就不見了、消化掉了，也就是不要再注意讓你生氣的這樁事。用方法得力，便能化解。

所以，方法要常常練習，這不是你用功十年或打坐十年就夠了，而是在這十年之間，你是否常常用方法？還是十天、八天偶爾用一次？如果經常用方法，這才是在工夫上，否則生氣的當下忘了用方法，過後再來參「我是誰？誰是我？」這個時候有用嗎？沒有用。因為你臨時抱佛腳，在氣悶、很煩的時候，才來參幾句話頭，這個時候會愈參愈煩。如果你想用方法來壓制情緒，你會愈壓愈煩、愈用方法愈生氣，接著你就會埋怨，覺得用功用了這麼久，用方法用了這麼多年，怎麼好像都沒有用？

我們用方法，不是在失火時，趕快澆一盆水，希望火馬上熄掉，而是要在還沒有失火以前，就先預防，這即是工夫。若是等到火球、火苗出現以後，再來澆水，這樣的力量不夠，因為火已經冒出來了。雖然澆了水，火可能會變小一些，但是火的力量還是存在。因此，修行時間的長短、修行工大的深淺或修行著不著力，不能以時間來衡量，端視你有沒有時時刻刻用方法。

有的人覺得自己很忙，時間不夠用，哪兒還有時間用方法？其實這之間沒有什麼關係，像我也很忙，還是經常用方法。這不是說工作、事情都不做，專門用方法，在我們的生活裡沒有辦法做到這樣，每個人都有很多事情要處理，不可能用全部的時間練方法，但是只要當你一感覺有情緒、有煩惱在動，就趕快用方法，這樣還是有用處的。

心不隨魔鬼起舞

有人修行十年、八年，卻看不出來他得了什麼力，有的人卻能在很短的期間內馬上得力，心境不會隨著環境變化，不會隨著魔鬼起舞。魔鬼不可怕，但若是跟著它起舞，那就是可怕的事了。我們要練的是不隨魔鬼的步伐起舞，而這要怎麼做到？就是隨時用方法。當你遇到魔了，遇到鬼了，要怎麼辦？是抓魔、抓鬼呢，還是調你的心？當然是調心，才能夠使你的心不亂，不會隨之起舞，這即是修行的工夫、修行的利益。

有些人會問：「我跟著師父修行這麼久了，怎麼魔鬼都不退，還跟著我跑？」其實魔鬼來自於你沒有調心，魔鬼自然會跟著你跑，若是隨時調心，魔鬼就拿你沒辦法了。所以，禪宗有一句話說：「方法是師父教的，禪修的工夫是自己的。」而師父的方法很簡單，就是常常練習調心，並且付出耐心來調心，時間久了以後，工夫自然會現前。有人說：「我要發功！」就像一些外道發功，這發的是什麼功？發的是魔功。而我們發的功，是調心的工夫——心不受境界困擾，就是工夫。以上向大家說明修行要如何得力、怎麼樣才算是得力。

今天我看到有一些社會菁英的學員，在我們的溪邊拔草。拔草的時候，能不能用功呢？能，將心繫於拔草的動作上，就是在用功。

（二〇〇八年十月十九日講於法鼓山世界佛教教育園區禪堂
「第五屆社會菁英精進禪三」）

因緣是否就是業力？

美國華盛頓「宗教新聞社」（Religion News Service）針對新近出版的聖嚴法師英文傳記 *"Footprints in the Snow"* 一書邀約聖嚴法師專訪，後以法師人在臺灣，且訪談需經翻譯，故改由新聞社提出訪題，交法師的英文翻譯李世娟女士越洋視訊訪問法師，再提供英文書面回答，供該社新書推薦參考。

問：您在書中提到：禪的修行與信仰是可以分開的，請加以說明。

聖嚴法師（以下簡稱「師」）：禪修，主要是把心安住在某一種方法之上，這個方法不一定是祈禱，不一定來自信仰的信心。

比如中國禪宗的臨濟宗，以參話頭為方法，參「我是誰？」、「本來面目是誰？」這跟信心或者宗教沒有一定關係；此外，曹洞宗的默照禪也主張把心安定在一種方法上，這個方法是沒有方法的方法，也就是把自己的心，安住在一個念頭上或者一個境界之上，比如安住於空、安住於實相、安住於現在當下的一個念頭。這些都是禪修用的方法，並非一般宗教的祈禱。

一般宗教的祈禱，則需要有一個對象。比如西方的基督教，以神為祈禱的對象，也以神為祈禱的回應者，如果沒有祈禱的對象及回應者，恐怕使不上力。中國禪宗用的話頭和默照這種方法，則只有方法的使用，沒有一定信仰的對象。至於使用的方法算不算對象？不算，而是用了方法以後，你的心自然而然安定下來，而使煩惱漸漸化解，智慧漸漸生起，這是禪修方法的功能，與信仰沒有一定的關係。

問：您的一生歷經重重險阻艱難，您如何找到支撐下去的力量？

師：我並沒有找到什麼力量來支持我克服困難，而是當我遇到困難，我相信我會克服這些困難，繼續往前走。繼續往前走的時候，我也並不認為心外另有一個神，而是相信我自己修行的方法，可以幫助我走出這些困難。

為什麼？因為困難本身是不存在的，困難的存在，主要在於人的心理作用。一個人如果沒有信心，膽怯、害怕，沒有信心往前走，才是真正的困難。做任何一樣事、走任何一條路，只要我們自己有信心，自信心就能夠幫助我們度過一切困難。比如走一條橋，這條橋很危險，如果一開始你就認定大概過不了吧，結果一定是過不了。而如果你知道橋很危險，但你還是有信心，靠著你的方法、信心和知能，雖然危險，還是試著走過去，那麼一定可以度過難關。只要用心、有毅力，沒有任何的困難是無法克服的。所謂用心是我知道應該如何做法，毅力則是一次又一次嘗試，克服困難往前走，不用擔心，也不必害怕，更不要讓自己的心阻礙了自己。

所以，我在山裡閉關也好，在森林也好，在任何一個時間地點，即使我獨自一人，我也不覺得孤單，而感到佛菩薩和眾生是跟我在一起的。比如我在閉關時，曾遇到一些古怪的事，但我相信那只是一種幻覺，並不是真有什麼魔境、麻煩的狀況出現，而就是自己心裡的幻境。這麼一想以後，幻境與魔境就會馬上消失。當幻境、魔境消失以後，就會發現所有的一切都是平常、自然的景況，並沒有說在自然現象之外，還有些什麼古怪的東西。如果這層心理障礙祛除了，也就沒有什麼好擔心了。

問：佛教講的「因緣」，是否就是業力？或者運氣、巧合呢？

師：因緣，不一定是巧合，也不一定是業力，而是有了基礎，再加上機會的把握。

所謂基礎，是基礎的學習、基礎的訓練、基礎的認識和基礎的知識，機會則指外在的一種動能或者力量。本來我們沒有經歷過的、未曾聽聞的事，因為我們有某一種「基礎」，便對某一種學問、某一類狀況，產生比較特別的反應。因此同樣的一樁事、同樣的一種狀況，其他人遇上了不一定產生功能，而在我們接觸以後，就可能產生一些功能。

因此，講因緣要有兩個要素：一個是基礎，一個是機會。自己有了基礎，等到機會來的時候努力去促成；或者本來要產生的事，經過我們的努力，讓它消失而不發生，就叫作緣起緣滅。這便是為什麼在這個地球上，有的事在你身上可以發生，在我身上大概不發生；有的事在我身上發生，而在你身上、在你眼前、在你的經驗中可能不發生。原因是每個人各有因緣，便有不同的結果。

至於業力，有的人把它當成是一種迷信、一種奇怪的思想，實際上，業力是我們從前做過的事、想過的念頭、說過的話而構成一種力量，由於這股力量，有的人會產生結果，有的人不會產生結果。

有的人過去講過的話、做過的事，並沒有產生什麼結果，但是有的人，說過的話或者做過的事則有結果。為什麼？凡是產生結果的，就是業的力量比較強，並且自己非常重視它，又加強它，使業力愈增愈強，就可能促成一些現象或者一些事情發生。如果業力能量比較弱的，就算講了、做了，可是並沒有在乎它，也沒有繼續去發動它、加強它，那麼這股力量慢慢就不見了。所以，有的人業力現前，有的人業力不現前。

問：不打坐，有沒有可能開悟？

師：不打坐，也有可能開悟的。中國禪宗史上，有打坐幾十年而不開悟的記錄，也有不打坐，就因為聽到幾句禪語便開悟的例子。這是因人而異。不打坐而開悟的人，他們平常的心思非常明淨，心思很安定，並不雜亂，因此只要聽到一句話，或者看到一個現象，就可能心光一閃，智慧出現。心光一閃，煩惱消失，而智慧現前，就是開悟。

有的人打坐了幾十年，在幾十年間偶爾一次，或者在某一個時間，心裡的煩惱突然間頓斷，本來很混亂的心一下子變得明淨，當明淨心出現，而煩惱心消失，此時悟境就會出現。至於悟境出現之前與之後，有什麼不同？有很大的不同。沒有出現悟境之前，頭腦裡所反應的都是世間俗事，都是雜亂心想到的事；悟境出現以後，煩惱心斷了，這時的心境沒有煩惱，只有非常明朗的智慧，便是「明心見性」，就像夜空突然間亮了，只有月亮和星星，沒有遮雲。沒有煩惱而只有明朗的智慧，便是開悟。

所以開悟這件事，有的人需要打坐，有的人不需要打坐。至於不打坐而開悟的例子雖然有，但是不多。比如中國禪宗史上曹洞宗的曹山本寂禪師，他就是沒有打坐的，另外六祖惠能他也沒有打坐，他原來是一個砍柴的樵夫，因為聽到《金剛經》句偈而當下開悟。許多的人都希望不打坐就能開悟，也有些人真的不需要打坐就開悟了，這是可遇不可求的事。

問：在美國有很多日本禪師認為「只管打坐就好」，理論並不重要。您認為呢？

師：對一個修行人來講，只要好好用功，懂得多少佛學並不緊要的這種說法，我並不反對，中國的禪師也都是這麼主張的。為什麼？因為只管修行，一味地修行，能使得我們的雜念愈來愈少，而頭腦愈來愈清淨。

佛學的理論，則是用頭腦去思考、思辨或者分析所成的學問，但是無法真正見到智慧，只能夠分析判斷問題，不能夠直接開悟見性。因此，主張修行而不重理論的說法是很正常的。我在日本留學時期，有一個教授在我完成博士學位之時，他講：「你這是用頭腦得到的學問，不是真正的智慧。真正的智慧無法從研究而得，而要直接去問話頭，用方法；從話頭得的答案是智慧，從書本得的答案是煩惱。」他的講法我能夠接受，我也主張佛學與修行是兩回事，前者是用頭腦思索，建立學問；後者是把頭腦放空，把頭腦裡邊的一切雜念粉碎、不讓雜念起伏，才可能見到智慧。

但是，如果是為了佛法的傳播，或者把禪法介紹、推廣給人，理論還是需要的。不懂禪的理論，很可能引來禪師無知的批評；如果專講禪學，而缺乏實際禪的修行、禪的體驗，離真正的禪還是很遠，根本看不到底，也看不到邊。用學問知識來探究禪，並不是真正的禪，反而成為一種障礙。但是，如果要把禪法傳播出去，乃至傳給後世，還是需要文字的傳播。

因此，在中國佛教史上，禪宗雖然主張不立文字，但是禪宗留下的文字，卻比其他宗派都多，便是為了說明什麼是禪？因為不用文字，而要說明。其實不用文字，根本不必說明，如何不必說明呢？那就是用方法去參。因此，禪宗一次一次地介紹，一次一次地說明不要通過文字，直接就去參話頭，直接就用默照禪。如此苦口婆心地講不要用文字，即是「心行處滅，言語道斷」，如果還要用文字解釋、用心思去商量，那麼距離禪法是很遠的，不可能接收到禪悟的心。也因此，不論是日本禪或是中國禪宗，都主張不借文字。「心行處滅，言語道斷」，全副身心來參無字公案，才是最可靠的。

問：您在書中提到，禪可為西方人士帶來好處，怎麼說呢？

師：如果西方人沒有接受禪的觀念和方法是一種損失，這就像是一種生活的技巧、一種生活的本領，我們學了以後對自己是一種方便和利益，如果不去學，會是我們的損失。

中國的禪宗祖師都講，禪本身並沒有什麼，它是每個人都具有的。在西方社會的每一個人，也是本來具有。因為禪不是一種知識，不是一種學問，而是一種悟性，是從自己內心中透露出來的一種智慧的光明。它並不一定要學習，但必須要有人來告訴你有這個東西，讓你去探索、去找尋，這樣的時候，這一份功德和利益你就可以得到。因此，禪法如果不傳到西方，或者西方人沒有學習禪法，乃是一種損失。

問：為什麼您認為佛教徒不應該參與政治？

師：這跟佛教的傳統有關。佛教的創始人釋迦牟尼佛，他以王子身分而出家，既然已經出家，已從政治環境脫離，就不要再去碰觸政治的環境。

政治是社會人所需要的，但是對修行人來講，最好是不碰政治。一旦碰了政治，就會有很多是非，等於又回到世俗之中，攪入了世俗糾葛，這對修行是有妨礙的。

但是，佛教並不否定政治，也不反對政治，而是說做為一個修行人，最好少碰政治，否則對修行會打折扣。這點對在家修行與出家修行都是相同的，涉入政治，而要談深入修行，會比較困難。

問：聽說您拒絕換腎，為什麼？

師：如果現在我還只有六十歲，我會願意接受，但是我已近八十，一個有用的腎用在我身上，還能用多久？如果把有用的腎捐給年輕人，可發揮的功能大一些。所以我覺得不需要浪費一個有用的腎在我身上，只發揮一些功能，效用並不高的。

（二〇〇八年十一月六日於臺北中正精舍答美國華盛頓「宗教新聞社」）

在水陸法會中體驗人間淨土

法鼓山的水陸法會有幾個特色：第一是非常莊嚴。尤其這一次盡可能地讓所有信眾都住在山上，就好像是參加佛七或是禪七，早晚都在道場裡，內心很攝受，不會因為回家而讓心散亂。

第二個特色是環保的改良。中國的水陸法會從梁武帝開始，然後歷經宋朝、明朝、清朝等歷代許多祖師的修正補充，可是民國以後一直到現在，沒有人再這麼做了。然而時代、觀念、環境都變了，譬如環保意識，過去沒有這樣的風氣，但是今天如果不重視環保，不要說是度眾生，反而很快就會面臨災難；不但不能夠消災，反而會製造災難。

過去的水陸法會其實不環保：吃的東西不環保，用的東西不環保，燒的東西不環保，形式上也不環保，因此我們在經過深入而長遠的考慮後，從二〇〇七年即開始著手改良。也因為我們的這些改革，所以，今年（二〇〇八年）即有幾個佛教團體前來參觀、學習。這顯示我們普遍向社會推廣的環保，不僅是對法鼓山的信眾有影響，對這個時代整體的佛教界都有影響，這是一大功德，非常特殊的一種現象。

我看到許多法會，除了食物之外，還有燒紙錢、燒香、燒蠟燭、燒種種的東西，不但浪費資源，更是污染環境。而法鼓山在這方面做得非常徹底，我們的廚房裡，沒有東西可以浪費，剩餘不用的也會當廚餘，都有用處。不浪費東西，這是做功德，如果浪費不貲，那就是造業。

第三，我們的信眾在山上參加法會時，不會吵雜，不會彼此講話，甚至晚上睡覺的時候，也不會在房間裡聊天，像是在打禪七一樣。因此，今天是第一天晚上，大約有三千人在山上，我希望大家在任何一個地方，任何一個房間裡，都沒有講話的聲音，如果真的一定要講話，要將聲音壓得很低，如果是去洗手間或做其他的事，動作要輕，聲音要小，不要吵到別人。這樣一來，雖然有三千個人在山上，聽起來卻好像沒有一個人，鴉雀無聲，而這就像是「人間淨土」，這是我們所營造的氣氛，只有在淨土裡面才會出現。所以我們在參加法會的期間體驗人間淨土，你的人品、人格也會提昇。因此，我們的水陸法會是配合著法鼓山的理念——提昇人的品質，建設人間淨土。

（二〇〇八年十一月二十九日講於法鼓山世界佛教教育園區「第二屆大悲心水陸法會」三大士焰口）

好願在人間 三

鐘聲幸福

二〇〇六年一月九日，《中國時報》副總編輯趙政岷先生偕記者黃蕾小姐，至臺北安和分院向聖嚴法師進行專訪，議題從二〇〇六年法鼓山提出的年度主題——「和平吉祥」出發，以及對法鼓山落成開山主題、對教育人才的看法，以及如何破除我執、如何能有真正的幸福等。

問：二〇〇六年法鼓山提出的新年祝福是「和平吉祥」，能否請您再加以闡釋？

聖嚴法師（以下簡稱「師」）：迎接新的一年，通常的人都會祈禱，或者相互祝福如意、吉祥、平安，或者發財、健康，雖然立意很好，卻還不夠好，原因是這類的祝福只是一句話，因此我們提倡祝福要有確切目標，如此祝福力量會更大。

「和平吉祥」的意思，「和」是與人和，與己和；「平」是平安、平穩，隨時保持平靜、平穩、平安與平常心。若能做到「和」、「平」，結果一定是如意吉祥的。

但是有的人只想坐收其成，等著別人來跟我和，自己的態度卻不友善，甚且心存對立，如此要想與人和諧是不可能的。與人和平相處，一定是自己付出、努力，才能影響周遭的人，這對家庭、社會、兩岸及全世界都是一樣。

問：法鼓山去年（二〇〇五年）落成開山，向社會傳達法鼓山是一個世界佛教教育的園區，請您談談您心中對於教育的期望。

師：教育是百年樹人的工作，無法在短期內見其效果。而人才的養成，可分成一般人才養成，及不世出的人才養成。一般的人才養成，確可經由教育體制培育而出，但是不世出的人才，則是他們自己培養自己，自己成就自己。因此我辦教育，一方面盡可能提供完善的師資、設備，給學生一個良好的學習環境，同時我也勉勵學生，一生之中要能抱定一個理念，堅持一個大方向，不要害怕過程艱辛，只要勇往直前。如此，就算是中等人才，也能對社會有大用。

問：現在的年輕人被喻為「草莓族」，不堪挫折。您怎麼看待？

師：把現代的年輕人說成是「草莓族」，其實並不公允。因為每個時代的環境與特性都不同，不能因為我們這一代走過艱辛、歷練風霜，而批評時下年輕人的抗壓性不足。我也看到有些年輕人非常優秀，也非常努力，家境好的很努力，家境不好的也很努力。在我的看法，包括父母在內的成年人，應該經常給青少年鼓勵，也可以為他們建議人生的方向，父母的責任並不僅僅是滿足下一代的生活需求就夠了。

問：您怎麼看明年臺灣的環境，大家應該要注意什麼事？

師：我很慚愧，我是從不做預言的。我經常說，面對命運或者大環境，都是靠我們努力與否，以及我們的觀念是否正確，就能夠主導我們的命運以及我們的未來。如果大家都朝著「和平吉祥」的祝福照著去做，我相信二〇〇六年應該是一個大好年。

問：這個社會每一個人的「我執」都很重，怎麼樣讓自己跟別人、自己跟社會、自己跟團體之間的關係敞開？

師：如果不能夠把心胸敞開，自己很自私，而老是想著爭取、追求、占有，自己是走不出去的，就是走出去，人家也會怕你，你的心也會不安寧。如果把心胸打開，見到任何人、到任何場合，參與任何一個團體，都抱著我來奉獻、我來報恩的心態，就會覺得很快樂，因為快樂、幸福和成長，都是從關懷社會、服務大眾、奉獻人群之中完成的，這樣的時候，我們自己就會有安全感，而不會在自己跟人之間加一道防線，老是擔心自己吃虧、有所損失。

但是有的人擔心，我奉獻給人，可是別人怎麼給我回饋？會不會到最後成了羊入狼口？如果明明知道對方是狼，我們只有希望對方不要做更多的壞事，或者傷害的人少一些，這就是我們做的好事；對於那些不平安的因素要去預防，去改善它。

問：現在很多年輕人會說：「我要幸福」，不曉得您怎麼看幸福？

師：一般人講的幸福，通常與財勢名利位有關，名與利相連，權和勢併同，名利權勢就是幸福嗎？不一定。真正的幸福是身心健康，特別是心情的平和、安定。心平氣和是可以練習的，身體則不一定自己可以控制，什麼時候生病不知道，可是只要我們的觀念正確，就不會怨天尤人。生老病死是人生的過程，這是大家都會遇到的，生病了怎麼辦？就是去面對它、接受它，能夠醫治的就醫治，醫治不好的那就接受吧，心裡還是保持平衡。有的人害了小病覺得很苦，也有的人長年害重病，還是能夠心平氣和，只要心裡不覺得苦，就是幸福。

至於整個大環境，至少我們自己不去製造混亂，而他人製造的混亂，我們要練習不受它影響。如果有人侮辱我們、打擊我們，或者讓我們損失也好，能接受的就接受，不能接受的就迴避一下，如果真的迴避不了的也沒有辦法，既然沒有辦法，生氣也沒有用，心裡還是保持平和，不需那麼痛苦。

問：有的人在追求感官物質享受或者名牌時，會有種幸福感，幸福跟外在感官的享受，如何看待？

師：物質享受是感官的刺激，不一定是心滿意足的幸福，追求物質刺激、官能快感也許能有一時的心滿意足，但維持不了多久，刺激一過就沒有了，那就成了空虛。因此，我奉勸當權者，上臺很好，下臺也很好，有機會很好，沒有機會也很好，這才是真自在。其實，名利權位勢並非不好，如果是實至名歸，自己有多少努力就有多少收穫，但是收穫也只是暫時的，並非永遠的。

就好像有一桶水，你把水捧在手上，你說這桶水是我的，但是想要把水永遠捧在手上，可能嗎？最後水會怎麼樣？會流失，也會蒸發掉。名利權位勢就如手上的一捧水，如果貪圖名利而捲進其中，那是痛苦，不是幸福。幸福是知足，多也足、少也足；有也好，沒有也沒有關係。觀念正確，隨時就是在幸福中；觀念不正確，就是自己把幸福放走了。

問：新的一年，您是否有些期望？

師：如果有期待的話，就是說大家能夠大悲心起，和平吉祥。大悲心實際上就是盡自己的力來關懷這個社會、關懷大家，從家庭、社會到整個的世界，自己能有多少力量就盡多少力量，為這個社會付出貢獻和關懷，如此我想今年（二〇〇六年）對每個人而言都會是個和平吉祥年。

（二〇〇六年一月九日答《中國時報》）

超越自己，便是智慧

怎樣才算是一個佛教徒呢？很多人覺得佛教有很多的規矩，以為學佛有很多束縛。其實佛教徒沒什麼一定的限制，在學校裡，你們是學生；對父母而言，你們是兒女，只要善盡你身分的責任和義務，就是佛教徒。

法鼓山現在所推動的「人間淨土」、「心靈環保」，都是因應社會的需要而提倡，因此，現代年輕人學佛，絕不會被人笑是消極、迷信。

許多年輕人，對於自己的未來是有想法的，但也有少數年輕人，對未來的想法是不切實際的。做為一個年輕人，應該懂得生命的價值，懂得人為什麼而活，在什麼階段要做什麼事，才能對他人有益、對自己無憾，同時要懂得活在當下，將當下學到、看到、有用的，都當成生命的經驗。

釋迦牟尼佛出家時，年紀還很輕；出家修道後，從沒離開現實人間，他的弟子們，不管出家還是在家，都是青年學生或學者，例如舍利弗、目犍連，因此佛教在印度形成一股非常有活力的力量，在社會上產生淨化人心的功能。

我們應該學習釋迦牟尼佛時代的精神，所以佛教要年輕化，希望你們都能學習佛法、推廣佛法，這對自己、對人類社會，都將大大有用。

法鼓山推廣的佛法，是要人人都能聽得懂、人人都可以學以致用。很多人對社會、對未來，經常抱持悲觀想法，其實只要運用佛法，在任何一種艱困、低迷的狀況下，遇到再大的困難挫折、天災人禍，也不會恐慌，我們都會覺得充滿希望活力，不會對眾生失望，都能面對、處理，並且平平安安度過。

參加了這一次的「卓越・超越」成長營，你們學習了什麼？超越了什麼呢？如果能超越自我中心的執著、傲慢，那便是智慧。但願你們帶著這樣的智慧和自信回家，隨時隨地好好運用，將年輕的生命經營得更美好。

未來，也希望你們能持續接觸佛教，參與我們的活動，學習用佛法自利利人。

（二〇〇六年一月二十六日講於法鼓山世界佛教教育園區「卓越・超越」青年成長營）

認清價值觀與大方向，感恩順境與逆境

能夠受邀出席貴校九十四學年度的畢業典禮，聖嚴深感榮幸。在此之前，我只到過國立政治大學、泰國國立朱拉隆功佛教大學（Mahachulalongkornrajavidyalaya University），為這兩校的畢業生說幾句話。今日欣逢臺灣大學畢業典禮，一方面來向諸位同學道聲恭喜，另方面則是表達祝福：恭喜諸位完成一段非常精彩的學習歷程，也祝福諸位未來能有更光明、遠大的前程。

這樣的祝福有用嗎？我相信有用，但無法絕對保證，因此我建議諸位，把握這重要的時刻，建立正確的價值觀，然後確認一個大方向，勇往直前、不斷努力。所謂人生價值的建立，便是清楚了解生命的意義，換句話說，就是清楚「人活著是為了什麼？」。活著的目的，僅僅為了財富、地位及名望嗎？其實人的生命，從出生時便負有一項任務，那就是「承先啟後」，也就是我們每個人在歷史上、社會上、家族中，所扮演的角色、須盡的義務、應負的責任。

建立人生價值觀

每個人從出生、成長，歷經童稚、少年、青年、中年、老年時期，一直到死亡，所有的過程都具有延續性，甚至還包括了上一代血親的延續，但這並不是說我們的生活環境不能改變，而是意味著我們人的價值觀不能改變。一個人的一生中，如果能持有一個明確的價值觀，堅定始終不變，則生命各階段的成就，將會是相乘相加的。

可能諸位都曾經思索過這類的問題：「人生在世，為什麼要學這、學那？」「為什麼會發生種種的經歷？」「為什麼要接觸各種各樣的人和事？」從我的立場來說，答案很簡單，就是為了讓自己過得平安、幸福、快樂、健康，同時也使那些和我接觸、相關的人，同樣過得平安、幸福、快樂、健康。這是不能改變的價值觀，因為一旦失去這個原則，很可能就會傷害自己，也傷害他人，這對人生是負面的減分，也不容易見到層層加分的豐富人生了。

確認人生大方向

其次，在確定了價值觀的立足點後，要有一個大方向。所謂大方向，並不一定得立志當總統、做大企業家，或者成為大富豪、大人物，而是這一生之中，要做一個人品健康者，那才是終身受用的最大財富。如何經營人品的財富？我的建議是：絕不做損人不利己之事，也不可有意無意之間做出損人利己的事來。凡事必須考慮到自利的同時，兼利他人，至少要做到利己而不損人的處世原則，否則會得不償失，甚至引來失足之憾。

人在一生之中，要往哪一個方向發展？當然，每個領域都有廣大的天地，都有獨特的專業可以去學習、去貢獻，因此有人從商業發展，有人從學問探索，有人從政治、法律、科技等領域發揮，也有像我這樣的人，是從非營利事業的宗教領域來努力。

等到大方向確定後，如果發現走得不適合，或是偏離了方向，還是可以修正的，但大方向一定要掌握。比如說我從小出家，過程中曾有機會還俗、結婚，或者從商、從政，甚至也有機會當作家、做學者，但這些我都沒有考慮，因為我很清楚自己的大方向，就是當一名宗教師。我選擇終身做和尚，而從和尚的身分中，也可兼做學術研究、辦教育事業及寫作。

以我這樣一個年屆七十七歲的老和尚，很願意向諸位同學建議：年輕人最好不要把大方向模糊了。人的一生，時間短暫，沒有幾個方向可讓我們半途而廢。也許在某些情況下，只走到一半的旅程是一種轉折，但就怕容易放棄的態度，變成了一種習慣，那就很糟糕了。

感謝順境也感恩逆境

我還有個建議：在生命過程中，要學習對順境感謝、對逆境感恩。處順境時，例如有貴人相助、好運連連、一路上平步青雲，在這種情況下，更要謙虛謹慎，並心懷感謝每一個相關的人，不可過河拆橋、得意忘形，更忌驕傲自大，否則很容易出狀況。

遇到逆境之際，也一樣要感恩，因為逆境會使人成長得更快，磨鍊得更勇敢、更堅強。但如果遇到逆境，自己卻不曾檢討反省，不能從中學取經驗，只是一次又一次接受相同挫折，這就不是在接受逆境的考驗，反而是自己的愚癡、無知了。

有時候的情況是自己沒犯錯，但因時空環境變了、人事狀況變了，一時間會有無法適應的痛苦。遇到這種情形，就要趕快調整自己的想法和作法，來適應現實的大環境。因為先有了自己的價值觀及大方向，就不會沒有機會來發展自己的抱負。

我這一生，從不求事事順心，也不求沒有逆境出現。遇到逆境的時候，我是這樣處理的：首先告訴自己：「山不轉路轉，路不轉人轉，人不轉心轉。」只要想法一轉，現前的困境就不存在了；困境不存在，自然就會發現新的出路。此外要「面對它、接受它、處理它、放下它」，有些事情，想來想去沒辦法處理，那就接受吧！接受就等於處理，也就可以放下了。

而放下以後，心上就不要牽牽掛掛、怨恨悔惱，如果還在牽掛、怨恨，自己就會雙倍倒楣，因為自己的信心不見了、勇氣也沒有了。在最困頓的時候，我形容自己就像是被五花大綁，在這樣的情形下，我的心還能自在地打太極拳。只要不以為自己倒楣，也就沒有什麼事可以困擾自己。

最後，我在這裡恭喜諸位同學、祝福諸位同學，勇敢地迎接未來、積極地負起責任，如此就永遠沒有困難，每一天都是陽光燦爛。

（二〇〇六年六月三日講於國立臺灣大學畢業典禮）

「心六倫」運動的目的與期許

回顧東方社會，經歷了近一、兩個世紀的動亂，舊的倫理觀念和價值已遭到漠視，導致當今社會充斥著各種亂象：人與人之間缺少尊重，個人也缺乏自重，每個人所扮演的角色亦非常模糊，責任感與本分心也都變得淡薄。因此法鼓山要推動一種新的倫理運動，我們將它稱之為「心六倫」。

所謂「心」，就是「良心」的心。許多人都知道需要有倫理價值觀，但當倫理落實到自己身上時，卻往往由於利害得失的考量，而將它棄之不論，而對與己無關的事情，就要求大家要有倫理價值觀。當然大家都應該要守道德，要有倫理觀念，但關鍵在於我們每個人，是否有把自己的真誠心、懇切心放進去，是否有把自己的生命，跟倫理道德結合在一起。因此我們提出「心六倫」，是要從心出發，正如法鼓山一貫強調的「心靈環保」，要從自心做起。

倫理須有道德的配合

「倫理」與「道德」這兩個名詞，一般都是相提並論的。兩人以上的相處，彼此各盡其責、各守其分，這是「倫理」；彼此尊重、互相關心，這是「道德」，兩者之間關係相當密切，不過範疇並不相同，例如道德之中，不一定含有倫理，但倫理的實踐，則一定要有道德來配合。

所謂「倫理」，是指人際間的互動，每一個人可以同時扮演好幾個角色，善盡每個角色的本分、責任，就是倫理觀念的落實。至於「道德」，是讓所有與我互動的人，都能夠得到利益、平安，也就是所謂「交友」的功能。

道德的實踐，關鍵在於我們自己。如果只是一味的期待、苛求他人對我們好，自己卻沒有等同地去回饋，那就是欠缺道德。我必須再次強調，人際之中如果缺乏道德，也就不成為倫理。

「心六倫」關懷的主體與價值

「心六倫」的特色，在於它的時代性，是對當前臺灣社會及國際情勢的一種回應，這與過去傳統儒家所倡的「五倫」：「父子、君臣、夫婦、兄弟、朋友」不同。比如「心六倫」之中，提到了自然、職場和族群倫理，都是新時代的面向，非傳統五倫所能涵蓋。

我們每一個人在「六倫」之中，扮演的不只是一重，而是多元的角色。不論我們扮演什麼角色，都應該要有正確的觀念：我們是為了守分、盡責、做奉獻，而不是為了爭取；在求自利的同時，也要尊重、關心他人。所以，一味的貪求爭取不是倫理，服務奉獻才是倫理的價值。

一、家庭倫理

家庭倫理的主體是夫婦、親子、兄弟姊妹三者的人際關係，至多可延伸至與公婆、岳父母間的互動。在家庭中，一個父親可能也是女婿、兒子，同時也扮演兄弟手足的角色。不論扮演哪一個角色，在何種立場，就會有相對的身分；而有什麼樣的身分，就要擔負起這個身分應有的責任和義務，共同來照顧家庭，使家人幸福和樂。

現代人大多是小家庭，家中成員少，至多是祖孫三代同堂。小家庭最常見的問題是：父母對子女的照顧、關心不足，而子女對父母的孝敬、關心，日漸淡薄。舉例來講，媒體經常報導某些家世顯赫的公眾人物後代，在父母往生之後，為了遺產爭執不休，甚至鬧上法庭，他們只計較個人利益的爭取，而不去思考家庭的和諧關係。

此外，很多父母在孩子成長的過程中，給予的家庭教育相當有限。在這種情況之下，缺乏家庭教育的孩子，到了外面很可能就成為麻煩的製造者，他們不受管教、無可理喻，而學校的老師也不敢管，因為一管教，家長就上門理論了。過去我們講一個孩子沒有家教，那是對父母相當嚴厲的指責；可是現在，缺乏家教的孩子為數不少，甚至有的父母不肯讓老師管教小孩，這是非常大的問題。

家庭是一個社會最基本的組成單位，擁有健康和樂的家庭，才是一個幸福祥和社會最穩固的基石。家庭的每一個成員，不論輩分，都應該思考如何為自己的家人奉獻，而不是斤斤計較如何從對方身上獲取什麼。每一個成員，都要克盡本分，不論其他成員如何，我們自己一定要扮演好自己的角色，對長輩要感恩孝敬，對平輩及晚輩要關心照顧，如此則不論貧富貴賤，家庭必然和樂幸福。

二、生活倫理

生活倫理的重點是節約、簡樸、不浪費。

生活倫理與其他五倫，均有密切的關係，因為不論在什麼場合，都是人類生活的一部分。我曾經看過一個廣告，內容是一個女孩子買了很多衣服，卻不快樂。其實我們對於物質的需求，真正需要的不多，而是想要的太多；要的愈多，卻愈不滿足！

生活倫理的另一個內涵是：要尊重自己，也要尊重他人，給自己方便之餘，也要讓他人方便。中國傳統的俗諺云：「各人自掃門前雪，莫管他人瓦上霜。」這種陋習今人應當修正過來，因為個人與他人的生活實不可分。因此，生活倫理的落實，除了從我們每一個人開始，珍惜善用生活中的各種資源外，也要對環境給予愛護和尊重，除了給自己方便，也要尊重其他使用者的權益。

三、校園倫理

校園倫理的主體是老師、學生和家長。

我聽到現在許多的老師、學生和家長，大家都有苦水。譬如老師說，現在的學生不管做錯什麼，老師就是不能管教、不能責備、不能勸導，否則家長就上門理論；但如果學生成績不好，家長則說是老師沒有善盡教育之責，所以他們很感嘆。而站在家長的立場，他們也抱怨現在的老師，沒有愛心、沒有耐心，每天只是固定地上下班，不是真的有心作育人才。

這也說明了一種現象：現在的校園，學生不像學生，老師不成老師，而與校園倫理關係密切的家長，也沒有盡到責任，只是把孩子送到學校，放任他們為所欲為。至於最高的教育行政單位，也給予學生十足的自由；這樣的作法立意雖佳，鼓勵學生能充分發揮才學，可是往往自由過度成了放縱，反而造成其他同學、老師的困擾，甚至妨礙到整個校園。

當前臺灣深受西方文化影響，西方社會講求平等，為此也有學生要求跟老師平等、跟社會人士平權。但這種平等是有問題的，當中沒有考慮到校園倫理，也沒有思考到自己應盡的本分和義務，只想享受權利，這是不切實際。

師生的倫理，是建立在雙方愛與敬的基礎上，如果教育決策者能對老師、學生、家長制定一套倫理規範，使三方在校園倫理的規範內，各盡各的職務，各盡各的義務，如此才能教育出品德和學養兼美的下一代。

四、自然倫理

自然倫理的關懷主體，就是自然生態，包括生物與非生物的資源和環境。非生物的資源，例如金屬、石油、煤等礦藏，雖不是生命，但與生態有關。因此，這裡所說的自然倫理關懷，除了直接保護有機生態之外，還包括間接保持各種資源之間的永續平衡，凡是自然界的一草一木、一塊石頭，都跟人類的生存有關，人類使用它們，就應該珍惜它們、保護它們。

現在大家都有共識，地球只有一個，地球不能毀滅。也許有人以為砍倒一棵樹、剷平一座山丘、捕捉幾隻保育類動物，地球尚不致因此而毀滅，然而這是井底之見。因為人類的家園就在自然之中，人類生存所賴以維生的條件，都是從自然供給。因此，當有任何一個人破壞自然資源、消耗自然資源，就等於浪費了全體人類的資源，即是把後代子孫的資源一併糟蹋了。更有甚者，當地球環境惡化之後，人類的健康將受其影響，而人類生命的保障，也會愈來愈脆弱。

人類與自然環境之間，雖然自然不會說話，但是我們日常所用的物品（資源），不管是自己買的或者別人送的，都不應該浪費。關心自然倫理，不破壞、浪費地球資源，要從每一個人自己做起，進而去保護、改善地球環境，使地球更具有未來性，使人類的生存空間更有安全感。這種對自然資源及自然環境的關心和付出，就是我們要提倡的「自然倫理」。

五、職場倫理

職場，泛指政府、民間等公民營事業單位場所，也包括非營利事業的團體組織。人與人之間工作上的互動關係，就叫作職場倫理。

我所認識的企業界人士，大多感慨現在的企業主難為。企業的負責人付出創意、智慧、資本、資源，但員工卻把企業主當成敵視的一方，什麼都要爭取。但是員工的立場又不同了，他們說，老闆不斷壓榨員工的時間、資源，甚至是生命，員工付出那麼多時間和心力，卻只得到不相稱的酬勞，兩者根本不成正比。這是職場中普遍存在的問題，勞資雙方對立，而彼此都要求獲得更多的權利、享受，這不是健康的企業倫理。

除了勞資關係，企業也會面臨與上下游廠商和消費者之間的互動關係。如果企業僅僅考慮在商言商，甚至為了謀利不惜謊詐欺騙，當然不會是正確的企業倫理。

工作的意義，並不只是餬口的謀生工具而已，而是生命的實踐。一個健全的企業經營，應該把股東、客戶、勞工、消費者，當成是生命的共同體，大家彼此成就、互相照顧。從這樣的關係中，我們可以了解：企業主並不等於獨裁的皇帝，企業的財產也不是由老闆一人創造，而是由團隊共同締造，因此創造出來的福利，也該分享給企業相關人員。而所有相關人員，也都應該各自扮演好自己的角色，各盡其責。

以此類推，任何職場中的成員，不論職位高低大小，都應以平等的心態來服務及奉獻，把職場當作自己的家，把同仁當作自己家人來對待。

六、族群倫理

「族群倫理」的意涵，就是對不同族群、文化、語言、習俗、宗教等的尊重與包容。

目前國際社會較棘手的族群問題，多半來自宗教、政治和信仰上的差異。當今世界已是一個多元文化社會，同一國人民即是同一族群，其間沒有種族、膚色、語言之別。例如美國，是世界族群的大熔爐，但在美國憲法的保障下，所有族群一律平等。然而在比較落後的國家、地區，仍存有種族偏見，這種偏見應當要修正，否則除了無法融入世界體系，作繭自縛的結果，本身也會被整個大社會揚棄。

臺灣是一個多元族群的社會，在這塊土地上，各族群之間向來和平相處，和樂共榮。可惜近年來少數政客為了選舉考量，把族群的差異性當成吸票的利器，大肆挑撥這塊土地上人民原本融洽的感情，影響所及，臺灣宛如兩個家園，對立的雙方互相仇恨，互看不順眼；甚至於同一家庭之中，也因族群議題的爭執，導致家人情感破裂。這種平時不存在的問題，到了選舉前夕就被拿來炒作，一旦選舉過了，則又煙消霧散，這是非常不良的選舉文化。實際上，臺灣並沒有族群的問題。

近年臺灣社會另一個快速增加的族群，是外籍配偶與其所生的「新臺灣之子」。這些新族群除了有水土、語言及文化上適應的問題，他們也承受了來自社會上某些歧視的眼光，不免過得辛苦。事實上，外籍配偶、新臺灣之子已是臺灣社會的一份子，外籍配偶是臺灣的媳婦，而她們所生的孩子是臺灣的公民，是將來臺灣社會的主人翁——這是可以預見的事實，怎麼還可歧視他們呢？此外，我們的社會尚有某一群人，因疾病或者其他因素，無法過著與一般人相同的生活，因此遭受外界異樣的眼光，這也屬於族群問題的一種。

縱觀人類的歷史，一個社會因有多元族群的相互激盪、互助合作，往往更豐富、更精彩，這不是歷史的偶然；然而其先決條件，一定是要不同族群之間拋棄對立，相互包容，才能求同而存異。因此，族群倫理便是站在尊重多元的立場，讓每個族群都能發揮自己的特色，同時也要思考、照顧到其他的族群，使他們一樣受尊重、被保護，如此才能展現多元社會的豐富與可貴。

「心六倫」的目的

法鼓山提倡「心六倫」運動，最主要的目的，就是要「提昇人的品質，建設人間淨土」，希望藉由這六種範疇的倫理，幫助臺灣社會與人心能夠淨化、平安、快樂、健康。

我要期勉大家一定要從大處看、往遠處想，並且考慮未來性。希望藉由「心六倫」，將臺灣社會的倫理運動、道德形象，經由影響而改變、提昇，同時進一步影響全球華人社會的民情風氣。只要我們能做出一點點小小成果，相信就會有許多人願意來參與我們、響應我們，和我們一起來持續推動。

唯有提昇人的品質，才能建設人間淨土，人間社會的淨化，需要我們每一個人從觀念、想法的轉變做起。現在一般人都想著競爭，競爭不是壞事，但是站在「六倫」的立場，每一個競爭者，除了要考量自己有飯吃、生活平安、有未來，同時要想到讓競爭的對手也有路走、也有飯吃、也能安定生活，更要考慮勿把競爭的舞臺弄塌了，這才是倫理。如果只想到競爭，而不管他人及後人的生存空間，這就有失倫理，沒有道德。

倫理是一種仁慈，是一種菩薩的悲心，在自利的要求之餘，必須要利他；唯有利他的自利，才是最有保障的。如果只想到自利，而不考慮利他，則自己享有的利益也不會安穩，因為其他的人會來覬覦、會來爭奪。

愈是在混亂的環境之中，愈是需要提倡倫理教育和倫理觀念。希望諸位讀者，都能一起來扮演「六倫」運動的詮釋者、先驅者，希望諸位都能心懷服務、奉獻，以利益他人來成長自己，這才是最好的價值，也是幸福、快樂人生的真義。

（刊登於《法鼓》雜誌二一二至二一五期〔二〇〇七年八至十一月〕）

珍惜生命，就不會自殺

國內外自殺人口現況

「世界衛生組織」（World Health Organization，簡稱WHO）自二〇〇三年起，將每年的九月十日訂為「世界自殺防治日」，希望藉此喚起全球關注，不要忽視自殺對整個社會的影響。根據二〇〇〇年的一項統計，全球六十五億人口之中，有一百萬人死於自殺，這是非常驚人的數字。

報導指出，南韓已經超越日本，成為目前全世界自殺人口比例最高的國家，平均每十萬人之中，就有二十六人死於自殺；其次是日本，匈牙利的自殺比例也很高。臺灣雖不在自殺高比例的排行之中，但是近年來國人的自殺案件劇增，占十大死亡原因的第九名。值得注意的是，其他因素的死亡人數都呈銳減，唯有自殺人數是增加的，這是非常嚴重的警訊。例如一九九一年，自殺死亡人數是一千四百六十五人，到了二〇〇〇年，增加至二千四百七十一人，二〇〇六年，再增至四千四百零六人；十五年之間，自殺死亡人數呈現三倍成長，這確實是我們社會的一大隱憂。

過去的幾十年間，臺灣每年死於自殺的人口，皆在一、兩千人之間，二〇〇二年起，首度超過三千人。近幾年來，自殺人口逐年攀升，其中以青壯年的人數最多，再來是老年人，以及少部分的青少年和兒童。國內的「精神健康基金會」在二〇〇七年春天，公布一項臺灣地區的人民精神健康調查，他們推估，二〇〇六年一整年，共有一百四十二萬人曾經萌生自殺的念頭，有四十一萬人採取行動，十三萬人自殺兩次以上；這顯示臺灣社會有一部分人對生命存在的價值，感到愈來愈悲觀。

自殺可以避免

為了正視自殺人口激增的事實，目前臺灣民間的醫療團體、衛生組織和行政院衛生署成立了「自殺防治中心」，希望能挽救悲觀的人一條生命。法鼓山也在二〇〇六年九月十日，即「世界自殺防治日」當天舉辦一場「關懷生命」健走祈福活動，同時啟動「你可以不必自殺網」，以提供正面的訊息，幫助對人生感到灰暗、失望，或者萌生輕生念頭的人，能在這裡找到一些健康的訊息，感受到生命的亮光。其實只要不鑽牛角尖，願意敞開心門去接收外界的訊息和支援，自殺是可以避免的。

從意圖自殺到自殺身亡，通常不是一時的念頭，而是有其醞釀過程。也就是說，自殺是有機會可以防範的。根據一項研究分析，在自殺案件中，約有百分之五十當事者事先會有預警，他們會直接或間接向他人暗示想輕生的念頭，然而多半的親友都輕忽了，所以無法及時阻止悲劇的發生。有的人事前沒有自殺的跡象，卻在有意無意間透露人生悲觀的想法，或者突然間將心愛之物分送給至親好友，宛如告別。像這樣的人，如果身旁的親友能稍加留意，即時給予慰勉、開解或者陪伴，很可能就陪著他們走過了生命的低潮，等低潮一過，陽光又出來了。

自殺雖有原因，總會有不必自殺的活路

自殺的原因有很多，有的是因為失業，有的是失戀，有的是家庭不和諧，也有的是因為經濟負擔過重、收入不夠，或者根本沒有收入，因而走上絕路。也有一些人，因為罹患躁鬱症、憂鬱症，時日一久，漸漸對生命不抱希望，覺得活著沒有意義，所以步上自殺之途。最糟糕的是，父母攜子全家自殺。大人們覺得自己活不下去了，就把孩子帶著一起「走」；好像孩子留在世上沒人照顧，只有受苦，與其讓孩子受苦，不如帶他們一起「走」，這真是人間最慘痛的悲劇！其實，這種想法是大錯特錯，這麼做更是千萬不該！我曾在公益廣告中呼籲：「孩子有無限的未來，父母能把孩子撫養長大，這是大功德、大喜事、大好事。反之，父母如果阻斷孩子該有的成長，而帶著孩子一起自殺，那是人間最悲慘的損失。」

不切斷自己的後路，一步一步往前走，前方總會看見希望。因此我要建議：每一個人都應該要有自己人生的寄託。如果能有一個生命的寄託，就是找到生命的歸屬感，

也就有了生命的目標與方向。這個時候，就不會懷疑活在世上的意義，而有一種穩定的安全感。就像船在大海中航行，不可能每天日麗風和，也會有起風落雨之時，甚至面臨暴風巨浪。可是在風雨來襲之前，我們可以事先找避風港掩護，等風平浪靜之後再出發。人生的過程也是一樣，難免遇風遇雨，有時甚至是大風大浪來襲。一輩子平順沒有任何困境，那是不多見的。有些人遇到小風小浪，完全招架不住，徹底崩潰；有的人即使遇巨風駭浪，也能從容不迫；也有的人，知道風雨欲來，先找避風港保護再說，因為活著就有希望。我經常說：「只要還有一口呼吸在，就有無限的希望。」一只要活著，哪怕只有一分鐘，就有一分鐘的價值，就有一分鐘的功能與希望。人生的希望處處都有，為什麼要自殺呢？

以經濟問題來說，譬如欠了卡債、地下錢莊而還不出錢來，臨到對方催債，因為受不了壓力而選擇自殺的人，可能心裡想著：「我就是沒錢，大不了一死，死了就什麼都不欠了。」事實上，「債」是不會憑空消失的；今生不還，來世還是要還償，到時候連本帶利，可能還更多。因此，我要勸勉有經濟壓力的人，就算是被債主逼債，也不必要自殺。債務不會永遠還不清，現在一時還不了，將來仍然可能還清。只要活著，以時間來爭取空間，目前沒能力償還，也許時間一久，就會有新的轉機。再怎麼辛苦，再怎麼難捱，還是要堅持活下去！只要活著，就有機會，就有希望。

人人應該建立人生的歸屬感

會選擇自殺的人，很大的原因是因為找不到生命的歸屬感。什麼是生命的歸屬？可以從幾個層面來看。第一是現實的歸屬。我們的生命，是以現在的人類社會為歸屬，其次是整體人類歷史、文化的歸屬。也就是說，我們每個人的生命，都是源自古今中外整體人類歷史、文化的滋養，而我們的一生，能奉獻多少、成就多少，就全回饋出來，共為整體人類歷史、文化的一部分。這是更深遠的生命歸屬，相信一般人是可以理解的。第三是宗教信仰的歸屬。有信仰的人，活著的時候，隨時都深信有神、佛菩薩在保護；遇到困難的時候，會祈禱佛菩薩、神的護佑加持，幫助度過難關。祈禱之時，情緒往往就能平靜下來，事情也能夠柳暗花明、峰迴路轉，發現新的契機。

因此，我奉勸每個人最好都能有正確的宗教信仰。正確的宗教信仰，並不等同於民間信仰的燒香、拜拜，而是要有宗教的生活與宗教的修養。對有信仰的人而言，比較能夠從容面對人生的驟變，信仰對他們來說，是最後的歸屬，也是人生的避風港和依歸處。

自殺風潮必須用希望來化解

我也要呼籲社會大眾，不要輕忽臺灣兩千三百萬人之中，每年有四千多人死於自殺，乍看並不很嚴重，其實這個數字是相當高的，甚至比起某些戰亂、災變造成的罹難者數字，有過之而無不及。某些戰亂，時間長達十年，死亡不超過數千人；臺灣九二一大地震造成兩千三百多人往生，全國哀慟。可是，臺灣地區自殺死亡的人數，每年卻有四千多人，這豈不是一個更大的災難！

自殺的現象，對社會的影響實在太大了！一個人自殺，足以影響一個家庭，甚至影響整個社會。其實，在我們的社會中，面對坎坷遭遇而依然堅持奮鬥的人，大有人在。有些家庭，根本沒有收入，成年人都往生了，就是靠著老人家拾荒也能活下去；或者在學中的孩子利用課餘打工，也能活下去；甚至有一家人共吃一碗麵過活的例子。這些人堅強的求生意志是可佩的，無論如何艱苦，也要活下去。現在臺灣，只要願意接受幫助，社會局或者民間慈善團體都願意提供協助，實在不需要孤軍奮鬥，自以為沒有希望而輕生。

人情冷暖，也處處都有熱心人的愛

還有另一種現象，也值得關心，那就是輿論形成的致命壓力。最近媒體報導，有一位五十多歲的婦人，和一個年紀小於她的中年人相戀，結果小鎮上流言蜚語，譏笑、批評、嘲弄聲四起，讓她覺得活著沒臉見人，竟然自殺了。這個事件實在值得省思，我們的社會是不是太缺乏慈悲心了？為什麼接受男長女幼的婚姻，卻不能接受女長男小的交往呢？這真是輿論殺人。把貧富、性別、年齡、學歷和職業等差異，當成牢不可破的階級觀念，來歧視、訕笑，有這種心態的人是落伍的，更是不慈悲的。希望這次事件能帶給大眾深切的反省，我們每個人都應對社會多一點包容，對人多一些慈悲。

此外，對於罹患憂鬱症、躁鬱症者，或者獨居無依的老人、無援無助的人，大眾要主動伸出溫暖的手；另一方面，需要幫助的人，也一定要伸出手尋求支援，這才是脫離困境的方法。

曾經萌生自殺念頭的人，要練習著用誠懇、信任的心來結交朋友，敞開心胸討論問題如何解決。也許一次、兩次得到的回應是冷眼旁觀、無人理睬，即便如此，還是要繼續努力，給自己機會，也給他人機會。不是所有的人都冷漠，一定會有熱心的人，願意伸出溫暖援助的手。千萬不要被拒絕一次、兩次，就覺得這個世界冷漠，拒人於千里之外。人間處處都有門，有的門內正好沒人在，無法應門，再多敲幾次，一定會有人來回應你、幫助你。要相信自己，也相信這個社會一定可以幫助你解決問題。

（刊登於二〇〇七年九月九日第一屆「關懷生命獎」典禮大會手冊）

青年學佛的三條件——信、願、行

諸位法青會的海內外代表，這次在高雄的聚會，我無法親自與諸位見面，只能藉著錄影，與諸位分享青年學佛的三條件——信、願、行。

之一：信

信，有不同的層次。一種是「仰信」，就是「信仰」的倒置詞。「仰信」的意思是說，自己尚未接觸佛教，可是從周遭的親戚朋友身上，或者看到社會上一些具有影響力、令我們尊敬的人已經接觸、信仰佛教，而佛教信仰確實幫助他們擴大生命的襟懷，把人生提昇至另一種境地；因著這些示範的影響，相信佛教是不錯的，也就跟著一起隨喜佛教、接觸佛教，這叫作「仰信」。

其次是「解信」，是藉由閱聽媒介的管道，獲得佛法的訊息，從而建立佛教的信仰。譬如有人透過閱讀書報雜誌，或者經由各種媒介的傳播而接觸佛法，覺得佛法很有道理，也很契合自己現階段對於生命的思索，別具啟發，因此願意接受佛教，進而探索、信仰佛教。

第三種是「證信」，就是信仰佛教以後，漸漸感受到佛法帶給自己的改變與成長；或是隨著同儕友人參與佛教的團體，參加各種活動，例如諸位參與法青會，而從活動之中，感受到佛法不可思議的力量，因此更堅定佛教的信仰。

以上這三種層次，不論從哪一門入，「信心」非常重要。但一開始，不一定由「仰信」開始，也不一定從「解信」進入，實際上，有人根本沒有通過這兩種歷程，而是從參與活動中建立對佛教的信仰心，直接進入「證信」的層次。「聖嚴教育基金會」有一位董事，任教於大學，她原來是一名基督徒，後來因為參與法鼓山的義工活動，覺得做義工很有意義，也從做義工的過程中聽到佛法、受益於佛法，漸漸建立起對佛法的信仰心。現在她是法鼓山非常熱心的一位護法居士。這是屬於「證信」的一例。

之二：願

學佛，一定要發願。發什麼願？願，有近程、中程和遠程之別。短程的願，就是近期之內，自己希望完成某一項願心，而把願心當努力的目標。譬如諸位現在參加佛教團體，希望短期內能達成某一項任務而全力以赴，這是屬於近程的願。

中程的願，是指對某一段時期的奉獻規畫。譬如接下來的一段時日，我打算要學佛、做義工，或者加入義工團體，並且全心投入付出。這是屬於中程的願。

還有一種是遠程的願，遠程的願是無限廣大的，它沒有一個固定的目標，也沒有一個既定完成的期限，就是鍥而不捨地投入，持續地做下去。譬如我們有一些信眾，他們做義工，做什麼都可以，就是抱持一個願心：「有什麼地方需要我，我就去做；沒有人做，需要人做的事，我來吧！」這是遠程的願。遠程的願就是大願，是這一生之中永遠不會改變的，如法鼓山有什麼事需要我，我會全心全力奉獻，永遠願心不退。

其實，做義工的好處非常多，比起僅僅是上課、聽講、參加活動的收穫更豐富。因為做義工的時候，自己就是參與主導的人，自己就是指導者、擔任領導的老師，這便是教學相長，一邊指導人、協助人做義工，同時自己也在做義工。在這種情況下，我們學習的面向更寬廣，收穫的心得也愈豐富。

之三：行

行，就是實踐。在佛教來講，學佛修行菩薩道，可從二門進入。一種是靜態的行，比如打坐、誦經、拜佛，這是一邊開發智慧，同時增長慈悲心，也稱為智慧行。另一種是動態的行，也稱為福德行，就是專門為人服務、為人奉獻、為人照顧，而為了要照顧人、服務人，對社會有所貢獻，自己不得不充實，在知識、能力與品德上都必須提昇；因此雖是修福德行，實際上是福慧雙修。如果僅僅是參加念佛、打坐、拜懺，或者聽經演講，雖然也能夠成長，可是成長的空間有限，一定要走入人群，為人奉獻、付出，這樣的成長才是最踏實的。

有一位居士，初來法鼓山不久，我們就請他擔任小組長、小老師。他說他什麼也不懂，怎麼能當小組長、小老師？我告訴他：「你當了小組長，自然就會；做了小老師，自然就懂。」他問我什麼意思？我說：「一方面，我們會告訴你怎麼做；另一方面，你看著別人怎麼做，跟著學也就會了。」他聽了以後覺得有道理，也願意試試。現在他是我們團體裡奉獻非常多、常有大用的護法居士。只要願意承擔，樂於為他人奉獻，自己的成長是最多的，得到的利益也是最深刻的。

以上，我把「信、願、行」這三個字奉獻給諸位，也期待諸位法青會的幹部都能具足這三種條件；這三個要件，缺一不行。最後，祝福大家在這次的成長營裡，有更多的成長、更深的體驗，來日一起為法鼓山「提昇人的品質，建設人間淨土」的理念而努力。

祝福大家平安、健康，阿彌陀佛。

（二〇〇七年十二月三十一日高雄大岡山「全球法青種子培訓營」錄影開示）

好願在人間——聖嚴法師對二〇〇八年的祝福

今天的因緣很難得，能使臺灣主要的十五家媒體齊聚一堂，而且都站在相同的立場，非常不易。臺灣今日的風土民情，無一不在媒體的掌握之中；臺灣當代的文明與文化，也因媒體傳播，而一天比一天更好。

發願後，重在實踐

今天這個活動的主題是「好願在人間」，我們鼓勵大家都能夠發好願。發願的意思，可解釋成「立志」，孔夫子說：「吾十有五而志于學」，從十五歲開始，立下做學問的志向。從佛法的觀點來講，願是有層次的，有為個人發的願，有為家庭發的願，有為社會國家發的願，乃至為全世界而發願；更廣大的，則是發起無量無盡的大願心。如釋迦牟尼佛初發心時，發願要度盡一切眾生，度盡一切眾生後，方才成佛，即「眾生無邊誓願度」，成佛不是最優先的順序，度眾生才是最緊要的事；此外，《心經》講「阿耨多羅三藐三菩提」心，也是發最廣大的大願心。

發願以後，重在實踐，從小處著手，存好心、做好事，才能轉好運。轉誰的好運？我們希望是轉家庭的好運，轉社會大眾的好運，轉這個世界的好運。發願，一定要從我們自己內心開始，從日常生活之中開始許好願。而好願是什麼？使得自己與家庭平安、健康、快樂、幸福，使得我們的社會平安、健康、快樂、和諧，便是好願。

分享好願、好運，力量倍增

但是，一個家庭許好願、做好事、轉好運，固然很好，卻還可以更好，那就是要分享。此時媒體的角色便非常重要，媒體報導，可使好願、好運的力量倍增擴大，使原來一個人、一個家庭的好運，擴大與整體社會分享，使社會大眾乃至於全世界，都一起來轉好運。

發願的另一功能，是使目標集中，確立一個清楚的大方向。比如我從小只想當和尚，所謂「做一日和尚撞一日鐘」，我的本分就是把和尚做好，因此我這一生所做所學，都是為了把和尚做好，這是我終身的目標。我想大眾的目標就是把人做好，好好做人。一生一世，不論在什麼職位、什麼時間、什麼環境，都能夠盡責、負責，就是把人做好；不妨礙人、不傷害人，同時也保護自己，讓這個社會由於我的存在而獲得一些利益，或者得到一些快樂、安慰，這就是把人做好了。

把自己的分內事做好，然後許好願、做好事，便一定能夠轉好運。也許過程之中會遇到挫折，以為自己走錯了路，但是堅持往下走，就會發現柳暗花明又一村。

中國有個「愚公移山」的故事。愚公的家，面前就是一座大山，出入極不便。他因此有個想法，不是自己遷走，而要家人齊心把大山移走。鄰人便笑他，把山移走是絕對不可能的事，但是愚公說沒有關係，我一個人移不走，還有後代的子子孫孫可以接續，相信總有達成的一日。事實上，古來任何一樁大事，大抵都是一代一代持續累積的，我也經常這麼說：「我個人無法完成的事，勸請大家共同來推動；今生做不完的事，冀望未來的一代一代能夠繼續推動。」這樣的時候，我們不論推動任何的好事、大事，一定可以完成。

勸請大眾每一個人，都來許好願、做好事，大家一起轉好運，好願在人間。祝福大家。

（二〇〇八年一月十五日講於臺北圓山大飯店「好願在人間」記者會）

許好願、存好心、做好事、說好話

今天是新的一年開始，我們有新的希望，希望有一個和樂的、和諧的、穩定的，大家都有成長的一年。所以我在這裡，恭喜大家新年快樂，祝福大家新年如意、身體健康、所願必成。

從除夕晚上起到現在，天氣這麼冷，可是我們的心是熱的，因為這次很難得，我們同時邀請到國民黨、民進黨兩黨總統參選人：馬英九先生、蕭萬長先生、謝長廷先生和他的夫人，以及諸位貴賓共同來為大家祝福，來為我們自己許願，為我們的社會、國家，乃至於我們世界的和平來祝福、來許願。

我們法鼓山今年度（二〇〇八年）的工作目標是「好願在人間」，很多佛教徒在許願時，都是願生西方極樂世界，其他宗教則是願升天國。然而，我們法鼓山提倡「心靈環保」和「建設人間淨土」，因此我們許的願，是希望建設我們的人間淨土，使我們的社會更祥和、更安定、更富裕，所以我們許的就是「好願在人間」，我們希望大家先建設好人間，然後再到天國、再到西方淨土去。

我們所謂的「好願」，實際上就是存好心、做好事、說好話，然後使整個社會的命運跟著轉，如果我們自己也這樣來許願，我們的命運也會轉。

如果讓「心隨境轉」，是沒有智慧的人；要讓「境隨心轉」，才是有智慧、有慈悲的人。我們許好願，就是要使我們的心轉；心轉，外面的環境也會隨著轉，所以說會轉好運。

所謂「說好話」，首先是不說惡話，不說挑撥離間、無聊的話，以及「口出刀劍」的話，而要說讚歎的、恭敬的、謙虛的、誠實的話，以及關懷的話，這些話都是好話。

那「做好事」是做什麼好事呢？不管是舉手之勞，或是一句美言，這都是在做好事。小小的好做得多了，就會變成一個大大的好。如果我們少數人做好事，進一步影響其他多數人都來做好事，那我們這個世界的人，都會是做好事的好人，這樣的話，我們的世界就是人間淨土。

（二〇〇八年二月七日講於法鼓山世界佛教教育園區「除夕回法鼓——禮佛撞鐘許好願」活動）

在艱苦中見其光輝——勉《人生》雜誌三〇〇期

《人生》雜誌自一九四九年創刊，一九六二年因聖嚴法師閉關而停刊；一九八二年聖嚴法師自美回臺弘法後，隨即為《人生》復刊迄今，法師的生命可說與《人生》息息相關。二〇〇八年八月，正逢《人生》出刊滿三〇〇期，聖嚴法師受訪，除回顧《人生》之歷程，並勉勵編輯要不畏艱辛，持續辦下去。

一九四九年，東初老人創辦《人生》雜誌，那時他赤手空拳到臺灣不久，甚至連住的地方也沒有，暫時落腳於北投法藏寺。雖然自身都還沒安定，東初老人卻已意識到文化與教育的重要性，這與他在大陸焦山辦佛學院的經驗有關，所以非常重視人才的培育。但是他既沒有道場，也沒有人手幫忙，要辦教育很不容易。

但是培養人才可從幾個不同的方向著手，第一是辦學校、培育學生；第二就是辦刊物。辦刊物的功能，一來可以鼓勵年輕的法師、居士們投稿，讓他們在撰述過程中，藉由思惟法義而使自己的智慧和文筆有所成長；二來也可以弘揚佛法，尤其那時臺灣光復沒多久，整個漢文化，特別是漢傳佛教的文化相當落後，因此東初老人希望透過雜誌，讓民眾了解漢傳佛教，並且提昇佛教徒的水準。雖然不是辦學院，但也是一種教育，而且雜誌的教育功能更大、更普遍。

但是在沒錢沒物力的情況下，《人生》雜誌是怎麼發行的呢？東初老人找了十個經濟情況比較好的居士和法師當贊助人，然後每個月向他們收贊助費，以此做為資金來出版雜誌。

至於讀者、訂戶在哪裡？東初老人是按照寺院的名冊，將雜誌寄給每間寺院，以及一些學校、文化機構與書店。所以，雖然《人生》雜誌標榜著訂閱，也有訂價，但幾乎全部都是贈送的。實際上，他是藉由文化出版來弘揚佛法，再以佛法來教育大眾。

《人生》名稱的由來

為什麼將雜誌命名為「人生」？其實是從太虛大師所提倡的「人生佛教」理念而來。之所以有這樣的理念，是因為太虛大師看見大陸傳統的佛教，都是隱居山林、閉門修行的山林佛教，或是為往生者而設的經懺佛教，使得中國佛教日漸衰微，讓社會大眾看不起，甚至連當時的政府，也認為寺院對社會沒有實質的幫助，要沒收寺產來辦學校。因此，太虛大師的老師——寄禪法師（又稱「八指頭陀」），開始主張籌辦僧眾的學堂，太虛大師繼之而起，也鼓勵很多寺院開辦佛學院。

因為東初老人畢業於太虛大師所設立的閩南佛學院，所以繼承了「人生佛教」的理念，要把傳統佛教轉化為文化的佛教、教育的佛教，並且根據佛法建設一個「人間佛教」的世界。

東初老人認為，文化與教育的佛教，是普遍適用於人間的，其內涵是關於人的生命、人的生活、人的生存，而這些就是「人生」。因此，他用了「人生」兩個字來為雜誌命名。東初老人辦《人生》雜誌後，幾乎每一期都會討論到人生佛教，進而根據人生佛教的角度來談論佛教。

《人生》雜誌是中國大陸法師到臺灣之後，創辦的第一份中文佛教月刊，雖然是薄薄一本，但卻彌足珍貴。在每一期刊物中，常常可以看到東初老人一個人用許多化名，寫了許多文章；創刊的前幾期，內容多半都是他自己寫的。當時東初老人也藉由《人生》促成了教界的交流，一方面他邀請圓光寺的妙果和尚擔任社長，使妙果和尚接觸到大陸的佛教思想，另一方面又請到慈航法師來當贊助人，為雜誌寫稿。

今日，時隔近六十年，再來看「人生」這個主題，不但非常正確，而且十分現代化，相當具有未來性。因此，我對於東初老人呼應太虛大師的理念而創辦《人生》雜誌，感到非常地敬佩。

《人生》對教界的影響

這份雜誌到底發揮了多大的功能？首先，藉由《人生》雜誌，東初老人培養了不少編輯人才，還有寫作的人才。最初雜誌是由東初老人自己編的，後來才請了圓明法師、摩迦法師、廣慈法師、幻生法師、心悟法師、成一法師、星雲法師、性如法師，以及張少齊居士、楊白衣居士來編輯。這些擔任編輯的法師，往往為了編雜誌而一再練筆，因為他們不但要寫編後語，還要與作者書信往來，更要回答讀者的問題，像早期的《人生》，就可以看到很多星雲法師寫的文章。所以，受邀擔任《人生》的編輯，雖然付出了很多的時間與勞力，可是無形中也得到不少益處。

另外，《人生》的創刊，對教界也產生了一些漣漪與反應，這可從《人生》雜誌復刻版中，所刊登的來信與回函中看出端倪。除此之外，《人生》雜誌出刊之後，佛教界其他雜誌也跟著陸續出現，表示辦雜誌的確是正確的弘法方向。

一九五〇年，我繼性如法師之後擔任《人生》的主編。可是編了幾期，就因為受戒，以及受戒後突然決定南下閉關，致使東初老人來不及找人，也因為一直沒有人接續編輯，而在一九六二年停刊。

我從日本留學回來以後，就想要把早期的《人生》復刻，因為早期的雜誌散佚各處，只有我留學日本前收集的一整套，存放在東初老人的房間裡。這套雜誌如果不在我手上復刻，以後可能就見不到完整的了。因為若是我不在世了，這套《人生》是不是還會有人重視、是不是還有人能夠看到，都是未知數。

生命與《人生》息息相關

我復刻《人生》的用意，是為了保存歷史、保存文物，以及保存東初老人的心血與思想。但是一天過一天，一直沒有機會這麼做。後來我只能把這套書搬到我的房間，當我搬到哪裡，它就隨我搬到哪裡，因為《人生》是如此珍貴，連別人要借，我都不出借。

我的生命與《人生》雜誌息息相關，從當一位讀者、作者，進而成為編者。我尚在軍中時，最初是在煮雲法師的蓮社看到它。那時《人生》刊登著許多文章，除了長老法師執筆外，也有年輕法師的投稿，還有居士或一般年輕讀者的投稿，閱讀的年齡層很廣，讓我覺得這份雜誌滿有意思的。其實主要的原因，是當時佛教雜誌非常少，而《人生》幾乎是唯一讓大家共同來參與的園地。

我之所以會從讀者成為作者，則是《人生》主編性如法師的關係。他知道我在香港王道辦的《人生》雜誌投稿，於是向我提議：「你原本是法師，應該也為我們的《人生》提供稿子。」於是我開始為《人生》寫稿，也因此認識了東初老人。

當時東初老人看我文章寫得很勤，而且內容也頗有見地，就請性如法師約我見面。

見了面以後，又親自約我到他所住的「中華佛教文化館」看看，於是我真的去拜訪他，日後便在文化館出家了。談起自己在東初老人座下出家的因緣，真可說是全因《人生》的關係。

我曾在自傳中提過，《人生》的停刊，除了是因為我去閉關外，主要也是因為自己感覺不勝負荷。因為《人生》雜誌每次募到的錢只有兩百塊，僅夠支付寄發的郵資、出版的紙張和印刷費用。錢少是小事，但是我一個人身兼作者、編輯、校對，還要負責發行。而所謂的發行，即是自己從印刷廠把雜誌運回來，然後一份一份裝進袋子裡、貼上名條，最後再送到郵局寄發，工作才算告一段落。但是，休息不到兩個星期，又要開始下一期的作業了。

想想當時自己一個人要邀稿、寫稿，然後要編輯；而在編輯時，更不懂美術。那時還沒有智慧財產權的觀念，於是到處剪報頭、刊頭和插畫拼貼起來，就這樣編了寄出去。現在我看到當時自己編的《人生》，實在覺得很簡陋，版面編排真是談不上美學的概念。

這份雜誌以現在的眼光來看，或許會讓人感覺水準不高、格局不大、思想偏於保守。雖然我的師父東初老人是個具有新思想的人，卻無法落實在《人生》雜誌上，讀者看不到特別、具有啟發性的新思惟。但是能夠將雜誌命名為《人生》，內容聚焦在人生的問題上，也可說是佛教新思潮的啟蒙了，在當時仍然是非常稀有珍貴的。

《人生》的復刊意義

雖然我對《人生》一路走來的努力，感到滿欣慰的，但是我始終覺得很遺憾，因為一九六二年《人生》在我手上停刊。因此，當我從日本留學回來，開創了中華佛學研究所，也出版了《中華佛學學報》後，心想既然我回到臺灣，就要將《人生》重新出版，因此直到一九八二年，雜誌才又復刊。

但是《人生》復刊時，也面臨了沒有人編輯、沒有經費的問題。於是我一方面請成一法師當社長、方甯書教授任主編，另一方面則自己寫稿子；首先推出了《人生》季刊，接著在同年十一月改成雙月刊，一九八四年才正式改回月刊。

後來有幾位學生隨我出家，我就請他們來編《人生》，雜誌也就愈編愈出色。雖然是以小型報復刊，而且只有一張紙、四個版，可是在那段時間，我自覺文章寫得滿好，自己供稿給雜誌，讓《人生》的內容非常紮實。而出刊以後，也收到很多的鼓勵，覺得《人生》能夠復刊真的很好。

《人生》復刊時，我一共寫了五句話，內容是：

《人生》要在平淡之中求進步，又在艱苦中見其光輝；

《人生》要在和諧之中求發展，又在努力中見其希望；

《人生》要在安定之中求富足，又在鍛鍊中見其莊嚴；

《人生》要在沉默之中求智慧，又在活躍中見其悲願。

《人生》一定要貼切著生活——有趣的、人情味的、知識的、啓發性的、樂觀的、鼓勵性的，負起良師益友的責任，陪伴著每一位需要它的人，建設人間的樂土，開發似錦的前程。

《人生》一定要辦下去

《人生》已經六十年了，在臺灣，佛教雜誌能夠度過六十年的，真的不多，也不簡單。過去由朱斐居士負責的《菩提樹》雜誌，也是出版了非常久的時間；還有《慧炬》，也是由居士負責的雜誌，到現在還在出版。

我對《人生》的期許，是傳播人間淨土的思想。人間淨土的思想在我腦海裡已醞釀很久了，是根據太虛大師的人生佛教及人間淨土思想，還有印順法師的人間佛教思想而來，另外又再重新找經典根據，而成為我所提出的「人間淨土」。我雖然受他們影響，但我的「人間淨土」是創新的，與太虛大師的人間淨土思想不一樣。

我們進一步以「心靈環保」為核心主軸的理念，必須持續地推動，而這份雜誌的責任，就是推動法鼓山的理念。未來不管我還在不在，不管是誰擔任主編或社長，我寄望《人生》雜誌都能負起這樣的使命。

《人生》是給人光明的，《人生》是為世界帶來希望的。如果沒有《人生》，法鼓山就黯然失色，因為《人生》是法鼓山的喉舌，是外界了解法鼓山的媒介。如果沒有《人生》，法鼓山的能見度一定會減少，世界也就少了一絲希望與光明。因此，《人生》一定要繼續辦下去。

（刊登於《人生》雜誌三〇〇期〔二〇〇八年八月一日〕）

做自己的主人翁

「兒童、青少年是我們社會、國家未來的主人翁」，這是一句老生常談的話，問題在於「如何成為主人翁」？

首先我們要問：「每一個人能不能做自己的主人翁？」這是很重要的，如果連自己的主人翁都做不成，又怎麼能夠當國家、社會的主人翁？如果前者都達不到，那麼後者也僅是一個空口玩笑，一種非常虛無縹緲、不切實際的期待罷了。

扮演好自己的角色

諸位同學今天在這裡參與活動，主要是為了認識佛法、學習佛法，希望你們能夠好好用佛法來幫助自己。如何用佛法來幫助自己？首先是將自己的角色扮演好，當自己的主人翁；其次，要當一個家庭的主人翁，把家庭照顧好；再者，當一個團體的主人翁，不論身在哪個團體，就把所參與的團體照顧好；最後，要做社會的主人翁；如果是出家人的話，那就要做娑婆世界的主人翁。什麼是「娑婆世界」？「娑婆」的意思是「苦趣」，而苦趣在哪裡？就在我們人間，因此，人間就是「娑婆世界」，而能使人間受苦受難的人脫離苦難，即是做娑婆世界的主人翁。

到目前為止，把娑婆世界的主人翁做得最好的是誰？是釋迦牟尼佛。釋迦牟尼佛是我們這個娑婆世界的教主，也是娑婆世界的主人翁；他活著的時候救濟娑婆世界，往生之後，雖然肉體不存在了，但是他的法門、法義都還存在。所謂「法門」是方法，「法義」是觀念，我們都在學習佛所指導的方法和觀念——首先做好自己個人的主人翁，然後做家庭的主人翁，接著做一個小社會、團體的主人翁，最後做一個大社會的主人翁，乃至國家的主人翁。

超越自己就是卓越

諸位同學今天參加的活動，名稱是「卓越‧超越」成長營，所謂「超越」，是指良性的超越，是超越我們自己，超越自我的弱點，超越自己的困擾、煩惱，超越自己種種的障礙，而不一定是指超越他人。如果你想超越他人，他人也想超越你，就變成了惡性競爭。

最近奧運會有一個美國的游泳健將菲爾普斯（Michael Phelps），人家叫他「飛魚」，所有游泳項目的八面金牌全部由他一個人奪得，他超越所有的游泳選手，但是不是已經超越世界上所有的人呢？江山代有人才出，未來仍可能有新人超越他的成績。而他在游泳的競技上超越對手，是不是也超越了自己呢？據說他小時候是個過動兒，在學校裡不斷製造困擾，跟老師、同學相處都有問題，後來發現只有在游泳池的時候，他才能靜下來。現在他優異的游泳成績受到全世界的矚目，但是他是不是也在生活上、人格上超越了自己及他人？

善用佛法的觀念和方法

因此，最好的「超越」，是超越自己的缺點、自己的困擾。希望諸位都能夠用佛法的方法和觀念來超越自我，當自己的主人翁。簡單地說，當自己的主人翁，就是明辨：「什麼是需要？什麼是想要？」需要的不多，想要的太多；能要、該要的才要，不能要、不該要的絕對不要，但這並不容易。譬如在百貨公司看到喜歡的東西，明明知道不能要，買不起，可是心裡還在想：「這東西很好耶！假如有錢的話，我想要買。」或者男孩子看到漂亮的異性，雖然沒有一定要怎麼樣，但是多看幾眼總可以吧！眼睛不聽指揮，這就不能做自己的主人翁。

諸位同學，你們首先要學習著做誰的主人翁？自己，如果自己不能控制自己，不能做自己的主人翁，而要做其他人的主人翁、要控制其他人，那是顛倒，是魔。因此，首先要將做「自己主人翁」的觀念建立起來，但這是要練習的，一次一次地練習。一次失敗了，第二次再來，第二次又失敗了，第三次再來……一定要有信心和決心做好自己的主人翁。祝福大家！

（二〇〇八年八月十六日講於法鼓山世界佛教教育園區「卓越・超越」青年成長營）

生命，不只屬於我們自己

我們很榮幸邀請到國際防治自殺協會（International Association for Suicide Prevention，簡稱IASP）主席布萊恩・米謝勒（Brian Mishara），參加由法鼓山人文社會基金會所舉辦的第二屆國際關懷生命獎頒獎典禮暨自殺防治論壇。

這個活動的主題是「關懷生命」，希望我們每一個人都能夠珍惜自己的生命，也關懷他人能過平安、健康、快樂的生活。提到生命，人的生命究竟屬於誰？有的人認為，從出生到死亡這個過程中的生命，完完全全屬於自己，因此由自己支配，乃是天經地義的事。其實這種想法是相當片面的，甚至可說是一種自私且不負責任的態度。

大家不妨想想，我們每個人的生命，難道從一出生開始，就能夠獨立成長、茁壯嗎？絕非如此。人自出生以後，除非是夭折的孩子，否則都會歷經一段受保護的襁褓期，在父母與家人的照顧之中，逐漸成長，而在現代繁忙的工商業社會裡，小孩子通常是在保母或者育幼機構的照護下長大。這說明了我們每一個人的生命，並非自己可以主宰，而必須倚賴著各種各樣的「外緣」，才能維繫我們的生存與成長，乃至成家立業，對社會有所貢獻。

活著，就有機會改善

因此，人的生命，並不是想活就能夠活，活著的時候，必須要有各種條件的配合；當然，也不容許想死便死，生命並非片面屬於我們自己，每個人都沒有自殺的權利。事實上，我們每一個人的生命，都與父母家人相繫，與同儕友人相親，也與社會國家和天地自然之間，有著密不可分的關係。沒有一個人是孤單的，也沒有一個生命是無依無援的。我們的生命，是與我們的「關係人」共同相繫，因此對於「關係人」：家人、朋友、師長、社會，乃至整個宇宙，我們是有責任、有義務，而要回報奉獻的。這份責任，不一定是對社會有所貢獻，但是最基本的，每一個人要善用自己的生命，珍惜生命，克盡自己的責任與義務，這才是真正發揮了生命的價值。

然而，不可否認，人活著的時候，常常會遇到各種各樣的打擊和挫折，而要從種種逆境與不如意之中堅強走過來，確實辛苦。但是，也只有活著的時候，我們才能夠有改變和改善生活的機會。很可惜的是，有一些人，當他們面對生命的低潮時選擇逃避，而以自殺來結束自己的生命，希望從此以往，人世間的糾葛與煩惱，都隨著死亡一了百了。甚至有的人會寫遺書，為自己的行為向父母道歉，為自己輕生造成家人的哀痛表達歉意。其實這種道歉是沒有用的，無濟於事，尤其是自殺的這種罪惡，是怎麼也彌補不了的。

因此，我要再度呼籲：生命的權利，並不僅是屬於我們個人，而是與所有的「關係人」密切相繫；生命的存在，絕對不是孤立無援。我們的「關係人」，在我們有困難的時候，都會願意伸出援手，有的可能是提供金錢或物質上的支持，有的則是給予情感上的關心、祝福和鼓勵，這些同樣珍貴。人的一生最豐富的資產，往往就是與人的互動，跟人的交往。我們自己與他人，常常在不同時候、不同的生命階段裡，相互扮演著「施」與「受」的角色：彼一時，受人恩惠；此一時，可能成為他人生命中的貴人。

生命是為受報與還願而來

生命無價，自殺絕不可能一了百了。從佛教的觀點來看，人的自殺，不論是選擇何種方式結束生命，都是非常痛苦的事。凡是自殺的人，死亡以後，自殺的情境會在轉世之前，不斷地跟著他，重複上演，直到業力解脫為止。

人死之後，決定我們下一生去處的關鍵，是我們的心識，也就是神識。通常，人死之後，心識會有幾種不同的去處：一種是大善或者大惡之人，死後立即往生佛國淨土、天堂人間，或者直接投生地獄、畜生道；另一種是普通人，死亡之後，便會進入中陰身階段，又稱中蘊身。在這個中陰身的過程裡，如果是自殺的亡者，就會反覆不斷經歷自己前一世自殺的過程，比如跳水、上吊、自焚等痛苦的畫面，會不斷地重演，直到業力消除，這種焦慮之苦才會跟著解除。

我經常講，我們每個人來到這個世界上，都具有兩項任務：一種是受報，另一種是還願。如果今生該受的業報尚未清償而自殺，那就像是欠了一身的債款不還，而逃避躲了起來。但是躲起來以後，債務不僅不會消失，反而可能變本加厲地向你要回來，業力是不會憑空消失的。

關懷生命，尊重生命，除非死亡的一日自然而然到來，否則絕不可放棄生存的權利。有的人認為自己活在世上只是賴活，只是多吃一口飯，多吸一口空氣，活著沒有意義。其實，活著就是意義，哪怕是得重症的病人，或者已奄奄一息的將死之人，仍可發揮生命的價值。比如有佛教信仰的人，雖然已經躺在病床上，尚可以念佛號、念觀世音菩薩，一者助己安心，一來為人祝福；或者是體力虛弱，出不了聲的人，也可以在心裡默念觀世音菩薩的聖號；即使什麼也不做，就是心裡默默為身旁的人祈禱，為社會祝福，這也是在做好事、在發揮生命的價值了。

（刊載於《法鼓山二〇〇八國際關懷生命獎——大會手冊》）

如何追求安全的保障

在今天這個經濟蕭條，整個社會價值觀混淆的時局之下，大家都在追求什麼？許多人追求的是安全的保障，包括生活的保障和生命的保障。可是，現在的社會能提供我們這些保障嗎？大概不能。

基本的保障——在於個人的自愛自重

我這幾年害了病，常常必須上醫院，我問我的醫療群醫生：「用現在的治療方式，可以把我的病治好嗎？」醫生告訴我：「我是替你治病，但是病能否治好，我不敢保證。」但是我不會因此覺得失望，因為我一向抱持著「生病的時候，把病交給醫生，把命交給佛菩薩」的想法。是否能救，是我的命，所以命是靠自己，病是靠醫生，醫生治病，不能治命。這些醫生都很有慈悲心，也很有愛心，他們願意對病人吐露真言，誠屬難得。

在這個時代、這個世界，也常常有人問我：「法師，我們這個世界還有救嗎？」我說：「這個世界有沒有救、有沒有未來，不要問別人，要問自己對這個世界有沒有信心？」同樣的，我們的安全有沒有保障，也由我們自己決定。如何才能有安全的保障？首先必須保護自己，要有所為有所不為，不該做、不能做的事絕對不做，能夠如此，便能獲得基本的安全保障；反之，如果不該做、不能做的事而你去做了，卻還要求獲得保障，這就不可能了。

當然，不該拿的錢，也不能拿。剛才魏董事長要送我一個大紅包，我說我不能收。華航是服務業，我是出家法師，同樣也是做服務業，因此，我不能收華航送我的紅包。收了以後，可能會有人說：「聖嚴法師到華航演講一趟，就收了一個大紅包！」如此一來，我很可能落得聲名狼藉，讓人以為我到處演講，到處收紅包了。

人格的保障——立下對自己及社會的規範

我從不收紅包的，無論是到哪個地方演講，或者參加座談會，假如主辦單位一定要給我，我會捐出來。以一個出家人來講，出家人不能有錢，不能賺錢，這是我自己的「天條」，絕對不能犯。

請問諸位，在你們的人生之中，是否也為自己立下「天條」？所謂「天條」，是指我這一生之中奉行的準則，是我絕不能犯的錯，如果犯了「天條」，那麼我的人格、道德和行為就有問題了。假如諸位現在還沒有屬於自己的「天條」，還來得及，現在就給自己一個規範。這個規範，不是法律條文，而是自己的生活準則，是我們對自己、對家庭、對健康的一種承諾，永遠不會改變，永遠不打折扣。

譬如過去我曾經在高雄美濃鎮的朝元寺閉關，那個地方都是女眾，沒有男眾。因此，我在閉關之前就為自己立下三條「鐵律」：一、不接觸女眾；二、不接觸寺裡的信徒；三、不接觸寺裡金錢的事。這三條鐵律，實際上是我的保護傘，如果犯了其中一條，我也就無法安住了。我把這三條鐵律貼在房門上，一直到我離開時才撕下。有了這些規範的保護，我在那邊閉關六年都很平安，平平安安地進去，平平安安地出來。

請你們每個人都給自己一個規範的條文，這個條文與政府的法律無關，卻也有關係；與你的工作無關，卻也相關。只要我們把自己約束好，就是對自己的保護，對自己的工作、生活、家庭也是保障，自己的價值觀便因此而建立起來了。

生活的保障——盡心盡力為團體奉獻

其次，你們是否想過：「人是為了什麼來到這個世界上？」有的人說是為了餬口，為了謀生。但是，謀生要取之有道，取之有方。大家同樣是找一口飯吃，有的人為了這一口飯，付出百分之百的努力和辛勞，反觀我們自己付出了多少？

我每到一個團體或者任何地方，首先想到的是：「我能對這個環境做些什麼？我能奉獻什麼？」如果不能對這個團體、對這個生活環境的人有所幫助，那麼我不應該留下。如果我留下，就是占人便宜，沾別人的光，是一個多餘的人；如果我只是來謀生，找一口飯吃，那麼這口飯不應該我吃，應該讓給其他的人。

諸位是否聽過「廣度眾生」、「慈航普度」？做為一個出家人，如果在團體中不能夠有益於人、有利於人，至少要做到讓人在這裡能夠快樂一些，工作的時候也能夠快樂一些，這樣在團體裡便是有價值的了。

為了謀生、為了餬口，現代人必須要有工作。我小的時候，還未滿十三歲，那時南通的鄉下流行彈棉花。彈棉花是有順序的，首先棉花要先去籽，抽出棉花絮，做成棉花條，最後才能用來紡紗織布。

當時我的哥哥正在去棉花籽，他看到我在一旁玩耍，便說：「弟弟，你知道嗎？牛即使是綁在樁上也會老，而牛老了只能任人屠宰。可是如果一條牛幫忙犁田、幫忙拉木，農夫就會感恩這條牛，不吃牛肉、不殺牛，會好好地善待牠。」我聽了以後，問哥哥：「我是一條牛嗎？」他說：「你不只是牛，還是一條懶牛，懶牛是沒有用的牛！」我說：「那我可以做些什麼呢？」他說：「你來幫我踩車子，車子多一個人踩，我會輕鬆些，晚上吃飯時你也會多吃一碗。」我聽了很高興，於是幫著哥哥一起踩車子。

從小我就習慣幫忙，自己有多少能力，就幫人多少忙，以後進入團體之中，也不會人浮於事，而是盡全力為團體奉獻。

團體的保障——人人都是安定的力量

前幾天，有個法師對我說：「山上的法師好像不是人人都很精進修行，這些人將來是修不成的。」我說：「若是你這麼想，那就由你來幫助他們修行吧！」他又說：「個人吃飯個人飽，我怎麼幫他們修行呢？」我說：「如果你的修行很精進，處處為團體奉獻，天天都在修行、念佛、拜佛，就能夠影響人，幫助人。相反的，如果你成天在埋怨，怨這個人不修行，嘆那個人修不成，如此一來，你還能修行嗎？」

個人與團體是相互影響的，如果希望團體裡的成員都能努力工作、兢兢業業，埋怨沒有用，批評、挑剔、比較、計較也是沒有意義的。最好的辦法，是以身作則，自己努力，當眾人的典範。因為自己努力的時候，其他人會漸漸受影響，也可能會一起跟進了。

在一個團體裡面，如果希望上上下下都把你當成一個典範，必須自己就是典範；如果希望團體中能有典範出現，與其指望別人，不如自己來當典範。否則，什麼事也不做，光是等待別人來影響我們、帶領我們，那是不切實際的。

社會的保障——人人擁抱希望和信心

昨天有人問我：「對現在的臺灣社會有沒有信心，有沒有希望？」我說：「只要臺灣社會之中，有一個人覺得臺灣有希望，臺灣就是有希望的。」其實，這個問題不需要問別人，只要問自己。同樣的，自己的人生、工作有沒有希望，也不要問別人，要問自己。把希望寄託於人，問別人有沒有希望，這是對自己沒信心。如果對自己有信心，就能產生希望，全家人也會跟著有希望。

我小的時候家裡很窮，可是我的母親從不說一句失望的話，她總是告訴我們「有信心，有希望」。我問母親：「希望從哪裡來？」她說：「希望是自己給的。我有信心，有希望，然後我照著這個方向去做，希望就在那裡；如果我放棄希望，不去努力，當然沒有希望。」

《天下》雜誌最近報導了世界上最高、最窮，而人民最感幸福快樂的國家——不丹。雖然這個國家很小、很窮，海拔很高，但是人民的快樂指數將近百分百。他們的物質享受不如臺灣，與我們相差百分之五十以上，可是不丹的人民，不論老老少少都很快樂。問他們苦嗎？他們說不知苦為何物，因為他們每天都生活得很快樂、很幸福。這是什麼原因？因為他們生活在希望中，而非生活在欲望中。

只要生活在希望中，人生就成為一件件事情達成的經過、一個個夢想實現的過程，或者是一樁樁心願圓滿的喜悅，所以常感幸福、快樂。但是如果生活在欲望中，因為欲無止境，人生會變得貪婪、不知足，反而多愁苦。欲望有物質的欲望、精神的欲望、身心的欲望、男女的欲望、名位的欲望等各式各樣，當這個欲望滿足了，尚有其他的欲望沒有滿足；當這個欲望追求到了，卻又害怕失去，所以經常是在痛苦之中。

永遠的保障──在努力中抱持希望

自己要快樂地生活在希望中，也要讓同仁和家人感到快樂。有了希望，有了信心，就會照著目標去做，自然有未來。如果內心一點也不抱希望，認為「講希望只是說大話，根本不可能」，有這種想法才真是糟糕。本來有希望的事你卻不抱希望，也把自己的一分努力給否定了，這是很可惜的事。因此，要有希望、要有未來，首先我們自己要有信心、要努力，在努力中抱持希望，自然能夠有未來。

最近我聽到好多企業都在裁員，有人問我：「再這樣下去，未來臺灣所有的人豈不都失業了？」我說：「不會的，就算失去這份工作，只要願意接受另一個工作，便不是失業。」比如「董事長」是一個職務，這個職務不做了，還可以做其他的事。就像華航老董事長卸下「董事長」的職務以後，還可以當董事，做其他的事。如果老是盯著現在這個職位不放，認為「這個鐵飯碗不能丟、不能破、不能換，換了以後自己什麼都沒有了！」有了這種念頭，那是自討苦吃，自找麻煩。

譬如說我這個和尚不做了，還有什麼事可以做嗎？和尚不是一個職業，它只是個身分，只要不偷、不盜、不搶、不傷害人，什麼工作我都可以做，即使是掃街、洗廁所，我也可以做。「高階主管」乃是一個職位，是一種身分，具有一定的名位、價值，所以大家會覺得除了這份工作以外，其他的工作都不能接受嗎？如果有這種心態，一定會過得不快樂。我這麼說，並不是指大家的高階位置馬上就要動搖，而是希望大家在心理上，能夠隨時隨地準備著接受任何的工作。如果是這樣，也就不會有失業的危機了。

（二〇〇八年十月九日講於中華航空教育訓練中心）

心六倫中的生命價值

近年來法鼓山正在推動「心六倫」運動，「心六倫」這個名詞是新的，而它的關懷面則是現代社會所需要的，內容包含：家庭倫理、生活倫理、校園倫理、自然倫理、職場倫理和族群倫理。本來中國傳統儒家思想已有「五倫」的觀念，即是「父子、君臣、夫婦、兄弟和朋友」，可是在今天這個社會，必須要擴大倫理的範疇，因此，「心六倫」新增了幾個不同的面向，譬如自然、職場和族群的倫理，都是過去「五倫」所沒有的；而原來的「五倫」之中，如「父子」一倫的內涵，對現代社會而言也不夠完整。所謂不夠完整，是指無法概括家庭之中夫婦、親子和兄弟姊妹彼此之間的關係，因此「心六倫」也在這方面做了加強，希望能夠涵蓋現在這個時代、這個世界，包括人與人、人與社會、人與自然等各種各樣的關係。

多年前，我聽到前總統府資政李國鼎先生的一場演講，他主張在倫理之中，應當加入一種「群我」關係，也就是個人與群體、個人與社會的倫理；而凡是超過兩人以上的團體，都叫作「群體」。因此，我受到李國鼎先生的影響，想到我們應該有一種世界性、全球性的倫理觀。例如，現在大家都很注重環保，體認到環保的重要，實際上，自然跟人類的生命是息息相關的，因此我們提出了「自然倫理」；此外，過去所說的「族群」，比較偏重於宗教與宗教之間、民族與民族之間的關係，而我們所提倡的「族群倫理」，則是包含每一種生活背景、生活環境、生活類型，以及不同社會團體之間的關係；還有，「職場倫理」也是過去所沒有的，然而在現代的工商社會中，每個人都需要工作，凡是工作的場合，就會有職場的應對、職場的關係，這即是「職場倫理」。

倫理必須從心去實踐

「倫理」的意涵是什麼？為什麼稱為「心六倫」？凡是講到倫理，都必須打從我們的內心真正去實踐，而不是一種敷衍的口號，因此，誠心誠意地用心實踐倫理的觀念和倫理的道德，就叫作「心六倫」。

至於「倫理」和「道德」是不是相同？這兩者是相關的，卻不盡然相同。倫理，主要是指人與人的關係，譬如夫妻之間的關係是倫理，長官與部屬之間的關係也是倫理。但是，人與人之間的關係，不一定具有道德。有句成語叫作「狐群狗黨」，這也是形容人與人之間的關係，但卻非倫理，也不是道德。夫婦之間的關係，如果僅僅是講求平等，算不算倫理？如果夫婦之間彼此要求平等：你燒一餐飯，我也要燒一餐飯；你生一個孩子，我也要生一個孩子，這可能嗎？這其實是「論理」，而不是「倫理」。現在全世界都在講平等、講民主，但是平等不一定是倫理。請問，人與人之間，是不是能夠做到樣樣平等、絕對地平等、凡事都平等？如果講求「人人平等」，那麼父子之間是不是也應該平等？但是父親有父親的職責，子女有子女的職責；父親有父親的立場，子女有子女的立場，如果父子完全平等，這就不是倫理了。

一般所謂的「理」是世間的道理，卻不一定是倫理。「心六倫」所提倡的倫理，是指人與人之間，每一個人都應該盡責、負責，自己是什麼身分、什麼立場，就要負起應有的責任，擔當應盡的義務，如果「身在其位而不謀其政」，即是有失其責，也就不是倫理。倫理一定是盡責、負責，在什麼立場就做什麼事、說什麼話，這即是出家人所說的「做一日和尚撞一日鐘」。

但是，在某些特殊狀況下，即使你不在相關職位上，能不能提出意見？有人說：「事不關己，何必多管閒事！」在軍中，也許某些事不是你的職責所在，可是看到有人貪汙、有人做了非法的事，請問要不要管？如果從職務來看：「這不是我的職責所在，多一事不如少一事！」請問這樣符合倫理嗎？這不是倫理，而是一種敷衍的心態，也是不道德的。

凡是對於他人、對於團體、對於整體環境有害的行為，都應該要規勸他人不要做；對於團體有幫助、對於環境有益的事，我們除了自己要盡力去做，還要鼓勵其他人一起做，這才是「心」的倫理。一般人都喜歡做好人，卻沒有盡到倫理之責。所謂「好人」，似乎是「我自己不做壞事、不說壞話，但是別人做了壞事、說了壞話，反正跟我無關，我不必管」。結果這樣一來，全體都因而受害，請問這是倫理、是道德嗎？當你看到有人上吊或者投河，你要不要去援救呢？還是認為：「那是別人的命，跟我沒關係！」如果見死不救，就像是自己在殺人，如果我們見到別人做壞事而不去規勸，自己也等於是幫凶，也算是在做壞事。

雖然我們不忍心見到別人做壞事，所以去規勸；不忍心見到別人自殺，所以要營救，但是在規勸、救助的過程之中，仍然需要有一點技巧，否則自己可能會受傷，也會傷害到別人。

心是一種能量的活動

「心」究竟是什麼？有人認為是良心、本性，或是人格。但是，「心」跟我有什麼關係？人出生的時候就有心，那這個心究竟是思想的心、人格的心，還是主宰的心？所謂「主宰」，即是主宰自己，對自己負責。剛剛出生的小嬰兒是沒有主宰能力的，那麼他的心在哪裡？有的人老了，行為舉止返老還童，甚至漸漸失去了主宰能力，那他的心是不是還存在？有人認為心就是靈魂，出生時跟著身體一起來，死亡以後也就同時離開了。是這樣嗎？「心」是很不容易弄清楚的，不管是儒家、道家、佛家，都各有各的解釋。前幾天有一位學者跟我談起這個問題，他問我：「『心』究竟是什麼東西？」我說：「根本沒有『心』這樣東西，如果有，你現在就拿給我看一看。」心是非常微妙的，它是一種能量的活動，當它在活動的時候，是有的，不在活動的時候，則是沒有的。

如果一個人沒有「存心」犯法、做壞事，可是他實際的行為卻做錯了、傷害了別人，怎麼辦？在法律上，雖然並非存心預謀犯罪，可是仍然做錯了事，還是要接受法律的制裁；以佛教而言，如果一個人無心犯了錯，雖然過失是有的，要負過失之責，但是不算犯戒。佛教所認定的犯戒，有如下的標準：第一，你是否存心犯戒？第二，你知不知道自己犯了戒？第三，犯了戒之後，你是否想到要悔過、改過，從此不再犯相同的錯？如果你有心犯戒、知道是犯戒、確實已經犯了戒，這三種心同時具備了，那麼便是犯戒；如果缺少其中一種，便不成為犯戒，譬如心狂意亂，失去理智的人，雖然殺了人，但是不算犯殺戒。

生命存在於所有的群己關係中

這幾年，我們也在提倡「關懷生命——防治自殺」的活動，我透過宣傳短片在電視上呼籲：「多想兩分鐘，你可以不必自殺，還有許多的活路可走！」「只要還有一口呼吸在，就有無限的希望，就是最大的財富！」這是因為近幾年來，社會上瀰漫著一股自殺的風氣，在亞洲地區，臺灣是繼韓國、日本之後，自殺人口比例最多的國家，而以全世界來說，亞洲地區的自殺人口又高於歐美國家。

什麼是「自殺」？凡是有自殺的意念，不管是自殺身亡，或者還沒有構成死亡的事實，都算是自殺。從一個宗教師的立場來看，世界上沒有人有權利自殺，沒有人有資格結束自己的生命，因此，殺人與自殺都是殺人罪。凡是有自殺的「念頭」，也就是我之前所說的「心」，已經認知到有「我」這個生命存在，卻想要放棄、結束生命，這樣的人都應該要自我悔過，好好反省、檢討自己的生命。

我們個人的生命並不只屬於自己，而是同時存在於父母、家庭、學校，以及社會等所有的群己關係之間，如果傷害了、放棄了自己的生命，就是一種罪過。每個人都要對自己的生命負責，從出生開始，直到自然死亡為止，我們都必須好好珍惜，因為生命是屬於整個社會、整個世界，甚至是整個宇宙的。

站在法律的立場上，對於已經自殺身亡的人，要去追究其責是不可能的，可是以倫理而言，甚至對於家庭、學校、團體，以及整個國家社會來說，這都是不負責任的行為。自殺和殺人是完全相同的罪惡，雖然自殺以後，在法律上不用負責任，但是在道德倫理上罪過很重大。請問，生命是有價值的嗎？生命可以價錢來計算嗎？一般人都會說：「生命可貴，生命無價！」雖然軍人為國家犧牲是無價的，但是自殺卻是一種罪過，因為自殺的人對不起父母的養育之恩，也對不起國家社會的栽培，而且自殺之後，許多與亡者相關的人，都需要共同被輔導和幫助，這真是一種對不起眾人的舉動。

人的價值須從倫理來衡量

有人認為，從年輕到中年這段時期，能夠為社會奉獻，可是年紀老了，沒有用了，活著大概就沒什麼價值了。但是人老了就沒有價值嗎？像台塑集團創辦人王永慶先生活到九十二歲，直到生命的最後一天，還是非常地有貢獻。人只要活著一天，就有一天的價值，這是無法用數據來衡量的。比如我今年（二〇〇八年）八十歲了，如果我不善用這個生命，社會也不需要它，那就沒有價值；但是我善用它，我們的社會、世界還需要它，那就有了價值，生命的價值在於它的功能，無法發揮功能，便沒有價值；只要產生了功能，生命就是有價值的。

有人會去區分：「有的人有大用，有的人有小用，有的人沒有用。」事實上，每一個人都有用。我們活在這個世界上雖然渺小，甚至有的時候好像只是在消費社會的資源，生產的功能很小，即使如此，每個人還是有用、有價值，仍然有無限的潛能。生命隨時都可能產生價值，只是現在可能還看不到。人的價值是潛在的，是不能用金錢去衡量的，而要從倫理方面來衡量。

有人好奇：「和尚有什麼用處？」我說：「當你看到、發現的時候，就是有用；當你沒有看到、沒有發現的時候，就是沒有用。」這聽起來好像是很弔詭的一樁事，怎麼會發現就有用，沒發現就沒有用呢？在中國禪宗的歷史上，有許多禪師平常看到人的時候並不講話，人們看他在山裡面好像也沒做什麼事，可是他們真的沒有用嗎？有用！因為他是山上的負責人。有人問他：「山上的負責人是誰？」他說：「就是我。」凡是他的職務所在，就是他的功能。

昨天我在醫院遇到一位老先生，他說自己年老沒有用了，活著一天只是消耗一天的資源，還不如早點自殺，好讓子女減輕負擔，也讓社會少一些負擔。我說：「你錯了！你活著一天，消耗一天，就是一種功能。因為兒孫要靠你來盡孝，否則就沒有人可以孝養了。」生命的價值，並不是指今天能做多少工、能賺多少錢、能幫多少人的忙，否則就是一種現實觀、物質觀的看法。事實上，活著就是一種功能，就是生命的價值。

（二〇〇八年十月二十一日講於國防大學「國軍九十七年重要幹部研習會」）

無盡的時空，永恆的生命

二〇〇八年十一月十三日，聖嚴法師在雲來寺七樓會客室接受香港鳳凰衛視「文化大觀園」節目主持人王魯湘先生專訪。法師除了分享自己一生重要的經歷，對於法鼓山的理念、建築及境教之用心與思量，也因主持人主動回饋參訪心得，而有了非常深刻的回應。法師道出，法鼓山世界佛教教育園區乃是回歸佛陀時代的遷徙式教育，教法在哪裡，那裡便是學校；又指出，法鼓山上的環保生命公園，讓人真正做到什麼也不執著，精神生命則是永恆的。

問：聖嚴法師您好，今天我來到「雲來寺」這個乘雲歸來的清淨地，一進門就看到您在二〇〇六年寫於法鼓山的〈夕照中〉這首詩，隨手便抄寫下來❶。我覺得很感動，這當中有許多人生世相的感觸：在老法師您對黃昏夕照的觀照裡，成了一個莊嚴的法相世界，這裡頭既有天地間的歸鳥，有匆忙的訪客，還有寧靜的山僧，以及夕照中的法鼓山建築；最主要是您充滿了法喜，在夕照中看到了光明與希望，其實，這也是這兩天我參訪法鼓山時，心中滿溢的感受。在法鼓山，這裡的建築、環境，包括很精細的小草和地上的拼圖，處處都體現了您想要把整個佛教的教育寓於環境之中，使得每位訪客一進入法鼓山中，從一草一木到流動的空氣，都能獲得一種心靈的淨化和啟迪。這是這兩天我們在法鼓山所感受的心靈震撼。

今天的採訪，有些問題要請法師給我們開示。從您的傳記材料來看，好像法師俗姓張，出生在長江口？

在天災人禍中成長

師：應該是講長江三角洲的出口處，在長江出口處有一個洲叫「崇明島」，那是我的祖籍所在。我出生時，崇明島正在變遷中，而我是在南通出生，靠近狼山，也在江邊上。

問：好像您的童年記憶裡，經常都是洪水滔天的感覺，在十幾年間就遭遇好幾次長江的大洪水，而每一次洪水都把您的家園沖毀了，是吧？

師：那時期的長江，幾乎年年都有水患，主要是因為颱風。那些年，颱風來了，長江的水患也跟著來了。早期我們還有一塊田，後來漸漸被洪水沖刷，全消失了。本來我們的家計應該不差，我父母在長江邊上種玉米、種棉花，收成還不錯，就是因為後來水患頻仍，把田地給沖毀了，我們只好舉家遷往江南。說是舉家遷移，但實際上什麼家當也沒有了。這就是江北的一個景致，幾乎年年鬧水災，年年鬧荒災。而大人逃難的時候，就把小孩裝在籮筐裡揹著，當成行李一樣帶到江南。其實我對江北的水災印象並不清楚，但是到了江南，水災一樣跟著走，這時我記得了。到了江南，我的父母還是租了一塊地，這塊地也是長江沖積出來的沙洲。本來沙洲只在江北，我們到了江南，沙洲也跟著到了江南。全家就住在沙洲上，在沙洲上租了一塊地，買不起啊。

問：在這樣的經濟情況下，肯定法師從小受教育的環境也受到影響。

師：由於災難連連，我的父母沒有機會受教育，我的三個哥哥也沒有受教育，就是我自己也錯過了正常上小學的階段，可以說是一個文盲家庭。雖然是文盲家庭，我的父母還是希望有機會讓小孩讀點書。

問：您是不是從小就表現出一種想要讀書的慧種，比如和您的三個哥哥相比，您似乎比較沉靜，只要見到一張紙，或者紙片上有幾個字，您就很感興趣，是不是從小如此？

師：確是如此。在我的四個兄弟之中，我和二哥比較喜歡讀書，老大和老三比較不喜歡讀書，因此他們到了江南，就是做苦力。

問：法師小時候的身體好像不是很好？

師：我打從一出生身體就不好，主要是因營養不良，在當時的環境下，全家都是營養不良的。

問：後來什麼原因和佛結了緣，進了寺廟呢？

狼山出家轉變人生

師：因為我出生的地方，就在江北狼山的山腳下。狼山是江北的一處聖地，也是江北唯一的山峰，從連雲港到南通，唯一的山頭就是狼山。雖然後來全家遷徙江南，但是我的父母還是經常提起狼山的故事，關於狼山的種種神話，那些故事很迷人的，因此我從小就對狼山有一種嚮往。後來有個鄰居問我要不要到狼山出家？我毫不考慮就說我想去、我要去，當時只有十三歲。

問：當了小沙彌，要做什麼呢？

師：當小沙彌，要學的事很多，經懺要學、課誦要會，還要學會縫縫補補，把婆婆娘娘的本事全都學會，將來才能做個獨立自主的和尚；待人接物的應對進退，小和尚也要懂，不懂不行。

問：當時您出家的地方是十方叢林，還是子孫廟呢？

師：我們的廟（廣教寺），原來是個十方叢林，後來漸漸改為子孫廟。狼山在清末聞人張季直先生的時代之前，山上只有一家，沒有別的房頭。後來因為管理問題，漸漸分成一個一個的房頭，每個房頭就是師徒，再加上幾個人組成，管理上比較容易。

子孫道場的一個好處是管理嚴謹，如果是十方叢林，管理的範圍大，事情也龐雜，管理上比較不易。我十三歲到狼山出家，當時子孫廟的管理還是很好，對於子孫的教育，對於環境的照顧，和對廟產的經營，比如種田，都做得很好。如果是十方叢林，可能就沒辦法做到這樣的管理。

問：若是沒有後來的變化，您可能就留在狼山，然後繼承一個房頭，成為當家，是嗎？

師：是這樣的，狼山雖然有好幾個房頭，但是全山還是有一個方丈。如果當時我留下來，很可能不在狼山，而到外地讀書去了；若是書讀得好，有點成就，再回到狼山，也許可能成為全山的方丈。

問：後來什麼原因導致您離開狼山，到了上海？

師：逃難，主要是逃兵難。那段時期，新四軍與國軍經常在山上交鋒爭地盤，處處屍橫遍野，為了避難而到上海。在上海我們有一個小廟，是狼山的下院，叫「法聚庵」。為了躲兵難，所以到了上海法聚庵。

亂世中勤於治學

問：我想請教您的學習過程。您出家之前，幾乎沒有讀過什麼書，而您後來的學問，包括識字、閱讀、讀佛經等，好像一下子就建立起來。您的學習是如何完成的？

師：應該說是自學，在做小和尚的階段，我就自己找書看，雖然有段時間廟裡請了家教，但是到了上海，外頭的時局動盪，廟裡也請不起家教了，所以我一邊做經懺，一邊找時間看書。大約過了一年多，將近兩年，我要求去讀書，進了靜安寺佛學院當學僧。

問：好像當時您讀的書挺雜的，不僅僅是佛書，世俗的古典小說如《紅樓夢》、《三俠五義》，以及國外翻譯文學名著，像是郭沫若翻譯的《少年維特的煩惱》等，您都讀了，是吧？

師：這些書是在做經懺時期讀的，因為當時沒有人管我，什麼書我都看。上了佛學院以後，開始有人監管，雜書、閒書不准讀，但我是還是偷偷看了。有一次我讀俄國小說家屠格涅夫寫的《初戀》被發現，還挨了揍！

問：過了這個時期，您也就過了文字關，喜歡上文學，甚至後來的軍中十年，文學對您的幫助也很大。

師：因為我所能接受的，比佛學院所能供給的多。這並不是說佛學院的佛學淺薄，而是佛學院的老師們提供的課程比較簡單，因此我另外找「零食」吃。軍中也是一樣，軍中雖有課程，仍無法滿足我的求知欲。所幸當時巡迴軍中的圖書車，成了我很重要的精神食糧；這樣的圖書巡迴車在臺北、高雄都有，帶給軍人很大的方便。那段時間我讀的書很多，不管什麼來歷的書，只要有得看就好。

問：當時您還寫了一些詩、小說發表？

師：有，但是不成熟，被退稿的很多。

問：什麼時候開始集中心力，全力以赴在佛經的精研上呢？

師：一直到我軍中退役之後。在退役之前，我是雜讀，寫文章投稿也沒有一定的方向，只要哪個刊物願意接受我的文章我就投稿。到了退役以後再度出家，我的方向清楚了，讀書的範圍也明確了。

退役後二度出家

問：好像按照當時國軍的規定，軍人是不能主動申請退役的，您是一個例外。

師：我是民國四十九年退役的。的確，當時除非是被判刑，否則軍人是終生職，不可能中途退役。主要是我的身體因素連續發現好幾種病症，經住院檢查又拖了一、兩年，最後院方覺得我不適合再當軍人、再過軍中生活，軍方才批准我退役。

問：您在軍中好像跟您的同僚或者上司一再強調：「我從前是和尚，將來還要繼續做和尚」這樣的話？

師：是！

問：而您自軍中下來以後，又去了哪裡呢？

師：軍中退役以後，我就到了我師父東初老人的道場，叫作中華佛教文化館，在北投。我的師父也是從上海過來的。我的再次出家，並不是說從軍人變成出家人，而是重新出家、重新受戒，是真正的出家。

觀音道場法鼓山

問：您在金山建立的法鼓山觀音道場，在全世界非常聞名，它帶給世人耳目一新之感，讓人們從另外一個角度，重新去思考佛教存在的意義和佛教發展的遠景。我有一個感觸是，法鼓山代表了一個真正意義的道場，所謂道場，就是精神的家園。

前天我們到法鼓山，一開始我還納悶來得不是時候，法鼓山放假了？怎麼一個人、一個聲音也沒有？可是當我們一進入園區，發現所有的人都在工作崗位上，僧人、工作人員、義工，還有像我們這樣的訪客也是川流不息的。但是到了用午齋的時候，忽然整個齋堂都是人。一個地方有這麼多人在，但是一點聲息都沒有！這是我到法鼓山非常強烈的一個印象！大陸把這樣的地方稱為「道風」，我在想，您創建法鼓山，把它取名為「法鼓山」，肯定是有著您對漢傳佛教長遠發展的深思熟慮。想請法師談談，當時您是什麼樣的心願要建設這個道場？

師：偶然啊，從佛法的角度來看，世事往往是無法預先規畫完成的，而是因勢利導，隨順因緣，慢慢走來。法鼓山所以命名「法鼓」，是從佛經而有，比如《華嚴經》、《法華經》都講到，佛的說法如擊法鼓、吹法螺。因此在法鼓山上，所有的人，無論老少，大家都是在學習擊法鼓、吹法螺，自己修行，也把佛法在人間宣揚開來。

我們主張人間化的佛法，讓佛法深入人間，走進人間，但不是世俗。佛法是屬於人間所共同需要的一種教育，因此法鼓山稱為世界佛教教育園區，它不是專門替人超亡、度亡的寺廟，或是骨灰存放之地，雖然山上也有植葬公園，但我們是辦教育，真正回歸到佛陀時代化育眾生的教育。

釋迦牟尼佛的教育，是一種遷徙式的教育，釋迦牟尼佛行腳到哪裡，他的教學就在那裡，而追隨他的人們，就是學生。所以我想到，假如我有一個道場，那麼這個道場，就是像釋迦牟尼佛最初化導的遷徙式學校。

法鼓山是一所學校，是一個教育園區，這所學校，可大可小，小則一間教室也足夠，大則可以整片山都是學校。現在法鼓山的規模，漸漸由小而大，原來只有一個佛學研究所，如今則有佛教學院、僧伽大學佛學院，還有興建中的法鼓大學。法鼓大學的教育，除了不離開世間實用性的學問、知識之外，更強調淨化人心、淨化人格的品德教育。因此，在法鼓山上受教育的人跟一般學校的學生，有所同，有所不同。相同的是，學問要充實、科技新知要懂；不同的是，法鼓山獨有的「心靈環保」理念。

「心靈環保」是法鼓山最大的特色。我們講的環保，不只是物質的環境要保護，主要是我們的內心要保護，內心的清淨保護好了，心外的環境也會妥善照顧，這就是法鼓山提倡的人間淨土理念。

至於人間淨土的理念是怎麼形成的？原因無他，就是我發現，佛教的出現就是對人心的淨化、對社會的淨化、對人的品格的改造，這是佛教最大的功能。因此，法鼓山整體是一處教育園區，而非一般燒香拜拜的道場，也不是旅遊觀光的景點。現在中國大陸的佛教漸漸在興盛之中，這是好事，但是多半的寺廟卻偏重於建塔、建廟，把廟整修得金碧輝煌，雖然富麗了表象的佛教建築，卻缺乏實際的佛法內涵，非常可惜。

問：幾乎世界上所有佛教寺廟的中心建築，都是大雄寶殿，在大雄寶殿的門檐下，則一定掛著一塊「大雄寶殿」四字匾額，然而法鼓山不是，在一般懸掛「大雄寶殿」的匾額之處，卻是您手書的「本來面目」四字，等到進入大殿回過身來，才見到「大雄寶殿」這四字。

像這樣的作法，很可能在其他地方引起非議，但是我站在那裡沉思許久，愈想愈感覺其中的含意深刻；而且您對漢傳佛教提出一個很嚴肅的命題，事實上也是當今漢傳佛教所有人都在想的問題：「佛、佛教和佛教寺廟的『本來面目』，到底是什麼？」我想其中一定有您的深思熟慮，為什麼在大殿門上寫上「本來面目」四個字？

師：這是禪宗的精神，禪宗要我們問：「本來面目是誰？」也就是自性、佛性是什麼？其實，山河大地自有本來面目，世法、出世法，也都不離本來面目，但是誰也不知道本來面目是什麼？實際上，我們的生活就在本來面目中，我們的生命也在本來面目中，只因自己愚癡，所以不清楚；如果智慧清明，隨處都可以觀照，生活就在本來面目中。

大殿的本來面目，就是山河大地、宇宙萬象，一切萬有都在這裡頭了。既然本來面目具足，何必再問「本來面目」在哪裡？這是哲學，是宗教，是領悟。

問：也就是過去禪宗說的第一義。

師：對！第一義是悟境。因此我寫了「本來面目」這四字以後，其他都不需要了，匾額、對聯、裝飾，通通不需要了。

一般講「大雄寶殿」，是從釋迦牟尼佛的立場來講，意思就是本來面目。乾乾淨淨，是本來面目，本來無一物，是這樣子。現在山上所有的建築都非常樸實，不奢華，也不裝飾。山上所有的建築物與設施都是樸實的，跟大自然融為一體，就像是在山上長出來的建築，這就是本來面目。

問：這裡的大殿跟我們以往所見的很不一樣，裡面什麼都沒有，只有佛像。一般人講「家徒四壁」，這裡是「殿徒四壁」，在這樣空闊的環境裡，除了面前的三尊佛像，幾乎沒有任何東西干擾你的心境，反而很容易讓你生起一種對「本來面目」的追問。

我們上山採訪的這兩天，因為正在布置水陸法會，現場已經擺設好法會的設施。假如有一個特別的緣分，我一個人來到法鼓山，在大殿前看了「本來面目」四字，然後走進去，發現大殿空空如也，而讓我直接面對三尊佛像，我想我在那裡得到的啟迪，會超過我在任何一個佛教名山的體驗，雖然它什麼都沒有。

師：謝謝，謝謝。

生命園區觀生命

問：還有一個地方讓我特別感慨，就是生命園區。死亡，是傳統中國人最難參破的一關，中國人有很多執著也許經由教育還可以破除，但是要中國人破「慎終追遠」這個關卡實在太難！不僅當事人難以做到，就是他的後人、親屬也難。法鼓山上的生命園區用這種形式，引導中國人把最難放下的東西「放下」，讓身體歸回大地，還復自然的這種境界，可能我們非常嚮往，但是臨到關頭，卻往往放不下。我在生命園區轉了幾圈，我想如果師父的這個理念，能夠在中國社會及大中華圈傳播普及，那是功德無量。

師：我是從中國大陸出來的，我的師父也是，他告訴我一個觀念，人非常愚蠢，活著的時候，這個放不下，那個放不下，放不下錢、財產，也放不下名利、地位。等到死了以後，應該可以放下吧！但是有的人還是放不下，放不下自己的臭皮囊，死後還要占一塊地，這是非常愚蠢的事。

因此，我的師父在圓寂前寫好遺囑，聲明死後不立墳、不設碑、不建塔，遺體火化以後，直接把骨灰撒入大海就好了。這是我師父的構想，後來我想，不如由法鼓山貢獻一塊地，闢植葬公園，讓所有的人都可以使用這塊地，以後我也會葬在這裡。這塊地可以容納好幾千人的骨灰末，甚至幾萬人也不成問題，而這些骨灰都是肥料，還可以在園區裡蒔花植竹。

現在這塊地，我們已經提供給臺北縣政府，屬於縣政府用地，政府不可能沒收或者另作其他用途。對我們來講，這是一個公園，對政府來講，是一塊可長久重複使用的植葬地。

問：這也是把您所說的「心靈環保」理念貫徹到一個極致了，讓人間佛教伴隨著人的一生，及至終點。

師：人的生命，活著的生命跟死亡以後的生命，在法鼓山是結合起來的；我們有一個教育園區，有一個生命園區，教育園區是世界性的，生命園區是永恆性的——空間與時間都是無限大的。

培育僧才奉獻世界

問：剛才法師說到，當年佛陀的第一個僧團，就是教育的僧團，就是弟子們追隨佛陀，聆聽佛陀的教誨，而行腳於整個印度大地。現在我們看到法鼓山有個很清楚的定位，即世界佛教教育園區；您也曾經說過，在這個時代，佛教缺的不是出家人，而是缺少受過良好教育且有悲願心的出家人。您是否覺得漢傳佛教若要有一個永續發展，僧才教育乃是「重中之重」、「關鍵中的關鍵」？

師：佛教的教育有兩種：一種是生命的教育，便是修行；一種是生活的教育，屬於技能。

幾百年來，中國佛教缺少了真正的宗教教育，既看不到生活的教育，不事生產；對於生命的教育也不徹底，出家人雖然天天打坐、念經、拜佛，但是對於自己的生命、對宇宙的生命沒有辦法體驗，這是非常可惜的事。因此，我們現在提倡三大教育，有大學院、大普化、大關懷，這是對眾生、對整個社會都能夠照顧到的。另一方面，我們有一個堅強的團體，來推動且持續這三大教育；這個堅強的團體，就是僧團。

僧團，並不是指在廟裡的一群出家人，大家共同生活，就叫作僧團。僧伽，是一個團體，法鼓山僧團，就是法鼓山的每一個出家眾——僧團成員，人人都在做著三大教育的工作，這是法鼓山僧團的使命。如果沒有三大教育而就只是僧團，那就跟其他團體沒什麼不同了。因此，法鼓山提出三大教育來建僧，這個僧團是清淨的、精進的、修持的，是為社會服務，對我們的社會產生貢獻。

我不好意思地講，過去有段時間，出家人是屬於社會的「分利」分子，只是消耗社會利益，卻不能對社會有所奉獻，因此才有歷史上「滅佛」、「毀佛」的事件發生。為了預防這種事情再度重演，我們希望出家人都是對社會奉獻、有貢獻的，而要奉獻，必須有一個團體來凝聚、集合眾人之力，使之成為一個堅強的團體，叫作「和合僧」，而藉「和合僧」之力，來從事生命的教育與生活的教育，來奉獻給我們的世界。這便是法鼓山建僧的宗旨。如果是這樣子，佛教才是真正有用，否則廟起得再大，出家人再多，過了幾十年又來一次革命，這是很可憐的事。

問：這是非常深遠的考量。法師今天身體欠安，仍抱病接受我們的採訪，非常感謝。

（二〇〇八年十一月十三日於雲來寺答香港鳳凰衛視）

❶〈夕照中〉全文：「透過五色繽紛的晚霞，夕陽把漫谷滿崗，渲染得莊麗無比，裝飾得寶光萬丈。宿鳥破雲歸巢忙，訪客登車返家鄉，山間的僧眾，整在準備黃昏時的梵唱；似見西方的彌陀，遙放眉間的毫光，把全山的建築，化成了浮空的宮殿，把全山的景物，化成了寶樹寶網。夕照的黃昏，為我們山中帶來光明和永恆的希望。」

國家圖書館出版品預行編目資料

我願無窮：美好的晚年開示集 / 聖嚴法師著. --
初版. -- 臺北市：法鼓文化, 2011.04
面； 公分
ISBN 978-957-598-551-6（平裝）

224.517 100003443

寰遊自傳 17

我願無窮

—美好的晚年開示集

著者／聖嚴法師
出版／法鼓文化
總監／釋果賢
總編輯／陳重光
編輯／張晴、李金瑛
美術設計／林紹萍
內頁美編／連紫吟、曹任華
地址／臺北市北投區公館路186號5樓
電話／(02)2893-4646 傳真／(02)2896-0731
網址／http://www.ddc.com.tw
E-mail／market@ddc.com.tw
讀者服務專線／(02)2896-1600
初版一刷 ／2011年4月
初版七刷 ／2023年2月
建議售價／新臺幣300元
郵撥帳號／50013371
戶名／財團法人法鼓山文教基金會—法鼓文化
北美經銷處／紐約東初禪寺
Chan Meditation Center (New York, USA)
Tel／(718)592-6593 E-mail／chancenter@gmail.com

法鼓文化